高莉莎 著

日常生活与手机实践

云南红河哈尼族彝族
农民工民族志研究

南京大学出版社

目 录

导 论 001
    一、研究缘起：从日常生活开始 001
    二、农民工研究：概念、研究范式及反思 009
    三、研究问题 021
    四、本书结构 021

第一章　理论探讨 025
    第一节　"日常生活"与"日常生活实践" 026
    第二节　日常生活空间：个体再生产的实践空间 037
    第三节　手机：具身化媒介 041
    第四节　分析框架 049
    小　结 050

第二章　研究方法及研究过程 053
    第一节　民族志方法及研究适切性 053
    第二节　研究过程 057
        一、入场：尴尬的空间　创造性的场所 057
        二、融入：从"老板娘"到"高老师" 064

三、田野：从"线下"到"线上" 071
　　小　结 076

第三章　变迁中的村寨日常生活空间 079
　　第一节　走进乐乡 080
　　　一、自然地理交通及经济发展概况 080
　　　二、历史沿革 084
　　　三、媒介使用 087
　　第二节　传统礼俗空间重构与新空间生产 095
　　　一、奇观式婚礼与"好日子"的建构 096
　　　二、"小年轻"的亚文化拼贴空间 106
　　第三节　裹挟于社会转型中的村寨变迁 111
　　　一、"空心村"的日常 112
　　　二、拉开的贫富差距 114
　　　三、"退路"在何方？ 120
　　小　结 126

第四章　城市日常生活空间生产 129
　　第一节　碎片空间 129
　　第二节　身体展演与狂欢空间 137
　　小　结 147

第五章　手机与日常生活空间重构 149
　　第一节　族群空间 150
　　第二节　仪式空间 158
　　第三节　舆论空间 168
　　　一、一个真实版的《手机》故事 169
　　　二、跨越边界的"游街示众" 178
　　第四节　"自我"与"他者"：交往的边界 182

第五节　埋葬手机:无奈的手机"实践" 188
　　小　结 197

结论与反思:"生活诗学"抑或戴着"枷锁"舞蹈? 199
　　一、"生活的诗学" 199
　　二、戴着"枷锁"舞蹈? 202

附录一　访谈提纲 205
附录二　主要报告人基本情况 213
附录三　优酷视频及点击率 219
附录四　视频使用频率较高的几首伴奏歌曲的歌词 225
参考文献 233

导　论

"被边缘化的生活变得越来越模糊不清,但是,在我们的表象系统中这种生活并没有夺路而逃。乡村地区和城市,都挤满了沉默的主体。"①

——德塞托(de Certeau)

一、研究缘起:从日常生活开始

就在我用电脑键盘敲打这些文字的同时,耳畔萦绕的是从我居住的小区车库飘来的节奏明快的《映山红》,应和着男男女女的阵阵嬉笑——"他们"的歌声与欢笑……

这是我午后的日常,亦是"他们"的日常,循环往复。

自2010年底我住进光明小区②开始,几乎每天下午约2点到4点,音乐便会在小区车库响起,用手机加扩音器播放、伴唱,旋律有

---

① [英]本·海默尔:《日常生活与文化理论》,王志宏译,北京:商务印书馆,2008年,第286页。
② 按照学术惯例,本书所涉及的人名和县级以下的地名已做化名处理。光明小区离昆明国际贸易会展中心的直线距离约500米,建于2006年。小区内有平层和别墅,一半别墅临街。随着这一片区的日渐繁华,临街的别墅群陆续被改作餐馆、茶楼、公司等,所以光明小区实则为半开放式小区,非小区住户可以不经过三道大门而通过临街的别墅直接进入小区。

民族小调、革命歌曲、网络流行歌曲。一大群裹着白头巾的中年妇女,利用小区车库的空位唱歌、跳舞。有人停车就换一个空车位,跳累了便坐在自带的小板凳上刺绣、聊天,讲着旁人听不懂的少数民族语言。时而笑得前仰后合,时而集体纵情歌唱。歌声并不美妙,舞姿也谈不上优美。唯有手中的刺品,远远望去精美异常,飞针走线,描鸾刺凤,镶嵌其间的银饰璀璨生辉。

"他们"并不在意从车库经过的小区住户对他们或好奇或惊讶或嫌弃地驻足打量,仿佛自带屏障,可以隔绝周遭的一切,活在自己的世界里遗世独立。

"他们"日常生活脉络的惯常性与我的日常形成异质性与交融性,但不用理会也无需质疑。人们在大多数时候都会理所当然地悬置日常生活世界内部的这种异质性、复杂性和多样性。城市日常生活中本就充斥着不同社会领域的运转和异质性群体主体间的差异和不对称。彼此如碎片一般或相互并置,或松散相连,或紧密合作彼此共生;或在相互排斥、矛盾冲突中维持着看似不言而喻的平衡。

没有人会说"他们"属于这里或不属于这里。见的多了便习以为常,慢慢忽视至毫不在意。从未关注过"他们"从哪里来,是一个什么样的群体。"我们"与"他们"近在咫尺,却互为晦涩难懂的他者,甚至是不存在的"空气"。真正的陌生便是这种"俯拾即是"的视若无睹,是不会导向同质化的交迭与混杂,是群体间主观性的区隔与疏离。

"他们"构建的这种"景观",在同样的时间段也出现在昆明国际会展中心附近街道的人行道上。"他们"三五成群地围坐在一起,人行道的转角处、树荫下、花坛边,到处可见。她们或刺绣,或聊天,或唱歌,全然不理会路人的眼光。无论是烈日炎炎还是刮风雨雪,冬日多个火炉,雨天多把大伞,一年四季雷打不动。除了白色头巾是她们基本不变的装束外,服装并不统一,身着不同餐馆、酒店、茶室等LOGO的服装或围裙。也因着这白色的头巾、听不懂的民族语言、功参造化的刺绣及由此透露出来的惯习、技艺、格调、品味所构成的符号边界，让我意识到"他们"是一个实实在在却又迥异的群体。

街角树下，车库空地在这些城市的碎片空间中，"他们"通过日常化公开性的活动，将其生成为充满社会关系和意义的复合空间：既是交流空间、休闲空间、娱乐空间、才能展示空间，也是各种行为上演的舞台。虽然"他们"于城市人而言是"无形"的，更似"一群从生态角度定义的群体，而不是社会体系的一部分"，①形成一个形式上楔入，实则游离于当地城市主流社会的异质性存在。

城市是一个众地之地，将如此多的层级和关系折叠在自身之中。② 个人主义，流动性和城市化的兴起造就了一个以匿名和失序为特征的现代陌生人社会，各自遵循自己的行事逻辑生活，彼此之间谁也不愿花时间去了解一个与己无关的群体，一个陌生的，存在较大文化、气质差异的群体。在同一社会地域空间中保持社会的、文化的、心理的隔离，③一种同一时空不同地位的分割化。正因如此，生存在城市里的"他们"构成了一个值得探究的群体。

（一）"他们"是谁？

2013年初，"他们"中的一员——王阿姨，机缘巧合成为了我家的住家保姆。经由王阿姨，我慢慢睁开被以"我们"为符号边界所遮蔽的双眼，开始真切而真实地感受到了"他们"的存在：

"他们"来自云南省红河哈尼族彝族自治州红河县乐乡，是云南25个少数民族中的哈尼族和彝族。人数众多，聚集于以昆明国际会展中心为圆心的方圆两三千米内的餐馆、茶室、KTV、货运部

---

① ［加］道格·桑德斯：《落脚城市》，陈信宏译，上海：上海译文出版社，2014年，第21页。
② ［美］艾丽斯·M.杨：《正义与差异政治》，李诚予、刘靖子译，北京：中国政法大学出版社，2017年，第291页。
③ 郭于华：《倾听底层——我们如何讲述困难》，桂林：广西师范大学出版社，2011年，第200页。

等服务业场所打工。

"他们"来自云南边远山区的少数民族村寨。虽然分属于哈尼族、彝族两个民族,但相互通婚、杂居,通用彝族语,着哈尼族服饰,跳彝族的乐作舞,唱彝语歌曲。饮食、生活、婚丧嫁娶等风俗均无二致,在"隔县不同语,隔区不同装"的红河州,"他们"更似一个整体性有自己"常人文化"的"自然民族"。[①]

"他们"聚于昆明南市区一隅讨生活,用职业身份来定位和指称自己:"洗碗的""炒菜的""配菜的""看车的""看门的""扫地的""煮饭的""托运部的""迎宾的""美甲的""送货的""工地上的""做保姆的"……"他们"是"自由"的都市边缘人。[②]

"他们"在城里的"家园"——昆明市官渡区和村,典型的城中村,离原昆明巫家坝国际机场仅一街之隔。除部分雇主提供集体宿舍外,其余几乎全部租住在离打工地点2千米左右,骑自行车10多分钟可达的和村。

2014年9月我开始攻读博士学位,在与导师讨论学位论文的选题时,"他们"一下子蹿入我的视野,并确定将"他们"作为研究对象。坦白说,当时选定"他们",我并没有什么研究野心和理论企图,亦谈不上多大的人文情怀,主要是基于对研究便捷性的考量:他们先于我来到这里,就生活在我的周围,是我日常生活世界的一部分。日常生活是情境复合体,是群体与群体之间,人与人之间以时空情境为中介所形成的庞大的网,生活其间的人都依赖于可见或不可见的他者的行动,作为自身与他人之间、自身与自身的欲望对象的中介。

"他们"中的一员,是我们家的住家保姆,一个几乎可以24小

[①] 王铭铭:《人类学讲义稿》,北京:世界图书出版公司,2011年,第588页。

[②] 他们工作的性质接近周大鸣所定义的"散工",外来劳动人口中从事"自由"职业的人,即没有个体的经营证件,也不属于企业中的合法雇佣者,以出卖体力为主,按照雇主的要求干活,工作不稳定,时间长短不一,劳动强度大,从事脏、重、累、苦、险等工作,处于社会的底层与边缘。参见周大鸣、周建新、刘志军:《"自由"的都市边缘人——中国东南沿海散工研究》,广州:中山大学出版社,2000年,第17—21页。

时和我生活在一起的人,在我心里是亲人,是不可割舍的家庭成员,她将成为我参与观察、访谈、研究的对象、我的报告人(informant),更可以成为我和"他们"的"媒人(facilitator)"。我可以在家门口方圆几千米内,甚至就在我的家里做田野调查。在我与"他们"共同的城市日常生活情境中,嵌入"他们"细碎的生活,有质感地去感受他们生命的灵动与活力。人类学所要求的"同吃、同住、同劳动"(非严格的意义上)似乎唾手可得。另外,于王阿姨,我是一个雇佣者,也是一个研究者,这样的关系有些许独特,调查中的感受或许也是独特的,在我与她的日常互动中,在研究过程中,我可以不断思考、反思进而解释这种"独特",理解我眼中的她与她眼中的我,这样的杰纳斯(Janus-like)般的双面性①穿梭于"局内"与"局外",平衡于"中立"与"沉浸"之间,本身也是一件颇有意味的事情。尽管后来的研究过程并没有想象的那么容易。

2014年9月30日,我在全程极度尴尬中第一次"蹭"着参与"他们"在光明小区车库的聚会,至今已3年有余。②只要和上课时间不冲突或者有其他特别的事情,我每天都会和他们待一段时间,车库里、人行道上或他们打工的场所……慢慢地,我的出现于他们而言成为一种"理所当然"与"不言而喻"。从无话可说、无话找话,到成为朋友和可信赖的人,随"他们"返乡过春节。他们有了智能手机后,互加微信,主动给我分享视频、照片,拉我进各种只属于"他们"的微信群……我与"他们"就在这种日复一日的,细碎而平淡的日常交往中,成为了彼此"主体间"日常生活的一部分。

(二)为什么"选"这里?

位于昆明官渡区占地12.5万平方米的昆明国际会展中心,自

---

① [美]艾略特·列堡:《泰利的街角——一项街角黑人的研究》,李文茂等译,重庆:重庆大学出版社,2010年,第5页。
② 我博士论文完成于2018年初,历时3年多。此后的2019年我对乐乡的龙村和兴村进行过回访。至今仍通过微信、抖音等社交媒体对这一群体进行持续网络观察。

1993年建馆以来,承办了包括第一届南亚博览会①在内的云南省最高规格的展会以及诸如泛亚车展等极具人气的展会。展会带来的影响力和人流量使得周边商铺林立,住宅小区密布,餐饮、娱乐业尤为发达,其中最为著名的是以野生菌②火锅为特色的,由云南省政府挂牌的"云南野生菌美食街"。③ 每年夏季新鲜野生菌上市,这一区域便汇集了各地慕名而来的野生菌美食爱好者,街道两旁停满了各省、市牌照的车辆,韩国、日本的旅游大巴鱼贯而入停满了街区,使宽8.5米的街道拥堵不堪。小贩们叫卖兜售葫芦丝等民族乐器、少数民族饰品和云南特色水果,围着下车的游客用蹩脚的外语讨价还价,热闹无比……如果再碰上举办大型展会,这一片区的交通时常处于瘫痪状态。

高度密集的餐饮、服务业为这一少数民族打工群体提供了理想的工作、聚集空间。但相较于主流城市群体,弱势的社会文化地位又制约他们使用这一空间。这一群体整体受教育程度低,成员中初中毕业者凤毛麟角,女性打工者更是文盲或半文盲居多,除基本的阿拉伯数字外,自己的名字只能识别尚不能书写。④ 一些自称念过初中的男性,也就是仅仅能读懂手机简单短信的程度,书写则存在较大困难。在语言沟通上,别说普通话,就是云南汉语方言⑤表达也存在较大的困难,基本是外出打工后才开始学说汉语,群体

---

① 2012年10月,国务院批准将南亚国家商品展升格为中国-南亚博览会,从2013年起每年在中国昆明举办一届。后迁址到滇池国际会展中心举办。
② 野生菌是云南特有的野生食用菌,如松茸菌、鸡枞菌、牛肝菌等属于云南特色美食。
③ 昆明官渡区关平路、关兴路、宝海路。
④ 参见附录二《主要报告人基本情况》。据云南省红河州官方统计数据,红河州农村人口中,1992年文盲率38.1%,2002年下降至17%;初中及以上,1992年26.6%,2002年上升至38.7%。参见马耀明:《农村社会经济发展战略视点》,北京:中国农业大学出版社,2004年,第182—183页。根据第四次人口普查,红河州哈尼族文盲和半文盲人口占人口总数的76.01%。红河哈尼族彝族自治州哈尼族辞典编纂委员会编:《红河哈尼族彝族自治州哈尼族辞典》,昆明:云南民族出版社,2006年,第98页。
⑤ 西南官话,西南地区汉族母语、日常生活用语。西南官话在《中国语言地图集》里给出的定义是西南地区以及附近的,入声整体归派到某一声调或者四声调值与成都、武汉、重庆、常德、贵阳、昆明、桂林相近的汉语方言。

内部说彝族语。我在乐乡田野调查时也证实了这一点：但凡从未外出务工者，以及未上小学的孩童均不能用汉语交流。中年人能听懂汉语，但鲜有会说者，七八十岁的年长者大部分听不懂汉语普通话和云南方言。

较之同是低学历的汉族农民工，语言沟通障碍使得少数民族农民工在就业上存在更大的困难，某种程度上形成了就业选择的族群区隔。昆明国际会展中心附近发达而密集的餐饮、娱乐服务业为他们提供了对文字、语言要求极低的工作机会，例如洗碗、洗菜、切菜、传菜、保洁、包装碗筷等几乎不需要"讲话"的工作。每年野生菌上市的季节，他们便围坐在装着各式野生菌的大篓子旁，挑挑拣拣做着"慢工出细活"的纯手工工作，这种工作极其费时、费事却又省略不得。吃菌旺季正值暑假，他们便带上自己十来岁甚至七八岁的孩子一起进入餐馆打工，帮忙择菌子、剥核桃，老板给小孩子们计件或称重算工资。若是高中生或大学生则会被老板安排从事点菜、算账等"脑力"工作，工资也相对较高些。小孩子们自然也高兴，既可以和父母待在一起，还能挣点零花钱，甚至下一学年的学费。于是你会发现，很多家庭，老老少少一家几口人其实是工作在同一时空中，并未因打工而分离。他们三五成群在同一餐馆工作，餐馆之间相互毗邻，老乡、亲人随时、随处可见，街这边喊一嗓子，街对面便应声回答了。这种高声地隔街喊话，联系便捷有效，他们并不顾忌路人或双方老板的反应。

除部分人住在雇主提供的集体宿舍外，其余几乎全部租住在离工作地点骑自行车10多分钟可达的和村——"他们"在城里的"家园"。官渡区辖10个街道，1个空港经济区，101个居民委员会。在2004年昆明区划调整以前，官渡区辖4街3镇4乡，区域跨越城乡，既有典型的城市社区，也有传统意义上的农村社区，以及由农村社区转型区域即村改制社区。① 官渡区的村改制社区共15

---

① 参见昆明官渡区人民政府网站：http://www.guandu.gov.cn/

个,其中11个集中在关上街道和金马街道。① 也就是这一群体主要聚居区域。离他们打工地直线距离不到2千米的和村,是规模较大的村改制社区,面积约2平方千米,星罗棋布的小旅馆和低至80元/月的廉价出租房,菜市场、小超市、幼儿园、网吧、小诊所,甚至赌博、色情场所一应俱全,成为了外来流动人口的理想聚居区。和村外围数十个规模较小的物流托运点,提供了大量的上卸货搬运工作。

史学家帝利发现,19世纪至今"迁居都市的农民在服务业与商业当中找到了底层的就业机会"②。昆明国际贸易会展中心周边发达的商业和服务业提供了大量的工作机会,距离较近的城中村又提供了理想的低成本生活空间。上班在一起,下班住一村,娱乐休闲成群结队,这和打工者在老家抬头不见低头见的乡村生活情境相差无几。

(三)"他们"大约有多少人?

云南省红河哈尼族彝族自治州红河县将劳务输出作为脱贫的重要手段。③ 乐乡辖6个行政村,全乡共居住5415户22747人,其中龙村,辖8个自然村,12个村民小组,702户,共2850多人,超过1500多人外出务工,④兴村586户2301人,1300多人外出务工,两个村外出务工人数均占全村总人口的一半以上。除龙村、兴村外的其余4个行政村情况和这两个村类似,外出务工人员均占全村

---

① 张展新,侯亚非:《城市社区中的流动人口——北京等6城市调查》,北京:社会科学文献出版社,2009年,第191页。
② [加]道格·桑德斯主编:《落脚城市》,陈信宏译,上海:上海译文出版社,2014年,第119页。
③ 红河县境内随处可见"一人外出打工,全家脱贫致富"的官方宣传标语。红河县县城永镇,有8个政府挂牌的"惠农职业介绍所"。另据新闻报道称"红河县已发展劳务经纪人80余人,这些人已成为劳务输出市场化运作的一支重要生力军,发挥着劳务输出'领头雁'作用"参见:《红河州以"六个依托"为抓手全力做好农村劳动力转移就业扶贫工作》https://www.toutiao.com/i6508881978220085773/
④ 龙村村委会统计资料。记录时间:2016年8月28日。

人口50%以上,①整个乐乡,外出务工人数在万人以上。

跨省外出务工者一般选择广东、福建等沿海城市,但人数不多,且几乎是20世纪80年代末,1990年后出生的年轻人。云南省内的打工者,少部分选择在红河州境内较红河县经济更为发达的市县,如蒙自、个旧、建水、石屏,但绝大多数人则选择省会昆明。在昆明打工的这部分人,又几乎集中在昆明国际会展中心方圆两三千米内的餐馆、超市、酒店、茶室、KTV等服务行业。经过对以国际会展中心为中心辐射的周边6条主干道:宝海路、关平路、民航路、关兴路、国贸路、金汁路上的店铺进行统计,②可以雇佣打工者的店铺如餐馆、茶室、KTV、桑拿洗浴中心等就有560家,一些大型的餐馆一家即可容纳五六十人,中档规模餐馆也有二三十人。而我统计的这一区域并未涵盖这一群体的全部工作范围,比如周边大量的物流集散中心,即他们口中"托运部"的工作。

综合乐乡在昆外出务工人数和这一区域可吸纳的劳动力容量估算,这片区至少聚集了来自乐乡3000个以上的打工者。

二、农民工研究:概念、研究范式及反思

(一)概念

在上述行文中,我似是而非地用了"他们"这样的模糊字眼。因为"民工""外来工""打工仔""打工妹""流动人口""外来务工人员""低端人群",以及好听一些的"城市新居民""新工人"……均是对"他们"的称谓,这些称谓与"他们"往返于城乡之间,流动于城市之间的形象紧密相连。"他们"离土离乡,挣脱封闭的枷锁闯入扰攘都市讨生活,努力寻求自己在城市空间的立锥之地。一个又一

---

① 乐乡6个行政村,只有龙村、兴村两个村委会有外出务工统计数据。但据6个村村委会负责人估算,不会低于50%的外出务工率,外出务工者多为青壮年。
② 调查统计时间为2015年4—7月,由我和云南大学新闻学院的5个硕士研究生共同完成。

个的身影汇聚成中国叹为观止的城乡流动大军。

官方话语中"他们"有一个统一的"名字"——"农民工",一个截至2016年底2.82亿[1]中国人共用的"名字",一个中国转型期的表征性角色,一个极具中国特色的称谓。按照中国有13.8亿人口[2]计算,约每5个中国公民中就有一个是农民工,其数量仅次于世界人口排名第三的美国。

农民工的产生于1978年前后,蓬勃于1984年左右,1988年爆发式大规模跨区域流动,[3]而"农民工"这一正式称谓则肇始于2006年的国务院发布:[4]指称着农村户籍、城市就业、亦工亦农、城乡迁徙流动、家户分离的一个史无前例、蔚为壮观的庞大群体。数亿人钟摆式在城乡间移动,与中国城市化进程相伴,堪称人类史上奇

---

[1] 习近平总书记在十九大报告指出:"全国农民工总量从2012年末的2.63亿人增加到2016年末的2.82亿人。"国家统计局2017年04月28日发布《2016年农民工监测调查报告》;2016年农民工总量达到28171万人,比上年增加424万人,增长1.5%,增速比上年加快0.2个百分点。其中,本地农民工11237万人,比上年增加374万人,增长3.4%,增速比上年快0.7个百分点;外出农民工16934万人,比上年增加50万人,增长0.3%,增速较上年回落0.1个百分点。本地农民工增量占新增农民工的88.2%。在外出农民工中,进城农民工13585万人,比上年减少157万人,下降1.1%。

[2] 中国新闻网:《2016年年末中国大陆总人口13.8亿人,增809万人》,2017年01月20日。http://news.sina.com.cn/o/2017-01-20/doc-ifxzutkf2126211.shtml

[3] 南方都市报特别报道组:《呼吸——中国农民工30年迁徙史》,广州:花城出版社,2013年,第1页。

[4] 2006年1月31日发布的《国务院关于解决农民工问题的若干意见》(国发[2006]5号)中指出:农民工是我国改革开放和工业化、城镇化进程中涌现的一支新型劳动大军。他们户籍仍在农村,主要从事非农产业,有的在农闲季节外出务工、亦工亦农,流动性强,有的长期在城市就业,已成为产业工人的重要组成部分。大量农民进城务工或在乡镇企业就业,对我国现代化建设做出了重大贡献。农民工问题事关我国经济和社会发展全局。农民工分布在国民经济各个行业,在加工制造业、建筑业、采掘业及环卫、家政、餐饮等服务业中已占从业人员半数以上,是推动我国经济社会发展的重要力量。农民外出务工,为城市创造了财富,为农村增加了收入,为城乡发展注入了活力,成为工业带动农业、城市带动农村、发达地区带动落后地区的有效形式,同时促进了市场导向、自主择业、竞争就业机制的形成,为改变城乡二元结构、解决"三农"问题闯出了一条新路。中华人民共和国人民政府网:http://www.gov.cn/jrzg/2006—03/27/content_237644.htm

迹,有学者将其称为中国"灰色的风景线"。①

国务院研究室负责人指出:"农民工"概念准确贴切,已约定俗成,不带歧视性。② 2017年10月国家统计局再次给出定义:"农民工是指户籍仍在农村,在本地从事非农产业或外出从业6个月及以上的劳动者。"并强调此为"明确的概念与口径"。③ 国外有研究者将这一群体称为"失根的非市民(Unrooted Noncitizen)"。④ 中国学者认为"农民工"名称本身就蕴含着某种"国家治理术",⑤并非如官方所说不带歧视性,⑥2006—2015年十年间,农民的社会经济地位不升返降,呈现"逆成长",⑦从公民权、市民权来看,歧视不言而喻,呼吁用"城乡迁移群体(Rural-Urban Migrants)"⑧来指称。也有媒体从业者乐观认为,"农民工"注定是一个将走进历史的概念和名词,一个注定要消亡的词汇。⑨

有意思的是,在几年的田野调查中,"农民工"三个字从未在任何研究对象或访谈者口中出现。乡村一级干部,乡村教师在访谈

---

① 李实:《中国经济发展中的一道灰色的风景线——评〈中国转轨时期劳动力流动〉》,《经济研究》2007年第1期。

② 《"农民工"称谓准确贴切 国务院研究室负责人就〈意见〉答记者问》四川在线-四川日报 2006年03月29日 http://news.sina.com.cn/o/2006-03-29/04038553195s.shtml

③ 国家统计局网站。http://www.stats.gov.cn/ztjc/zdtjgz/yblh/dczsc/201710/t20171010_1540823.html

④ Solinger, Dorothy J. *Contesting Citizenship in Urban China*: *Peasant Migrants, the State, and the Logic of the Market*. Berkeley: University of California Press, 1999.

⑤ 有学者认为:农民工,非农非工,经济高歌猛进时是GDP增长的廉价劳动力,经济震荡则可退回农村;进则享受人口红利,退则不会因为失业率承担舆论压力与责任。参见王华:《门槛之外——城市劳务市场中的底边人群》,北京:知识产权出版社,2016年,第19页。

⑥ 有学者认为"农民工"是含有歧视味的标签。参见邱林川:《信息时代的世界工厂——新工人阶级的网络社会》,桂林:广西师范大学出版社,2013年,第124页。

⑦ 田丰:《逆成长:农民工社会经济地位的十年变化(2006—2015)》,《社会学研究》2017年第3期。

⑧ 陈映芳:《"农民工":制度安排与身份认同》,《社会学研究》2005年第3期。

⑨ 南方都市报特别报道组:《呼吸——中国农民工30年迁徙史》,广州:花城出版社,2013年,第1页。

或聊天中用的是"外出务工人员""劳务输出""外出打工"等措辞。这是否可以解读为,他们并不认可"农民工"的称谓,这种官方定义在民间并没有获得话语地位。

(二)文献回顾

学术界对农民工这一庞大群体的研究和理论探讨从未间断,著述成果浩如烟海。性别、①代际、②行业(或工种)、③民族(族群性)、④阶层⑤等视角均成为农民工研究中独立的研究议题,也就是说,在"农民工"前加入"前缀"或定语,则可成为一个完整而独立的

---

① 杜平:《男工、女工:当代农民工的性别、家庭与迁移》,香港:香港中文大学出版社,2017年;[美]张彤禾:《打工女孩:从乡村到城市的变动中国》,张坤、吴怡瑶译,上海:上海译文出版社,2013年;吕途:《中国新工人:女工传记》,北京:生活·读书·新知三联书店,2017年;周海旺:《城市女性流动人口社会融入问题研究》,上海:上海社会科学院出版社有限公司,2013年;潘毅:《中国女工:新兴打工者主体的形成》,香港:九州出版社,2011年;丁瑜:《她身之欲——珠三角流动人口社群特殊职业研究》,北京:社会科学文献出版社,2016年。

② 李怀玉:《新生代农民工贫困代际传承问题研究》,北京:中国社会科学出版社,2014年;张领:《流动的共同体:新生代农民工、村庄发展与变迁》,北京:中国社会科学出版社,2016年;袁靖华:《边缘身份融入:符号与传播——基于新生代农民工的社会调查》,杭州:浙江大学出版社,2015年;石长慧:《认同与定位—北京市农民工子女的社会融合研究》,北京:中国社会科学出版社,2014年。

③ 秦洁:《重庆"棒棒":都市感知与乡土性》,北京:生活·读书·新知三联书店,2015;丁未:《流动的家——"攸县的哥村"社区传播与身份共同体研究》,北京:社会科学文献出版社,2014年;谭同学:《亲缘、地缘与市场的互嵌——社会市场经济下的新化数码快印页的研究》,《开放时代》2012年第12期;

④ 王琛:《漂移的时空:当代中国少数民族的经济生活》,北京:社会科学文献出版社,2012年;刘东旭:《流动社区的秩序:转三角彝人的组织与群体行为研究》,北京:中央民族大学出版社,2016年;周大鸣:《城市化进程中的民族问题研究》,北京:民族出版社,2005年;周大鸣:《多元与共融——族群研究的理论与实践》,北京:商务印书馆,2011年;陶斯文:《西南民族地区城市进程中人口流动与民族关系发展互动研究》,北京:民族出版社,2012年;林钧昌,赵民:《西北地区城市化进程中人口流动对民族关系的影响》,北京:民族出版社2014年;田敏:《少数民族农民工参与新农村建设的实践》,北京:世界图书出版公司,2012年;姚上海:《民族地区农民工返乡创业行为理论及实证研究》,北京:世界图书出版公司,2012年;李玫:《民族地区女性农民工返乡创业问题研究》,北京:中国社会科学出版社出版社,2014年。

⑤ 王华:《门槛之外——城市劳务市场中的底边人群》,北京:知识产权出版社,2016年。

研究领域,譬如:"女性农民工""新生代农民工""返乡农民工"等等。我前文叙述的"他们",即我的研究对象则属于"少数民族农民工"。议题之间进一步交叠后又可衍生出新的、更细小的研究议题,如"新生代少数民族农民工""返乡女工"等等。也可以代入学科的视角,新闻传播学领域,除了对农民工在媒体报道中的呈现研究外,①则主要集中于农民工的媒介实践研究,②近年又涌现出大批以手机为代表的新媒体研究,③但和社会学、人类学等学科领域有关农民工的研究的相似之处在于:研究的理论框架基本可概括为社会关系网络和社会资本;文化适应与认同;共同体与社区研究。归纳概述如下:

1. 社会资本(Social Capital)和社会网络(Social Network)

有关农民工社会关系的研究,中国学术界可谓用心良苦,布迪厄(Pierre Bourdieu)、波茨(Alejandro Portes)、格兰诺维特(Mark Granovetter)、科尔曼(James S.Coleman)、帕特南(Robert D.Putnam)、福山(Francis Fukuyama)、林南等人的学术理论资源均被充分挖掘。社会资本与社会网络在中国主流学术观点中被视为一体两面的概念,④用于分析地缘、血缘等乡土社会资本及由此构筑的社会关系网络对农民工外出决定,在城市中寻找工作、获取资源、

---

① 李红艳:《观看与被看——改革开放以来媒介与农民工关系研究》,北京:中国言实出版社,2016年。

② 袁靖华:《边缘身份融入:符号与传播——基于新生代农民工的社会调查》杭州:浙江大学出版社;2015年;张琪:《草根媒介:社会转型中的抗拒性身份建构——对贵州西部方言苗语影像的案例研究》,2012年中国社会科学院博士论文。

③ 丁未:《流动的家园——"攸县的哥村"社区传播与身份共同体研究》,北京:社会科学文献出版社,2014年;邱林川:《信息时代的世界工厂——新工人阶级的网络社会》,桂林:广西师范大学出版社,2013年;曹晋:《传播技术与社会性别:以流移上海的家政钟点女工的手机使用分析为例》,《新闻与传播研究》2009年第1期;丁未,宋晨:《在路上:手机与农民工自主性的获得》,《现代传播》2010年第9期。

④ 如林南指出"社会资本就是通过社会关系获得资本"参见[美]林南:《社会资本:关于社会结构与行动的理论》,张磊译,上海:上海人民出版社,2005年,第18页。边燕杰则将社会资本等同于社会关系网络,认为"虽然存在多种定义,但社会资本的定位是清楚的、内涵是明确的,即社会关系网络",参见边燕杰主编:《关系社会学:理论与研究》,上海:上海教育出版社,2001年,第233页。

安身立命所起到的关键作用。① 这种以血缘、地缘为纽带的社会关系网络对农民工而言是基于城乡二元结构及户籍制度障碍下的理性选择。② 即使在城市中的职业选择、社会交往、社会空间和价值观念转变,以血缘、地缘为核心的社会网络依然起着最重要的作用。③ 北京的"浙江村"、④深圳的"平江村"⑤等也是这种社会资本及其建构的社会网络在城市空间的产物。即便在对农民工与手机移动网络的研究中,也将由手机建构的自由飘荡网络(free-floating)看作对血缘地缘乡土纽带及传统失落社区的复兴。⑥ 大量有关农民工的研究都在反复将西方的"社会资本"和"社会网络"概念运用于中国场景,并与具有中国逻辑的社会关系理论如梁簌溟的"伦理本位"、费孝通的"差序格局"、许烺光的"情境中心"、阎云翔"报"的循环,翟学伟的"人情关系"等研究交叉使用,以此证明一个关系模式:脱胎于乡土社会走入城市的农民工,时空位置改变,职业身份变换,但以血缘地缘为核心的初级关系仍然是社会关系网络中的强关系,对其方方面面起着不可替代的作用。从社会资本与社会网络角度切入农民工研究是最常见、有效且重要的研究范式。

2. 文化适应(acculturation)

文化适应指两个群体之间发生持续直接的文化接触,导致一方或双方原有文化模式调试或改变的现象。对少数民族农民工的

---

① 边燕杰,张顺:《社会网络与劳动力市场》,北京:社会科学文献出版社,2017年。
② 李培林:《流动民工的社会网络和社会地位》,《社会学研究》1996年第4期。
③ 靳小怡:《农民工社会网络与观念行为变迁》,北京:社会科学文献出版社,2014年。
④ 项飚:《跨越边界的社区——北京"浙江村"的生活史》,北京:生活·读书·新知三联书店,2000年;[美]张鹂:《城市里的陌生人——中国流动人口的空间、权力与社会网络的重构》,袁长庚译,南京:江苏人民出版社,2014年。
⑤ 刘林平:《关系、社会资本与社会转型——深圳"平江村"研究》,北京:中国社会科学出版社,2002年。
⑥ 胡春阳:《寂静的喧嚣,永恒的联系:手机传播的人际互动》,上海:上海三联书店,2012年。

研究采用这一理论视角的研究较多,①主要是将濡化于传统乡土文化和本族群文化的少数民族农民工群体与浸润现代城市文明中的居民视为不同的文化群体,在现代-传统框架下,探究两个文化群体之间的接触、竞争、排斥、隔离、调试、整合、同化、融合等,探讨农民工与城市社会、城市文化之间不断凿通、整合、调适的过程,涉及生活方式、价值观念、社会心理等方面转变。既有研究表明:城市中的匿名性、陌生性、非熟人化和人情化的社会关系,②高生活节奏、高规训化工作、高消费水平使得从传统熟人社会走入现代城市的农民工,不管是经济、社会还是文化等方面均在短时间内很难适应,③城市社会中的各种安排也非为农民工而设,④为了应付城市复杂的现实情境,他们的策略是在城市空间中构建一个有别于城市主流文化的亚文化的"乡村文化"或"族群文化",实为文化冲突与调适的过程和结果,即把"乡土性"与"都市性"实现某种勾连。⑤ 另外,适应是双方面的,是双方相互间的调适与磨合,并非一方面单向度地"将就",也就是说不仅仅有农民工在生活方式、传统习俗、价值观念等像"城里人"靠拢,也有研究从城市社会、居民与城市组织的角度探讨与农民工的"主动"适应。⑥

---

① 马胜春:《中国城市少数民族流动人口的生活适应性研究》,北京:中共财政经济出版社,2012 年;刘超祥:《20 世纪 80 年代以来我国城市民族研究综述》,《中南民族大学学报(人文社会科学版)》2005 年第 1 期;李林凤:《从"候鸟"到"留鸟"——论城市少数民族流动人口的社会融合》,《贵州民族研究》2011 年第 1 期;李筱文、盘小梅:《少数民族文化与都市文明之双向调适——以广州、深圳为例》,《广西民族研究》2000 年第 1 期。
② 郭星华:《漂泊与寻根——流动人口的社会认同研究》,北京:中国人民大学出版社,2011 年。
③ 任远:《城市流动人口的居留模式与社会融入》,上海:上海三联书店,2012 年。
④ 侯亚非、张展新:《流动人口的城市融入:个人、家庭、社区透视和制度变迁研究》,北京:中国经济出版社,2010 年。
⑤ 秦洁:《重庆"棒棒":都市感知与乡土性》,北京:生活·读书·新知三联书店,2015 年。
⑥ 李叶妍:《中国城市包容度、流动人口与城市发展研究》,北京:社会科学文献出版社,2017 年;梁波、王海英:《城市融入:外来农民的城市化——对已有研究的综述》,《人口与发展》2010 年第 4 期。

3. 共同体与社区(community)

涂尔干和韦伯对共同体的理论是在抽象意义上的对整体感的讨论。滕尼斯(Ferdinand Tonnies)的"共同体"与"社区"是国内有关农民研究的主要理论源流。滕尼斯认为"人是意志完善的统一体,是原始的天然的状态……根源是无意识的生命的相互关系",[①]共同体源于"母子、异性结合、兄弟姐妹"的"族亲间的相互关系",[②]而这种族亲之间的血缘的群体因长期共同居住又扩展为地缘共同体,"血缘共同体作为行为的统一体发展为和分离为地缘共同体,地缘共同体直接表现为居住在一起,而地缘共同体又表现为精神共同体,作为在相同的方向上和意义上的纯粹的作用和支配",[③]共同体的三个基础:血缘基础、农业基础和精神基础,即亲属、邻居、友谊。[④]滕尼斯的共同体即以血缘、地缘为纽带,土地为基础,相互之间具有默认一致的,有约束力的思想信念,将成员团结在一起的特殊的社会力量和同情。[⑤] 费孝通地缘、血缘同一的"乡土社会"与滕尼斯的共同体遥相呼应,两相结合对农民工的城乡流动、城市群居互助、跨越实体空间而构筑共同体等均形成了很强的解释力。有学者将进城农民工共同体特征概括为:安全感、归属感、确定性;缺陷是:强制性、落后性和偏狭性。[⑥]"共同体"与"社区"英文均是

[①] [德]斐迪南·滕尼斯:《共同体与社会:纯粹社会学的基本概念》,林荣远译,北京:北京大学出版社,2010年,第48页。
[②] [德]斐迪南·滕尼斯:《共同体与社会:纯粹社会学的基本概念》,林荣远译,北京:北京大学出版社,2010年,第48—49页。
[③] [德]斐迪南·滕尼斯:《共同体与社会:纯粹社会学的基本概念》,林荣远译,北京:北京大学出版社,2010年,第53页。
[④] [德]斐迪南·滕尼斯:《共同体与社会:纯粹社会学的基本概念》,林荣远译,北京:北京大学出版社,2010年,第54页。
[⑤] [德]斐迪南·滕尼斯:《共同体与社会:纯粹社会学的基本概念》,林荣远译,北京:北京大学出版社,2010年,第53—58页。
[⑥] 张领:《流动的共同体:农民工与一个村庄的变迁》,北京:中国社会科学出版社,2015年,第36—41页。

"community",[①]前者多指文化和心理角度,后者则注重地理空间区位。但到了农民工的具体研究中,因为这一群体不管是在村落空间还是在城市空间,社会经济活动和精神支持系统在大多数情况下同构,两个概念也就经常被等同或混用,涌现出各种各样的"共同体"与"社区"理论视角,甚或直接以此命名的农民工研究著述成果,如"身份共同体"[②]"跨越边界的社区"[③]"流动的社区"[④]"流动的共同体"[⑤]"新村社共同体"[⑥]"虚拟社区(virtual community)"[⑦]等等,虽具体意涵有差别,但均可归为滕尼斯血缘、地缘、精神为基础的共同体理论框架之下。

(三)研究反思

综上,既往研究大多倾向于从社会结构和社会网络的分析范式,从血缘、地缘、族缘、业缘等角度切入,考察农民工的社会关系网络、城市适应及共同体构建。要么以社会网络视角把农民工视

[①] 两个概念是同一个英文单词,而难以分开主要受到帕克的影响。帕克的"community"是滕尼斯共同体的概念,即帕克的"城市"绝非简单的物质现象,也是一种心理状态,是各种礼俗和传统构成的整体,城市不仅是自然的产物,而且是人类属性的产物。

[②] 丁未:《流动的家园——"攸县的哥村"社区传播与身份共同体研究》,北京:社会科学文献出版社,2014年。

[③] 项飚:《跨越边界的社区——北京"浙江村"的生活史》,北京:生活·读书·新知三联书店,2000年。

[④] 刘东旭:《流动社区的秩序:转三角彝人的组织与群体行为研究》,北京:中央民族大学出版社,2016年。

[⑤] 张领:《流动的共同体:新生代农民工、村庄发展与变迁》,北京:中国社会科学出版社,2016年;张领:《流动的共同体:农民工与一个村庄的变迁》,中国社会科学出版社,2015年。

[⑥] 蓝宇蕴:《都市里的村庄:一个"新村社共同体"的实地研究》,北京:生活·读书·新知三联出版,2005年。

[⑦] 这里的"虚拟社区 virtual community"不是基于互联网建立的网上虚拟社区,而是指农民工在城内,按照差序格局和工具理性构造出来的社会关系网络,相互之间的非制度化信任是构造这种虚拟社区的基础,而关系强度则是这种社区组织和构造的重要方式。参见李汉林、王琦:《关系强度作为一种社区组织方式:农民工研究的一种视角》,载柯兰君、李汉林:《都市里的村庄——中国大城市的流动人口》,北京:中央编译出版社,2001年,第15—37页。

为负载传统社会血缘、地缘、族缘关系并将其内化为个人行为逻辑的研究对象;要么以结构化视角将农民工置于一个制度化世界,将其视为结构化和规范化的被动的个体,将其存在的种种问题归为城乡二元体制、户籍制度的结构性因素。例如,由农民工在城市中形成的"二元社区"①或"三元结构",②而这些"社区"又是以血缘、地缘等初级社会关系网络及其运动的效果或结果,是社会结构使然的节约成本的理性选择。换言之,农民工在城市中的种种境遇,生存格局、生活方式取决于社会结构或社会关系网。这种对结构、网络"强制性"和"被动性"强调,遮蔽了农民工在流变过程中的多样性和动态性,遮蔽了他们在具体的时空情境中,在日常生活中作为行动主体的能动的自我建构和意义生成者的面向,也忽视了农民工与社会网络和社会结构的互动过程。"流动民工的经济地位和社会地位的不一致是制度化安排的惯性,而结构变动性最大的是日常生活。"③也就是说,既往的研究缺乏一个解释农民工日常生活实践中的种种构成性差异、生成性经验事实在城—乡流动的过程中如何嵌入具体生活情境的面向。

如开篇所述,本文的研究对象大多是生活在我周围两三千米内的少数民族农民工群体,确切而言是来自云南红河哈尼族彝族自治州红河县乐乡的哈尼族彝族农民工。我在研究中代入族群视角,是因为他们在生活、娱乐、社会交往、工作,甚至家庭结构等方面与汉族农民工存在差异。来自偏远山村的生活背景、较低的接受教育水平加上语言交流障碍使得他们在劳动力市场中缺少选择机会,被迫接受较低工资、较差工作环境和生活环境。表面看来,他们对城市人而言是沉默的、无形的弱者,底层与边缘群体,但经

---

① 周大鸣、周建新、刘志军:《"自由"的都市边缘人——中国东南沿海散工研究》,广州:中山大学出版社,2007年,第119—128页。
② 甘满堂:《城市农民与转型中国社会的三元结构》,《福州大学学报(哲学社会科学版)》2001年第4期。
③ 李培林:《流动民工的社会网络和社会地位》,《社会学研究》1999年第4期。

过3年多的田野调查,我发现他们的命运不完全是社会结构和历史文化的产物,也是主体性实践和自我话语建构的结果,他们具有在现实时空情境中创造行为逻辑的生命力。在物理空间中,他们所处的聚居区和零碎的活动空间,既是他们活动的场所亦是嵌入城市生活的具体生活情境;在社会空间上,他们并不是夹缝中的"他者",他们还具有建构全新的生活方式及支撑这种生活方式的社会空间能力;而在网络空间中,他们是大胆的创新者,空间实践中的主体性书写者与开拓者。

不可否认,既往的研究范式在宏观上对农民工的流动方式、生存模式、生活格局等有很强的解释力,本文并非否认这样的研究范式,但亦不想成为其注脚。仔细阅读反思后发现,既往的研究缺乏或很少用一种微观的"自下而上"的"主体-实践"视角去阐释以血缘、地缘、族缘为基础的社会关系网络,或者跨越边界的社区(共同体)是如何建构起来的?也就是说,我们不能"把人们为解释实践而建构的模型当做了实践的根由"。① 换言之,农民工不完全是结构和网络所规定和限制的被动者,也是具有主体-实践性的结构与网络的缔造者,新的空间的生产者,他们并非完全是沉默的"他者",而是具有"自我"的主体性存在。正如常人方法论倡导者加芬克尔(Harold Garfinkel)提出的:"人们不断地通过行动和互动创造了社会结构,事实上也创造了属于他们的事实(realities)。"②

现代化不仅指宏观上的工业化、城市化,还有微观上人的现代化,即"个人改变传统的生活方式,进入一种复杂的、技术先进和不断变动的生活方式的过程"。③ 不管主观上是否愿意,农民工被裹挟于中国急速的现代化、城市化进程中,"农业、工业、信息三种社

---

① [法]皮埃尔·布迪厄:《实践感》,蒋梓骅译,南京:译林出版社,2003年,第125页。
② [美]艾尔·巴比:《社会研究方法》,邱泽奇译,北京:华夏出版社,2009年,第37页。
③ [美]埃弗里特·M.罗吉斯,[美]拉伯尔·J.伯德格:《乡村社会变迁》,王晓毅译,杭州:浙江人民出版社,1988年,第309页。

会形态在他们身上奇妙结合"。① 他们从乡村走入城市,是一个跨情境的流动,从一个传统的自在性和重复性的,凭借传统、习俗、经验等自在因素生活的传统日常生活世界步入现代日常生活世界——一个非均质化的、多元的、不同意义域(provinces of meaning)互构渗透的城市空间。

> "前现代的日常生活和生命历程中确定的事件嵌入在非常稳定的、由自然和社会机构所形成的静态结构中;这些事件通常不是具体的,但是往往能够预期会出现的各种可能,它们的重要性是在惯例中并且/或者通过传统所确定的。相反在晚期现代,可能的事件是不可预测的,并且他们本身也处于飞快的变动中,因为不能再通过惯例和传统加以确定,而是在可能性范围增大的不可预测性之中,不再能够识别他们的重要性,而只是任其自己设置而已。"②

但这也并非说他们从一个先于他们而存在的传统社会系统,跨入另一个先于他们存在的现代城市系统,而是在流动过程中和这些社会系统互构,或者说使得原有处于城乡分隔的不同的生活方式与生存格局置于一个"面对面"的生活情境之中,他们既受到这些系统的限制,同时也改变、建构或创造了新的系统,通过情境化的日常生活实践,生产出新的社会关系和空间。

"具有资格能力的社会行动者通过日常生活里有组织的,富于技巧的实践持续不断地建构他们的社会世界,而社会现实就是这

---

① 丁未:《流动的家园——"攸县的哥村"社区传播与身份共同体研究》,北京:社会科学文献出版社,2014年。
② [德]哈尔特穆特·罗萨:《加速:现代社会中时间结构的改变》,董璐译,北京:北京大学出版社,2015年,第288页。

种持续不断的权宜行为所成就的"。①农民工在适应不断转型的社会结构的同时,也具备在充满弹性的社会结构中建构新的社会关系,生成新的空间的能力。"日常生活就是参与空间的社会生产,塑造不断演变的空间性并被其塑造——这种空间性确立了社会行为和社会关系并使二者具体化",②这种能力就是作为行动主体所进行的日常生活实践——一座将具有结构面向的实践与由实践生产的社会结构之间合乎逻辑地搭建起来的桥梁。

三、研究问题

本研究试图从这一少数民族农民工群体的日常生活切入,考察他们如何在结构化、宰制性的空间中进行主体性的日常生活实践?生产了哪些空间?使用了什么样的策略?在智能手机这种具身化媒介细胞式地嵌入日常生活之后,手机如何创造性地打造或改变日常生活世界?如何利用手机进行日常生活实践,如何进行意义创造和空间生产?

四、本书结构

本书分为导论、五个章节和结论。

导论分为四个部分。首先对研究缘起进行交代并对研究对象——云南红河州红河县乐乡的哈尼族彝族农民工的基本情况进行全景式扫描。第二节对农民工的概念、既往研究范式归纳并反思,认为既往视角中缺乏主体-实践的日常生活面向。最后提出研究问题:这一少数民族农民工群体如何在结构化、宰制性的空间中进行主体性的日常生活实践?生产了哪些空间?使用了什么样的

---

① [法]皮埃尔·布迪厄,[美]华康德:《实践与反思——反思社会学导引》,李猛译,北京:中央编译出版社,1998年,第9页。
② [美]爱德华·W.索雅:《社会生活的空间性:迈向转型性的理论重构》,载[英]德雷克·格利高里,约翰·厄里主编:《社会关系与空间结构》,谢礼圣、吕增奎译,北京:北京师范大学出版社,2011年,第90页。

策略？

第一章理论探讨。着重分析了"日常生活""日常生活实践""临场发挥""日常生活空间"和"具身化媒介"五个概念。第一节梳理了日常生活理论的两个主要流派：以舒茨、梅洛-庞蒂为代表的现象学派和以列斐伏尔、德塞托为代表的批判学派，重点关注他们对"日常生活"与"日常生活实践"概念的阐释。并借鉴潘忠党提出的"临场发挥"概念，认为这一哈尼族、彝族农民工群体的日常生活实践正是一种"临场发挥"性质的行动，是在具体的社会场景中，与情境因素的复杂多样相契合的权宜性的日常生活实践。既非有意识地对宰制力的"抗争"，也非一味地规避，而是在控制与自由之间，在给定的舞台空间即席书写，因而具有临时性、就地性、此在性等特点。第二节在赫勒日常生活概念的基础上给出本文的日常生活空间概念，即日常生活空间是个体再生产的实践空间，既是人与人之间社会关系的媒介，也是其相互作用的结果。第三节将手机看作具身化媒介。手机媒体之"新"与传统媒介之"别"，在于其开启了一种新的时空重组关系，同时具备了"脱域"和"嵌入"的双重功能。人的身体借助手机成为实体空间与虚拟空间的移动交互界面，手机在嵌入日常生活的同时，重塑日常。手机不再外在于现实，手机就是现实的一部分。

第二章介绍了研究方法及研究过程。分为两节，第一节阐述了民族志的概念及对本研究的适切性。第二节阐述了研究过程，包括"入场""融入"和"线上"田野的交代。我的整个田野调查过程也是一次"临场发挥"式的学术实践。

第三章展示了社会转型过程中的农民工的输出地——红河县乐乡的日常生活图景。第一节勾勒了红河县乐乡自然、地理、历史、经济及媒介使用，特别是手机的发展、普及历程。第二节介绍了传统礼俗空间的重构，即春节期间奇观式的婚礼和年三十"好日子"的建构，以及回乡"小年轻"亚文化拼贴空间的生产。农民工在城乡流动过程中既受到限制也通过日常生活实践，生产出既符合现实情境又与地方文化融为一体的新的文化、新的意义、新的传统。第三节介绍了"空心村"的日常情景,认为农民工外出务工带回现金改善生活的同时,贫富差距拉大,农耕性、封闭性、自给自足的少数民族村寨生活已经瓦解。对大多数第一代农民工而言,缺乏返乡创业的知识、经验、能力,外出务工依附城市几乎是唯一出路。

第四章阐述了宰制化被规训化的工作空间中,农民工用各种策略化解工作中的"无聊"。第一节以德塞托的"假发"策略作为日常生活实践的"战术";上了年纪的打工者则在城市角落中三五成群唱歌、跳舞、刺绣,构建了自娱自乐的"碎片空间"。第二节,讲述他们通过身着民族盛装在昆明各大公园、广场的纵情歌唱和恣意舞蹈的"身体展演",构建了打破日常生活秩序的"狂欢空间"。

第五章分析了在手机这种具身化媒介嵌入日常生活之后,利用手机进行的主体性的空间实践与生产:包括以民族文化符号为标识的网络族群空间;对传统祭祀仪式的解构与重塑;跨越边界的舆论空间的建构;"我群"与"他群"的无形边界的界定,讨论手机建构的网络空间如何同时作用于城市和乡村两个实体空间及空间里的个人,社会结构和关系如何在网络空间重组。

结论与反思 基于长时间的田野调查,从"主体-实践"的视角出发,本研究认为哈尼族、彝族农民工群体的日常生活与手机实践是一种"临场发挥"性质的行动,是在具体的社会场景中,与情境因素的复杂多样相契合的权宜性的日常生活实践。本质上是以生活和生存为目的的,既非有意识地对宰制力的"抗争",也非一味地规避,而是在控制与自由之间,在给定的舞台空间的即席书写,因而具有临时性、就地性、此在性等特点。处于底层边缘虽未必凄风苦雨,也未必充满诗意,更像戴着"枷锁"的舞蹈,存在回不去的村寨,融不进的城市,"茧"化的网络等问题。

第一章　理论探讨

"舞台的聚光灯舍弃了声名显赫的演员,转向聚焦在边缘的配角人物……赋予无数无名者和日常生活以特权,其中变焦镜头勾勒出换喻的细节——为所有人准备的部分。"①

——德塞托(de Certeau)

"日常生活",这个太日常化、太具自明性、太司空见惯的平凡片语,在哲学、社会学中却有着极其复杂的历史发展脉络,且意涵不尽相同。

19世纪下半叶,西方哲学开始了由古典哲学向以回归日常生活世界为导向的现代哲学转向,"不再以外在的和超越性的理性实体的化身自居",②重新审视世界的理性化与祛魅化,③正视工具理性与价值理性,科学理性与社会理性的分裂,④将目光聚焦于人的生存本质、日常交往及其在现实情境中创造的价值与意义世界。

---

① [法]米歇尔·德·塞托:《日常生活实践 1.实践的艺术》,方琳琳、黄春柳译,南京:南京大学出版社,2015年,第50页。
② 衣俊卿:《现代化与日常生活批判》,北京:人民出版社,2005年,第2页。
③ 王能东:《"自反性现代性"理论述评》,《国外理论动态》2009年第7期。
④ 张广利、陈盛兰:《自反性现代化的动因、维度及后果——贝克、拉什自反性现代化思想比较》,《东南学术》2014年第1期。

长期以结构功能主义和实证主义为主导话语,关注社会系统、社会秩序和社会普遍法则等宏大叙事的西方社会学,也于20世纪中叶开启了转向日常生活的范式革命。在此之前,日常生活被斥为次要、从属、琐碎、微观、单调的领域而被知识界置于理论视野之外。而这一社会学思想的断裂或革命式转向,归功于舒茨(Alfred Schutz)[①]等社会学家将胡塞尔(Edmund Husserl)先验现象学中的"生活世界 life-world"[②]理论引入社会学领域,开启了全新解释人的主体历史存在及其意义、价值的进路。后经多位社会学家对其丰富发展,以日常生活视角为主要推动力并与身体、空间、文化等社会视角交织叠加,这一转向被共同谱写织就。

第一节 "日常生活"与"日常生活实践"

日常生活,这一看似平常的词语,蕴含着波澜壮阔的篇章。舒茨(Alfred Schutz)、海德格尔(Martin Heidegger)、梅洛-庞蒂(Merleau-Ponty)、卢克曼(Thomas Luckmann)、伯格(Peter L. Berger)、德塞托(Michel de Certeau)、哈贝马斯(Jurgen Habermas)、赫勒(Agnes Heller)、维特根斯坦(Ludwig Wittgenstein)、埃利亚斯(Norbert Elias)、鲍德里亚(Jean Baudrillard)等均对日常生活理论进行过或一脉相承或迥隔霄壤的阐释,日常生活理论在哲学、社会学中的地位得以重新确立。若凭我现有的知识结构去穷尽日常生活理论的维度,追溯厘清日常生活及贯穿周遭的理论历史脉络,困难而不切实际,且很多理论议题至今仍争议风行。是以,我将重点梳理日常生活理论的两个主要流派及其代表

---

① 中国大陆有"舒茨""许茨"两种译法;台湾翻译舒兹。本文选用2012年商务印刷馆出版的《社会世界的意义构成》的译法,即舒茨。
② [德]埃德蒙德·胡塞尔:《欧洲科学的危机和超验现象学》,张庆雄译,上海:上海译文出版社,1988年,第88页。胡塞尔也在互换或交叉的意义上使用"生活世界"(Lebenswelt)""日常生活世界(alltagliche)"和"周围世界(Umswelt)",参见衣俊卿:《现代化与文化阻滞力》,北京:人民出版社,2005年,第127页。

人物的主要思想,①以舒茨、梅洛-庞蒂为代表的现象学派和以列斐伏尔、德塞托为代表的批判学派。希望以此能窥见诸多"日常生活"的同与不同,继而找寻可以关照我所研究的这一彝族、哈尼族农民工的日常生活及其实践的适切性理论。

舒茨的社会学著作以一种丰富的、细腻发展的概念性语汇来讨论日常生活世界(the common-sense world),将其视为社会行动的基础性世界,最基础的"意义域(finite provinces of meaning)",是与其他诸如科学的、艺术的、幻想的、梦想等多维世界(意义域)相区别的作为其他意义域变体的最高实在(paramount reality)。②继而,他给出了自己对"日常生活世界"的理解:

>"'日常生活世界'指的是这样一个主体间的世界,它在我们出生很久以前就存在,被其他人(Others),被我们的前辈当做一个有组织的世界来经验和解释。现在,它对于我们的经验和解释来说是给定的。我们对它的全部解释都建立在人们以前关于他的经验储备基础之上,这些经验以'现有知识'的形式发挥参照图示的作用。"③

我们可以借此窥见舒茨日常生活世界理论的多重维度:首先,舒茨将日常生活世界的社会架构描述为我们对他人的经验,日常生活世界从一开始就是主体间的、社会的、意义和文化的世界,日常生活世界于个人而言具有历史给定性、经验性、理所当然性,是能力所能及的有限意义域,这也就揭示了日常生活图示的重复性

---

① 这样的区分仅为了叙述梳理的某种便利性,很多学者的思想具有交错性,且有学者同时兼具了现象学派与批判主义道统,比如哈贝马斯和史密斯。
② [奥]阿尔弗雷德·许茨:《社会实在的问题》,霍桂恒、索昕译,北京:华夏出版社,2011年,第350页。
③ [奥]阿尔弗雷德·许茨:《社会实在的问题》,霍桂恒、索昕译,北京:华夏出版社,2001年,第284页。

特征和理所当然的自然态度;①其次,人们以常识潜在的类型化(typifications)构成"现有知识库(stock of knowledge at hand)"作为参照图示进行日常生活实践。概言之,舒茨的日常生活世界是主体间的、历史性的文化经验的意义建构。② 这也形成了一种理解社会关系的重要面向,即舒茨指出的:"构成了亲密性与匿名性之别,陌生性与熟悉性之别,社会临近与社会距离之别。"③

舒茨进一步将日常生活世界区分为"实际触及的世界(world within actual reach)"与"可能触及的世界(world within potential reach)"两个空间维度。④ "实际可触及的世界"指的是人们在空间坐标系中的原点与真实此在(here),是主体实际可感知的对象;"可能触及的世界"是借由主体的身体、科技、社会文化及生平情境所衍生的时空来界定,透过不同媒介的协力而履行,随着科技渗透日常生活世界,带有"中介性"的活动范围显著扩增。⑤ 舒茨对日常生活世界的这一划分格外具有启发性:主体可以借由媒体、科技等中介构筑不同的实践范围。主体经验可将科技视为感知世界的工具,且能借由它来转变主体的知觉感官与身体感官。借由科技、媒介所触及的范围即"可能触及的世界",那么经由已经被驯化或者说细胞式嵌入人"身体"的智能手机所进行的实践及其所建构的时空情境,自然也构成了日常生活世界中"可能触及的世界"的一部分。

梅洛-庞蒂明确将"身体"摆在生活世界极其重要的地位,对身体的关注贯穿其理论体系始终。在其著名的《知觉现象学》中,身

---

① 衣俊卿:《现代化与文化阻滞力》,北京:人民出版社,2005年,第155页。
② 郑震:《日常生活的社会学》,《人文杂志》2016年第5期。
③ Schutz, Alfred and Luckmann, Thomas, *The sturctures of the life-word*. Evanston, IL: Northwestern University Press, 1973, p.41.
④ Schutz, Alfred and Luckmann, Thomas, *The sturctures of the life-word*. Evanston, IL: Northwestern University Press, 1973, p.37.
⑤ Schutz, Alfred and Luckmann, Thomas, *The sturctures of the life-word*. Evanston, IL: Northwestern University Press, 1973, pp.38-41.

体是知觉的主体,"身体图示(body image)"是一种表示身体在世界上存在的方式,①身体凭借知觉而进入物体,它以意向性的方式将人的思想赋予物体。这不是意识的构造,而是在物体之中对物体意义的前意识的占有。②

梅洛-庞蒂试图把一切均建立在身体行为之上,身体是"世界的接洽点,而不是处境-世界的'中介介质'",③空间是一种身体化的空间(embodied space)④亦是其他一切空间之基础。他强调"我的身体在我看来不但只是空间的一部分,而且如果我没有身体的话,在我看来也就没有空间"⑤表达了现象学空间的基本原则。⑥他在《知觉现象学》中对空间的相关论述事实上区分了三个空间维度:⑦

第一,最基本层次的身体空间。"身体的空间性不是如同外部物体的空间性或'空间感觉'的空间性那样的一种位置的空间性,而是一种处境的空间性"⑧在这一空间里身体以最自然的形式存在,并与人的运动保持一致:

"如果身体空间和外部空间构成了一个实际系统,并且身体空间是作为我们的活动目的的对象能清楚的显现

---

① [法]莫里斯·梅洛-庞蒂:《知觉现象学》,姜志辉译,北京:商务印书馆,2001年,第138页。
② [法]莫里斯·梅洛-庞蒂:《知觉现象学》,姜志辉译,北京:商务印书馆,2001年,第176页。
③ [瑞士]艾曼努埃尔·埃洛阿:《感性的抵抗——梅洛-庞蒂对透明性的批判》,曲晓蕊译,福州:福建教育出版社,2017年,第120页。
④ 郑震:《论梅洛-庞蒂的身体思想》,《哲学研究》2007年第8期。
⑤ [法]莫里斯·梅洛-庞蒂:《知觉现象学》,姜志辉译,北京:商务印书馆,2001年,第140页。
⑥ 冯雷:《理解空间》,北京:中央编译出版社,2017年,第53页。
⑦ [法]莫里斯·梅洛-庞蒂:《知觉现象学》,姜志辉译,北京:商务印书馆,2001年,第311—378页。
⑧ [法]莫里斯·梅洛-庞蒂:《知觉现象学》,姜志辉译,北京:商务印书馆,2001年,第137—138页。

其上的背景,或能出现在其面前的空间,那么身体的空间性显然是在活动中实现的……当考察处于运动状态的身体时,我们能清楚的了解到身体是如何寓于空间(和时间)中的,因为运动不仅限于被动的接受空间和时间,它还主动的接受空间和时间,在其最初的意义中再现空间和时间,虽然其最初的意义已经消失在已经获得的平凡处境中"。①

第二,客观空间,即被理智、科学客观化、对象化的空间"是一种别于物体为止的一种纯粹的方位"。②

第三,梅洛-庞蒂将这一空间维度称为知觉世界,某种程度上是上述两种空间的交叉。"这种空间既不是物体的空间的空间性,也不是空间化空间的空间性……是一种相对中的绝对……能在显现的变动中继续存在的空间。"③身体空间与客观空间既不是前者规定后者,也不是后者规定前者,而是在相互蕴含与可逆中呈现自身。对梅洛-庞蒂而言,身体对物体在前逻辑层面上的意义赋予和物体的意义在知觉中的本真呈现是同一的,他试图以此种含混性来揭示在世界之中存在对于人类主体的超越主客体二元论的本体论意义。④

不管是舒茨还是梅洛-庞蒂,虽然各自关注的侧重点不同,但均明确肯定了日常生活世界对人生存的基础地位。舒茨将日常生活世界视为最基础的"意义域"和最高实在,是一切理论活动和非理论活动(其它意义域)的基础;梅洛-庞蒂则试图把一切均建立在身

---

① [法]莫里斯·梅洛-庞蒂:《知觉现象学》,姜志辉译,北京:商务印书馆,2001年,第140—141页。
② [法]莫里斯·梅洛-庞蒂:《知觉现象学》,姜志辉译,北京:商务印书馆,2001年,第315页。
③ [法]莫里斯·梅洛-庞蒂:《知觉现象学》,姜志辉译,北京:商务印书馆,2001年,第316页。
④ 郑震:《论梅洛-庞蒂的身体思想》,《哲学研究》2007年第8期。

体行为、经验之上。其次,无论是舒茨的"生平情境(Biographical situation)",还是梅洛-庞蒂的"历史的主体不是个体,在个体的生命中有一种社会的气氛"①,虽然都强调主体,但是一种历史文化主体,②人们的日常生活都是社会文化、历史情境的建构,不言而喻的先入之见或者说以前理论的方式支配着人们的日常生活实践。

现象学派"奠基性的日常世界"与批判学派代表人物、西方马克思主义者、社会理论家列斐伏尔将现代日常生活视为"基础性的社会层次(level)"之间具有某种遥远的共鸣性,但两者在深层次上却存在着巨大的鸿沟。与胡塞尔的自明性的生活世界和舒茨的历史文化建构性的日常生活世界不同,列斐伏尔的日常生活并非重复性的,结构功能化和历史语境化的,而是一个饱含欲望与需求,快乐与满足及其缺失之间的充满矛盾与张力的,异质性、多样性、复杂性的辩证的世界。

列斐伏尔是推动西方社会学和社会理论日常生活转向的先驱③之一。他没有明确给出日常生活定义,只在《日常生活批判》第一卷中论述道"日常生活是生计、衣服、家具、家人、邻里和环境……如果愿意,你可以称之为物质文化"④,但"日常生活并非简单的日常,而是独特事件的重现,是再生产和季节性庆祝的循环,是极其独特的时刻,在这些时刻中,空间、意识和具身化的所有层

---

① Merleau-Ponty M, *Phenomenology of Perception*, London & New York: Routledge,2002,p.425.

② 他们都超越了胡塞尔对意识哲学的依赖,拒绝了胡塞尔的无条件的先验主体,试图以社会历史主体去克服胡塞尔的个人主义主观性偏向。

③ 列斐伏尔在1947—1981年这30多年的时间跨度中陆续出版了皇皇巨著《日常生活批判》三部曲(1947/1958,1962,1981),他既是广义的社会批判理论的重要开拓者,也是20世纪日常生活转向批判的奠基人。他的日常生活批判理论在很大程度上是应对西方资本主义社会变迁所做出的自我调整和改造的结果。参见刘怀玉:《列斐伏尔与20世纪西方的几种日常生活批判倾向》,载李晓娟主编:《走向中国的日常生活批判》论文集,北京:人民出版社,2005年,第149页。

④ 吴宁:《日常生活批判——列斐伏尔哲学思想研究》,北京:人民出版社,2007年,第163页。

面在持续经验中凝聚成一体"①。列斐伏尔从马克思的异化思想出发,认为日常生活是一个不断受到官僚和消费控制而全面异化的领域,即"受控的消费科层社会",②他试图从日常生活的视角对现代性进行批判,认为日常生活的异化鲜明地体现了由工具理性和技术理性所主导的现代化危机,"日常生活演变为现代性的无意识"。③ 其异化通过大众文化、语言、符号、传媒等对消费的控制实现。

然而,列斐伏尔并不悲观。相反,他在日常生活领域努力挖掘其积极意义并"对日常生活抱有顽强的乐观主义"。④ 他在批判日常生活异化的同时,看到了其蕴含的惊人活力,瞬间创造力和救赎的可能性,⑤认为在这个由现代性的官僚和消费控制的日常生活世界并非一潭死水,并非全是琐碎单调和沉沦异化充斥的无意识黑夜。日常生活自身蕴含着压制与反压制,压抑与颠覆的双重性,⑥因为日常生活是社会层次中最基础性、最具生成性与中介性的层次,⑦即"处于由停滞、凝固、琐碎所支配的层次与戏剧、战略和激变的层次之间",⑧是社会结构、各种社会活动的最深层的链接,因此

---

① Harvey, D., 'Afterword' in Production of Space. Oxford: Basil Blackwell. 1991. pp.425 – 432. 转引自[加]罗伯特·希尔兹:《空间问题——文化拓扑学和社会空间化》谢文娟、张顺生译,南京:江苏凤凰教育出版社,2017 年,第 31 页。

② 周宪:《日常生活批判的两种路径》,《社会科学战线》2005 年第 1 期。

③ Lefebvre H, *Everyday Life in the Modern World*, New Brunswick: Transaction Publishers, 1984, p148.

④ 刘怀玉:《列斐伏尔与 20 世纪西方的几种日常生活批判倾向》,载李晓娟主编:《走向中国的日常生活批判》论文集,北京:人民出版社,2005 年,第 149 页。

⑤ 吴宁:《日常生活批判——列斐伏尔哲学思想研究》,北京:人民出版社,2007 年,第 167 页。

⑥ 周宪:《日常生活批判的两种路径》,《社会科学战线》2005 年第 1 期。

⑦ Lefebvre, H., *Critique of Everyday Life* (Vol.3): *From Modernity to Modernism* (*Towards a Meta philosophy of Daily Life*). Trans. by Gregory Elliott. London & New York: Verso, 2005, p.41.

⑧ Lefebvre, H., *Critique of Everyday Life* (vol.2): *Foundations for a Sociology of the Everyday*, London, New York: Verso, 2002, p.135.

蕴含着否定与革命的因素,不会"被现代统治秩序所彻底收编",①仍然是保留着生命与希望的矛盾的异质性世界,不断异化又不断被克服,始终充满"生动的态度和诗意的气氛"。② 是以,列斐伏尔提出了"战术"与"战略"概念,即统治者可以用战略战术统治,被统治被压迫的群体自然也可以用自己的战略战术反抗,后者通过行动的计谋与策略,而不至在日常生活异化状态中沉沦。总体来说,列斐伏尔颠覆日常生活的策略即是回复到前现代文化中寻找资源,那种人与人性和自然快乐交流的状态,追求节庆与狂欢,身体、感性与欲望解放。③

列斐伏尔的得意门生,法国当代社会理论家德塞托批判地继承了列斐伏尔的思想,对"战略(strategy)"和"战术(tactics)"做了和其师迥然相异的阐释。德塞托理论中的"战略"属于强者,是自上而下的宰制力,是强者对弱者权力关系的操弄;而"战术"属于弱者,是弱者在强者所掌控的空间秩序之中,自下而上地运用智慧和创造力以抵制强者的控制,战术是弱者的艺术(the art of the weak),具有一种颠覆的创造性。需强调的是这种抵抗只能在强者所宰制的空间或秩序中生成而不能外在于这种空间。德塞托的研究旨趣在于日常生活中的权力关系,日常生活中弱者如何抵抗(resistance)强者,如何在强者宰制的空间场域中"避让而不逃离(escaped it without leaving it)"④地进行创造性的日常空间生产。

德塞托将日常生活看成一个在全面监控之中的宰制与抵抗的斗争场域,是"一般人"挪用重构权力的方式,利用外来的资源发明

---

① Lefebvre, H., *Everyday Life in the Modern World*, New Brunswick: Transaction Publishers, 1984, p.75.
② 吴飞:《"空间实践"与诗意的抵抗——解读米歇尔·德塞图的日常生活实践理论》,《社会学研究》2009年第2期。
③ 周宪:《日常生活批判的两种路径》,《社会科学战线》2005年第1期。
④ 吴飞:《"空间实践"与诗意的抵抗——解读米歇尔·德塞图的日常生活实践理论》,《社会学研究》2009年第2期。

自身,①社会整体虽然无时无刻不规训着个体,但个体也可以在规训之中形成个体主体自身的"自我照看的艺术"②。德塞托认为"空间是被实践了的地点"③,"日常生活的'实践'就是作为实践主体的人在各种错综复杂的场所中,在各种机制力量、具体欲望、特定环境之中,小心翼翼地探求各方面的微妙平衡"④,日常生活就是个体通过日常生活实践"躲避"日常生活中的规训力量。他对权力和机构的统治不幻想,却认为"乐观主义者的冲动、智慧的慷慨"可以通过错位和颠覆"将统治秩序隐喻化"。⑤ 德塞托理论视野中的日常生活,并非被自上而下的宰制力挤压得索然无味,而是吸纳规避,充满了生活的诗学;并非革命与推翻,而是狡黠与创新,在给定的舞台空间即席书写与舞蹈。

如果说,现象学派强调人们的日常生活都是社会文化、历史情境的建构,人作为历史主体,类似"文化傀儡"的存在,被不言而喻的先入之见或者说前理论的方式支配着日常生活实践,日常生活看似不言而喻、自然而然的表象下是社会历史文化的力量而显得略微悲观和被动的话,那么,列斐伏尔和德塞托则把人在日常生活中的主体能动性似乎想得又过于积极乐观且充满诗意,将日常生活实践视为对抗、颠覆、超越正式的主流文化和技术理性的能力。

在对现象学派和批判学派四位思想家有关"日常生活"理论的爬梳后,最大的感受是理论指导意义的不确定性和复杂性。诚如如李金铨所说:"很少理论可以直接拿来套用,许多理论必须再造,

---

① 吴飞:《"空间实践"与诗意的抵抗——解读米歇尔·德塞图的日常生活实践理论》,《社会学研究》2009年第2期。
② 汪民安主编:《文化研究关键词》,南京:江苏人民出版社,2007年,第271页。
③ [法]米歇尔·德·塞托:《日常生活实践 1.实践的艺术》,方琳琳、黄春柳译,南京:南京大学出版社,2015年,第200页。
④ 吴飞:《"空间实践"与诗意的抵抗——解读米歇尔·德塞图的日常生活实践理论》,《社会学研究》2009年第2期。
⑤ [法]米歇尔·德·塞托:《日常生活实践 1.实践的艺术》,方琳琳、黄春柳译,南京:南京大学出版社,2015年,第10页。

有些理论表面看似矛盾,其实在不同条件下可以相互参照补充。"①的确,用上述任何一位思想家的"日常生活"理论关照我所研究的哈尼族彝族农民工群体,虽然都有可解释的余地和某些维度的可适性,但似乎又不完全适切。主要问题如下:

他们在乡村空间与现代城市空间流动且活跃于手机移动网络空间,日常生活是否依然如现象学派所言,是一个理所当然的,井然有序的,高度熟悉性和历史给定性的存在?生活中的个体是否会与具有相似"知识库"和"生平情境"的我群(we-relation)成员,进行着某种相似的日常生活实践?或者说,日常生活实践是否依然作为某种共同的社会历史情境的可能性和关系性的现实化而生产着特定的空间?

他们虽然处于城市的边缘底层,在结构性宰制性的空间中生存,他们的日常生活实践是否都存在着反抗?"日常生活实践"是否就作为一个"对抗概念(counter-concept)"②而存在?即使实践的结果产生了某种"反抗"的效果,作为实践主体的他们,是否清楚地具有反抗意识?③

桑内特(Richard Sennett)将晚近现代"时间上的不安全感、非同时性、不确定性,在不同的时间文化中的相互冲撞、断层的出现等"看成"包含在同行的、高度情境化的时间实践之中的正常状态"④。"我是谁"要根据"我正面对谁"及"正在社会哪里领域里

---

① 李金铨为丁未专著:《流动的家园——"攸县的哥村"社区传播与身份共同体研究》所作序言:《入乎其内,出乎其外:关于都市"流动家园"现象学式的传播考察》。北京:社会科学文献出版社,2014年,第1页。
② 古德纳(Gouldner)认为"日常生活"就是一个对抗概念,表达了对某一特定生活的反对。参见[英]迈克·费瑟斯通:《消解文化——全球化、后现代化与认同》,杨渝东译,北京:北京大学出版社,2009年,第81页。
③ 吴飞认为"一般人是否清楚具有反抗意识?"是德塞托有关日常生活实践理论未解答而值得展开分析的问题。参见吴飞:《"空间实践"与诗意的抵抗——解读米歇尔·德塞图的日常生活实践理论》,《社会学研究》2009年第2期。
④ [德]哈尔特穆特·罗萨:《加速:现代社会中时间结构的改变》,董璐译,北京:北京大学出版社,2015年,第276—277页。

行动"来决定。自我的一贯性和连续性也变得要根据情境灵活建构,与之相对应的是情景化的日常生活方式,其生活逻辑是"弹性化"。①

潘忠党用"临场发挥"的概念来概括社会转型过程中,中国大陆新闻从业者在不确定性情境和非正式因素的作用下,改造新闻生产中的社会关系,重构现存体制的内在活动空间的实践。新闻从业人员"随机应变(improvisation)"地利用可用的(available)象征资源构筑、阐释和正当化他们的实践活动,是种"有限创新"(bounded innovations),临时、短视和缺乏系统性。② 他写道:

> "新闻从业人员将他们面临的行为场景具体化和区域化,并在这样规划出来的活动空间内,重新建构'党的新闻事业'的具体实践形态,利用现实生态环境中的种种张力和矛盾,设计出可迅即见效的行为,达到既不违背党的意识形态原则又取得实际利益的目的……主体的社会实践活动都发生于具体的时空坐标点,即具体的社会和历史场景,或者说是体制内各种关系的某交合点。"③

潘忠党用"临场发挥"分析在变动不居的转型期,新闻从业者,在情景化时空中,随机应变、有限创新的空间生产活动。这是一个涉及空间实践及实践策略的概念,对我极具启发性,并借此概念分析我所关注的少数民族农民工群体在结构性的空间中所进行的主体性的日常生活实践。虽然分析对象看似天悬地隔,但实则有很多相似之处。首先,它们所面临的外部环境都为宰制性、制度化、

---

① [德]哈尔特穆特·罗萨:《加速:现代社会中时间结构的改变》,董璐译,北京:北京大学出版社,2015年,第278页。
② 潘忠党:《新闻改革与新闻体制的改造——我国新闻改革实践的传播社会学之探讨》,《新闻与传播研究》1997年第3期。
③ 潘忠党:《新闻改革与新闻体制的改造——我国新闻改革实践的传播社会学之探讨》,《新闻与传播研究》1997年第3期。

结构化的空间;其次,具有主体-实践的有限创新的可能;再次,均"不具有'意识形态对抗'(ideological opposition)式的替换象征体系"。①

我认为我所研究的哈尼族、彝族农民工群体的日常生活实践正是一种"临场发挥"性质与特征的实践行动。群体成员根据生平情境(biographical situation)②与此时(now)此地(here)的具体情境,通过具身化行动来把握自身处境,完成对物理空间与社会空间及网络空间的重构或生产。这种空间生产,由成员在具体的社会情境中就地完成,在给定的舞台空间即席书写与舞蹈,使用的手段或者说策略临时、短视、缺乏系统性,更多的是基于个体的生存需要,既不是主观性的有意识、有系统、有计划地对宰制力的抵抗,也非一味地规避和"逆来顺受",而是一种以生存为目的,在自由与控制之间与情境因素的复杂多样相契合的,弹性化的即兴创造与权宜举措。我将这种权宜性的、随机应变(improvisation)的日常生活实践称为"临场发挥"。

第二节 日常生活空间:个体再生产的实践空间

赫勒(Agnes Heller)在个体生存的层面理解日常生活,把日常生活界定为:"那些同时使社会再生产成为可能的个人再生产要素的集合。"③"没有个体再生产,任何社会都无法存在,而没有自我再

---

① 潘忠党:《大陆新闻改革过程中象征资源之替换形态》,《新闻学研究》1997年第54期。
② 这里指的即是舒茨概念里的"生平情境 Biographical situation"即每个人在他的生活中都始终会不断地根据由他的特殊兴趣、动机、欲望、抱负、宗教信仰,以及意识形态承诺构成的视角行动。"行动者的实际情境具有它自己的历史,它是他以前所有主观经验的积淀。行动者不是把这些主观经验作为毫无个性的东西来体验,而是它们作为独特的、从主观角度呈现给他并且仅仅呈现给他的东西来体验。"参见[奥]阿尔弗雷德·许茨:《社会实在的问题》,霍桂恒、索昕译,杭州:浙江大学出版社,2011年,第4—5页。
③ [匈]阿格妮丝·赫勒:《日常生活》,衣俊卿译,哈尔滨:黑龙江大学出版社,2010年,第3页。

生产,任何个体都无法存在。因而,日常生活存在于每一社会之中;每个人无论在社会劳动分工中所占据的地位如何,都有自己的日常生活……个人的再生产总是具体个人的再生产。"①她进一步将日常生活的主要内涵概括为"语言""对象世界"和"习惯世界"三个规则系统。② 日常生活的目的是"为人们获得生存手段、合作和抗争、意义的建构提供规则系统的'人类条件'"。③

赫勒将个体再生产进一步分为:"自在的类本质对象化(species-essential objectivations in itself)再生产"④如劳动、工作等基础的,具有自在性、给定性、习惯性、重复性和经验性的活动被认为"日常生活"是第一性的,基础和首要的;个人"自为的类本质化(species-essential objectivations for itself)再生产"⑤如科学、艺术、哲学、宗教等是"非日常生活"是第二性的。"日常生活"是"非日常生活"的基础。这点和舒茨将日常生活视为社会行动的基础性世界和最高实在,是其他诸如科学的、艺术的、哲学的基础是一致的。

衣俊卿参照舒茨、赫勒对日常生活的理解,将日常生活阐释为维护个体生存和再生产的各种活动的总称。并将其划分为三个层次:第一个层次是日常生产与消费,如衣食住行、生儿育女;第二个层次是日常交往,如婚丧嫁娶、礼尚往来;第三个层次是日常观念,自在思维活动。⑥ 与日常生活相对应的"非日常生活"有两个层次:第一个层次是作为政治、经济、技术、公共事务的社会再生;第二个

---

① 衣俊卿:《现代化与文化阻滞力》,北京:人民出版社,2005年,第158页。
② [匈]阿格妮丝·赫勒:《日常生活》,衣俊卿译,哈尔滨:黑龙江大学出版社,2010年,第4页。
③ [匈]阿格妮丝·赫勒:《日常生活》,衣俊卿译,哈尔滨:黑龙江大学出版社,2010年,第4页。
④ [匈]阿格妮丝·赫勒:《日常生活》,衣俊卿译,哈尔滨:黑龙江大学出版社,2010年,第4页。
⑤ [匈]阿格妮丝·赫勒:《日常生活》,衣俊卿译,哈尔滨:黑龙江大学出版社,2010年,第6页。
⑥ 衣俊卿:《现代化与日常生活批判——人自身现代化的文化透视》,北京:人民出版社,2005年,第14—15页。

层次作为精神生产的科学、艺术、宗教等。① 作为个体再生产的日常生活构成了社会和精神再生产的基础。

日常生活总是在一定空间场域中的生活。"日常交往在其自己的空间中发生,这一空间是以人类为中心的。在其中总是存在着进行日常生活的人。正是他的日常生活结合着他的空间,在这一空间中,对空间的体验与对空间的感觉不可分的融合在一起。"②海德格尔提出了"此在(being there)",即与主体间的他者共存,与他人共享,与世间事物共在,"如果空间以某种方式属于世界,那么世界的存在就必定具有空间性",③"此在由于其具有的空间性,因此才能在存在着的空间中照面。而此在只要实际在世就必定给出空间。"④生命存在,生活存在,生命境遇就是在日常生活空间中存在。⑤

日常生活是个体生存和再生产的各种实践活动,个体的自我再生产是个体在其直接的、给定的场所和过程中展开和实现的,这种直接的、给定的,被实践了的场所就是日常生活空间。日常生活空间是个体再生产的实践空间。"实践的过程是具有能知和能动的行动者在一定时空内利用规则和资源不断地改造外部世界的过程……实践空间是在空间的实践状态中生成的,最终指向的是一种日常生活的空间实践。"⑥日常生活空间既是行为、活动和人与人之间社会关系的媒介,也是其相互作用的结果。

---

① 衣俊卿:《现代化与日常生活批判——人自身现代化的文化透视》,北京:人民出版社,2005年,第16—17页。
② [匈]阿格妮丝·赫勒:《日常生活》,衣俊卿译,哈尔滨:黑龙江大学出版社,2010年,第228页。
③ [英]马尔霍尔海德格尔与〈存在与时间〉》,桂林:广西师范大学出版社,2007年,第149页。
④ 陈嘉映:《海德格尔哲学概论》,北京:生活·读书·新知三联书店,1995年,第151页。
⑤ 陈嘉映:《海德格尔哲学概论》,北京:生活·读书·新知三联书店,1995年,第148—166页。
⑥ 文军,黄锐:《"空间"的思想谱系与理想图景:一种开放性实践空间的建构》,《社会学研究》2012年第2期。

"日常生活空间具有边界,人们行动和运动的有效辐射的极限",[①]但日常生活空间作为主体的个人在维护个人生存和再生产的各种实践活动展开和实现的场所,是一个可以利用可能的资源来进行创造性生产的场所。"日常生活虽然处于基础地位,但并不是固定不变的"[②],"日常生活总是在个人的直接环境中发生并与之相关……这并不是说,日常生活对象化的有效半径,在个人及其直接环境处陡然而止;相反,它拓展到对象化所能达到的最高阈限,这只是因为我借以超越自己的环境,我将其与我所能抵及的整个世界相连,并借以使自身对象化的所有基本技能基本情感和基本态度都被我在日常生活中所占用。"[③]

"虚拟的地方并不虚妄,想象的世界如果内在于存在、内在于生活、内在于此刻,它就是有效的。印刷术把虚拟现实扩张到神话与童话世界之外,它变得像我们的世界一样真实。它在别的地方,在另一个时代——那些世界是从前的世界,或者是别的人'拥有'的一个遥远的世界。我们有我们的世界,但我们也了解他们的世界,以这种方式我们也拥有他们的世界——不过是作为一个虚拟的世界;这个世界作为一个虚拟的世界,属于我们所拥有的真实的世界。这样,我们所了解的世界和我们所拥有的世界之间的鸿沟由一条走廊连通了。"[④]

---

① [匈]阿格妮丝·赫勒:《现代性理论》,李瑞华译,北京:商务印书馆,2005年,第229页。
② 张政文、杜桂萍:《艺术:日常与非日常的对话——A.赫勒的日常生活艺术哲学》,《文艺研究》1997年第6期。
③ [匈]阿格妮丝·赫勒:《日常生活》,衣俊卿译,哈尔滨:黑龙江大学出版社,2010年,第6页。
④ [匈]阿格妮丝·赫勒:《现代性理论》,李瑞华译,北京:商务印书馆,2005年,第259页。

在赫勒看来,印刷术将"了解世界(knowing the word)"和"拥有世界(having the word)"①之间的鸿沟弥合了。随着时代的发展,印刷术所具备的消弭鸿沟的功能,将多种技术、媒体折叠容纳于自身的智能手机同样具备。日常生活空间的版图极大地拓宽了,"即是说,遥远的东西近在咫尺,成为个人经验的组成部分。"②手机成为个人跃迁到"自为"的类本质对象化领域,超越世俗边界的媒介。

第三节　手机:具身化媒介

保罗·莱文森(Paul Levinson)认为将手机称为"cellphone"贴切传神,因为手机具有生成与创造的功能,它不仅像人体的细胞一样可以随人体移动,且与细胞一样,无论走到哪里,都能生成新的社会、新的可能、新的关系。③

当代社会是"加速移动"与"虚拟移动"双重加速的"信息移动社会(info-mobility society)"。④ 手机,是当今中国最具时代标志性的造物,⑤毫不夸张地说"中国移动媒介的爆发式增长是现象级的"。⑥ 手机对中国社会生活的影响研究文献甚多,本文无意对它

---

① [匈]阿格妮丝·赫勒:《现代性理论》,李瑞华译,北京:商务印书馆,2005年,第258页。
② [匈]阿格妮丝·赫勒:《日常生活》,衣俊卿译,哈尔滨:黑龙江大学出版社,2010年,第230页。
③ [美]保罗·莱文森:《手机》何道宽译,北京:中国人民大学出版社,2004年,第1页。
④ 胡春阳:《寂静的喧嚣,永恒的联系:手机传播的人际互动》,上海:上海三联书店,2012年,第14—15页。
⑤ 2018年1月31日,由中国互联网络信息中心(CNNIC)公布数据显示,截至2017年12月,中国网民规模达7.72亿,普及率达55.8%,手机网民手机网民规模达7 53亿,使用手机上网人群的占比由2016年的95.1%提升至97.5%,移动网络促进"万物互联"。参见第41次《中国互联网络发展状况统计报告》中国互联网信息中心 http://www.cnnic.net.cn/gywm/xwzx/rdxw/201801/t20180131_70188.htm
⑥ 《对话麦夸尔》,载孙玮主编:《中国传播学评论第七辑城市传播:地理媒介、时空重组与社会生活》,上海:复旦大学出版社,2017年,第36页。

做综述,我关注的重点是少数民族农民工人群体如何通过手机来改变、重构日常生活世界。

从 2014 年 9 月开始田野调查至今,我见证了这一彝族哈尼族少数民族农民工群体从 2G① 手机到 3G、②4G③ 智能手机④的普及过程;见证了智能手机从奢侈炫耀品到生活必需品的转变;见证了手机具身化嵌入他们的日常生活,将长期以来塑造的空间和形成的习惯消弭于无形的同时又重塑并创造性地打造或改变日常生活世界的过程。

2016 年,是中国移动 4G 手机用户数量、微信等社交软件呈现井喷式增长的一年。⑤ 也正是这一年,智能手机在来自云南红河县乐乡彝族、哈尼族农民工群体中基本实现普及。2016 年 5 月 17 日

---

① 2G 数字移动通信系统,不仅可以支持话音业务,还支持低速数据业务,因而又被称为窄带数字通信系统。在中国 GSM(移动通信系统 Global System for Mobile Communication)、CDMA(码分多址 Code Division Multiple Access),1995 年后开始被广泛运用。这两个系统,除了语音通信外,还可以发短信(短消息,SMS),彩信(MMS,多媒体简讯)。参见秦艳华、路英勇:《全媒体时代的手机媒介研究》,北京:北京大学出版社,2013年,第 16 页;刘滢:《手机:个性化的大众媒介》,北京:人民出版社,2012 年,第 8 页。

② 3G,第三代移动通信技术 Third-Generation,移动多媒体宽带系统,能够将语音通信和多媒体通信相结合的新一代移动通信系统。其特点是提供数字化的语音业务,支持高质量的话音,分组数据,媒体业务和用户速率通讯,手机通讯内涵得到极大的拓展。手机传输速度也极大提高,功能上涵盖存储、多媒体处理、屏幕触摸等,3G 手机正向综合处理信息机靠近,成为一个综合性的媒体平台。2009 年 1 月 7 日,工业和信息部为中国移动、中国电信、中国联通发放三张第三代移动通信牌照,中国正式步入 3G 时代。参见秦艳华、路英勇:《全媒体时代的手机媒介研究》,北京:北京大学出版社,2013年,第 17 页;匡文波:《新媒体概论》,北京:中国人民大学出版社,2015 年,第 297—298 页。

③ 4G,即第四代移动通信技术。集 3G 与 WLAN 于一体并能够传输高质量视频图像以及图像传输质量与高清电视不相上下的技术产品。4G 系统能以 100Mbps 的速度下载,比拨号上网快 2000 倍,上传速度也达 20Mbps,能够满足所有用户对无限服务的要求。2013 年 12 月 4 日工业和信息化部向中国移动、中国联通、中国电信正式发放 4G 牌照,宣告中国通信行业正式步入 4G 时代。参见匡文波:《新媒体概论》,北京:中国人民大学出版社,2015 年,第 298—300 页。

④ 3G、4G 使用移动宽带系统,也就是我们通常意义上说的智能手机。在以下行文中,"手机"特指 3G、4G 智能手机。

⑤ 2016 年中国 4G 用户数爆发式增长,全新增加 3.4 亿户,2016 年被称为"虚拟现实新媒体元年",截至 2016 年 12 月末,中国移动互联网用户总数已经达 10.93 亿,(接下页)

世界电信日之际,昆明某网络运营商开展 100 元置换智能手机的活动,在昆打工的这一群体中为数不多的几个 2G 手机使用者通过彻夜排队,以低廉的价格实现了智能手机的更新换代,成为中国亿万移动互联网智能手机使用者之一。这其中就包括在石屏餐馆洗碗,平时节省到只会买一二十块钱衣服的常阿姨。她之前的手机是女儿高中毕业淘汰的山寨直板 2G 手机,小学三年级文化水平的她,在置换之前,手机唯一的功用是接打电话。为了能跟上老乡们的步伐,她在"5·17"这天阔绰地花了 100 元换购了某运营商自有品牌的智能手机。拿到手机的当天便请我帮她安装微信,并发出了第一条朋友圈和自拍照。微信,是他们更换智能手机的动因及首要必备软件。

国产智能手机价格的低廉化与三大运营商 3G 和 4G 渗透率上升之间互为推手,携手开启中国移动智能手机的大时代。手机不再仅仅是移动电话,而是具有通信功能的迷你掌上电脑,是"媒介的集大成者"。[2]

对大多数在城市出生,受过中高等教育的人来说,数码设备使用先后大抵或同时经历了台式机、笔记本、手机、MP3、数码相机、

(接上页)同比增长 13.4%,约占全球互联网用户总数的 1/3。其中使用手机上网用户数在 2016 年 11 月就接近 10.2 亿户,在移动电话用户中的渗透率为 77.1%。此时,中国移动电话用户总数达 13.2 亿,占全球手机用户的 1/3(全球手机用户达 37.9 亿,相当于全球人口的 51%)微信在 2016 年 9 月平均日登用户达 7.68 亿,较 2015 增长 35%,50%用户每天使用微信时长 90 分钟,日发送消息次次数较 2015 年增长 67%,日成功音频通话总次数 1 亿次,较 2015 年增长 180%。朋友圈是微信产品所属的一个应用,没有独立 App,只能在微信中打开或关闭,截至 2016 年底,其打开率为 85.8%。腾讯公司 2017 年 3 月 22 日公布,2016 年微信和 We Chat 合并月活跃用户数达 8.89 亿,并提出"微信是一个生活方式"。参见余清楚:《中国移动互联网发展报告(2017)》,北京:社会科学文献出版社,2017 年,第 250 页;李卫东,刘亚婷:《2016 年中国虚拟现实新媒体发展报告》,载唐绪军:《中国新媒体发展报告(2017)》,北京:社会科学文献出版社,2017 年,第 160 页;彭兰:《移动互联网时代"连接"的扩展及其蕴意》,载余清楚:《中国移动互联网发展报告(2017)》,北京:社会科学文献出版社,2017 年,第 26 页;《2016 微信数据报告》http://tech.qq.com/a/20161228/018057.htm#p=1

② [美]保罗·莱文森:《手机》,何道宽译,北京:中国人民大学出版社,2004 年,第 1 页。

摄像机、智能手机等近 20 年的历程,而对于这一少数民族农民工群体而言,一部智能手机几乎实现了从没有数码产品的日常生活到一下子拥抱所有数码产品的跨越。智能手机既是移动电话,也是他们的第一台照相机、摄像机、随身听、视频播放器、游戏机和手表。操作的便捷和简易性,特别是诸如微信这样可以用语音而无需文字输入的社交软件,"友好"地包容了文化水平落差,数字鸿沟在某些层面上得以消弭。

"手机对生活和文化的改变是难以抗拒的。"[①]汪民安约在十年前阐述是,现代社会可以有一种新的划分方式:有手机的人和没有手机的人,人的肉身可以抽象为一个手机号。[②] 而现在或可"升级"表述为:使用智能手机(微信)的人和不使用智能手机(微信)的人。以智能手机为移动终端平台,微信成为"移动互联网的基础设施",[③]人被化约为一个"微信号",人的背景、文化、旨趣、学识修养等内在性均隐含在一个微信号中。昵称、头像、微信对话方式,甚至发出的一个表情符号,朋友圈的文字图片等都是符号,传递、行塑和言说一个"你",成为日常生活中的身份建构与"身体"呈现。

"具身性(embodiment)"是手机最重要的特征,手机成为有别于其他媒介的具身化媒介(embodied media)。海尔斯(Hayles)将身体视为"我们用来习得操控的最初假体(original prosthesis),由此我们又借用其他假体来延伸或是替代我们的身体……人类是可以塑造的(configured),从而能够与机器无缝链接。"[④]起初,技术是

[①] [美]保罗·莱文森:《手机》,何道宽译,北京:中国人民大学出版社,2004年,第3页。

[②] 汪民安:《手机:身体与社会》,载汪民安主编《感官技术》,北京:北京大学出版社,2011年,第84—85页。

[③] 张恒:《微信七周年,一切都变了》,微信公众号"新榜"2018年1月19日推送。

[④] Hayles, N.K., *How we became Posthuman : Virtual Bodies in Cybernetics, Literature, and Informatics*, Chicago, University of Chicago Press, 1999, p.3 转引自(英)尼古拉斯·盖恩,戴维·比尔:《新媒介:关键概念》,刘君、周竞男译,上海:复旦大学出版社,2015年,第51页。

人的延伸,现在发生了逆转,人成为了技术的延伸。①"我们使用软件及嵌入其中操作程序,反过来,操作程序成为我们如何理解自己、他人和世界的要素。"②手机已经成为人身上的一个器官,人成为不折不扣的"手机人"。手机是细胞,是器官,是人身体的一部分,几乎须臾不离手,不离眼。"手机深深植根于人体,并成为人体的一个重要部分……手机一旦植于人体或者说,一旦身体披上这个壳,人的整个潜能就猛然放大了。"③手机还是一个关系网络,"携带手机就是携带社会网络,手机在身就是'联系在场(connect presence)'。"④

媒介长久以来被视为时间对空间的战胜,一股克服时空藩篱的力量。"距离的死亡""无时之时"⑤均是对媒介消灭时空距离的极致的概括。每一种新的媒体诞生,其价值的彰显就在于进一步加大跨越空间的速度和范围。而手机移动媒体之"新"与传统媒介之"别",不仅在于其是先前技术形式的发展与再媒介化(remediation),⑥更在于其开启了一种新的时空重组关系(re-engineer social

---

① [加]罗伯特·洛根:《理解媒介——延伸麦克卢汉》何道宽译,上海:复旦大学出版社,2016年,第316页。

② Manovich, Lev. *The language of new media*. Cambridge, MA: MITPress. 2001, P.118.转引自(加拿大)罗伯特·洛根:《理解媒介——延伸麦克卢汉》,何道宽译,上海:复旦大学出版社,2016年,第316页。

③ 汪民安:《手机:身体与社会》,载汪民安主编《感官技术》,北京:北京大学出版社,2011年,第83页。

④ Licoppe, C. *Conncected Presence: The Emergence of a New Repertoire for Managing Social Relationships in a Changing Communication* Technoscape. Environment and Planning: Society and Space, 22(2004). pp.135-156.转引自胡春阳:《寂静的喧嚣,永恒的联系:手机传播的人际互动》,上海:上海三联书店,2012年,第82页。

⑤ [荷]简·梵·迪克:《网络社会——新媒体的社会层面》,蔡静译,北京:清华大学出版社,2014年,第18页。

⑥ [英]尼古拉斯·盖恩,戴维·比尔:《新媒介:关键概念》,刘君、周竞男译,上海:复旦大学出版社,2015年,第54页。

relations of time-space),①同时具备了"脱域"和"嵌入"的双重功能,②而这恰恰归功于手机的"具身性"。实体空间、虚拟空间经"身体"得以凿通,人的身体借助手机成为实体空间与虚拟空间的移动交互界面(mobile interface),形成"人机复合体"将身体、空间、信息、物质结构交织在一起,"近乎完美的渗透于日常生活空间和场所之中……与身体、客体和环境融合,进而产生新的时间和空间结构"。③ 交互界面最重要的特质就在于"能在不同客体和系统的边界之间游走,而这一过程不仅使得网络得以运行,也拓展了新的空间",④重构日常生活,并改变着身体和环境之间的关系,使得"两个世界之间无缝联结,由此推动了其间差异的消失,并籍此改变了两者之间的链接形式"。⑤ 作为实体空间与虚拟空间交互界面的个人,借此也成为浩瀚网络中的节点——身体的、技术的,以及空间的。人成为"节点主体"⑥及社会、文化的交汇处。传统大众媒介长久以来被遮蔽的地理、空间属性得以彰显。主体、实践、空间与场所之间的形构关系得以强调。

斯科特·麦夸尔(Scott McQuire)将以移动数字媒介为主的嵌入式城市媒介称为"地理媒介"(Geomedia),⑦特征是:"无处不在(ubiquity)、地理定位(positionality)、实时反馈(realtime feedback)

---

① 《对话麦夸尔》载孙玮主编:《中国传播学评论第七辑城市传播:地理媒介、时空重组与社会生活》,上海:复旦大学出版社,2017年,第29—30页。
② 孙玮:《城市传播:地理媒介、时空重组与社会生活》,载孙玮主编:《中国传播学评论第七辑城市传播:地理媒介、时空重组与社会生活》,上海:复旦大学出版社,2017年,第6—7页。
③ [英]尼古拉斯·盖恩,戴维·比尔:《新媒介:关键概念》,刘君、周竞男译,上海:复旦大学出版社,2015年,第61页。
④ [英]尼古拉斯·盖恩,戴维·比尔:《新媒介:关键概念》,刘君、周竞男译,上海:复旦大学出版社,2015年,第51页。
⑤ Poster, M. *The Second Media Age*. Cambridge: Polity Press. 1996, p.21.转引自[英]尼古拉斯·盖恩,戴维·比尔:《新媒介:关键概念》,刘君、周竞男译,上海:复旦大学出版社,2015年,第51页。
⑥ 孙玮:《微信:中国人的"在世存有"》,《学术月刊》2015年第12期。
⑦ 《对话麦夸尔》载孙玮主编:《中国传播学评论第七辑城市传播:地理媒介、时空重组与社会生活》,上海:复旦大学出版社,2017年,第30页。

和多元融合(convergence)"，①作为移动数字媒介代表的智能手机，"多元融合"技术折叠就是应有之意，它将越来越多的媒体容纳、折叠于自身，成为"超级媒体""第一媒体"。因其具备的具身性，而可以随人的移动"无处不在""地理定位"和"实时反馈"，其移动也就意味着"实体空间的往来；实体空间与虚拟空间之间的穿梭；不同时间的场景汇聚至此时的并置"，②智能手机无疑"将媒介技术的作用扩展融入社会生活中的越来越多的领域"。③"比从手机屏幕从黑白到彩色，从字幕到视频的进化更为重要的是移动技术的'现场意识'(location awareness)的出现"，④这种"现场意识"即对地理位置与实体空间的凸显，是"对我们在这个世界出场的双重理解：'我'在这里，我在'这里'"。⑤

梅洛-庞蒂将身体看作世界的接洽点，不是处境-世界的"中介介质"，⑥而是具身空间(embodied space)，这一点和将人与身体视为实体空间与虚拟空间移动交互界面的的思想不谋而合。梅洛-庞蒂认为，身体凭借知觉进入物体，它以意向性的方式将人的思想赋予物体，这不是意识的构造，而是在物体之中对物体意义的前意

---

① 孙玮：《城市传播：地理媒介、时空重组与社会生活》，载孙玮主编：《中国传播学评论第七辑城市传播：地理媒介、时空重组与社会生活》，上海：复旦大学出版社，2017年，第5页。

② 孙玮：《城市传播：地理媒介、时空重组与社会生活》，载孙玮主编：《中国传播学评论第七辑城市传播：地理媒介、时空重组与社会生活》，上海：复旦大学出版社，2017年，第6页。

③ 《对话麦夸尔》载孙玮主编：《中国传播学评论第七辑城市传播：地理媒介、时空重组与社会生活》，上海：复旦大学出版社，2017年第31页。

④ Howard Rheingold.*Smart Mods :the Next Social Revolution*.p.xv.转引自胡春阳：《寂静的喧嚣，永恒的联系：手机传播的人际互动》，上海：上海三联书店，2012年，第7页。

⑤ 胡春阳：《寂静的喧嚣，永恒的联系：手机传播的人际互动》，上海：上海三联书店，2012年，第10页。

⑥ ［瑞］艾曼努埃尔·埃洛阿：《感性的抵抗——梅洛-庞蒂对透明性的批判》，由晓蕊译，福州：福建教育出版社，2017年，第120页。

识的占有,①"新媒介不仅是机械性的小玩意,还为我们创造了知觉世界"。②

列斐伏尔强调了身体对于空间的意义,将身体称为"时空身体","它不会听命于分析思维的摆布,身体的独创性无需论证,因为身体自我显露,在空间中展示它自己",③身体对经由日常生活实践建构空间具有核心作用,成为实体空间与虚拟空间的交互界面。

舒茨将日常生活世界区分为"实际触及的世界(world within actual reach)"与"可能触及的世界(world within potential reach)"。④ "实际可触及的世界"指的是人们在空间坐标系中的原点与真实此在(here),是主体实际可感知的对象,人活动的实体空间;"可能触及的世界"是借由科技、媒介所触及的范围,经由具身性媒介所进行的实践及其所建构的时空情境也属于日常生活世界的一部分,属于"可能触及的世界"。手机不再外在于现实,不是再现(represent)而是呈现(present)现实,⑤手机就是现实的一部分或现实本身。

媒介技术论认为媒介和技术不仅是动力而且具有界定时代的意义,媒介和技术本身就是社会环境,社会和网络已经融合为一个整体现实。⑥ 麦克卢汉在1969年洞见"新媒介不是人与自然的桥

---

① [法]莫里斯·梅洛-庞蒂:《知觉现象学》姜志辉译,北京:商务印书馆,2001年,第176页。
② 埃里克·麦克卢汉,弗兰克·秦格龙:《麦克卢汉精粹》(*The Essential Mcluhan*,1977)转引自转引自(加拿大)罗伯特·洛根:《理解媒介——延伸麦克卢汉》何道宽译,上海:复旦大学出版社,2016年,第11页。
③ 转引自孙玮,潘霁:《从"空间"发现"地方":上海市静安闸北合并的个案分析——兼论空间经验作为地方性只是》,载孙玮主编:《中国传播学评论第七辑城市传播:地理媒介、时空重组与社会生活》,上海:复旦大学出版社,2017年,第56页。
④ Schutz, Alfred and Luckmann, Thomas. *The sturctures of the life-word*.. Evanston, IL: North-Western University Press.1973, p.37.
⑤ 孙玮:《地理媒介、时空重组与社会生活》,载孙玮主编:《中国传播学评论第七辑城市传播:地理媒介、时空重组与社会生活》,上海:复旦大学出版社,2017年,第10页。
⑥ [荷]简·梵·迪克:《网络社会——新媒体的社会层面》,蔡静译,北京:清华大学出版社,2014年,第18页。

梁:新媒介就是自然"。① 在近半个世纪后,手机也不再是人与日常生活的桥梁(中介),手机是身体的一部分,是具身空间。手机是具身化媒介,在嵌入日常生活的同时,重塑日常,重构日常。人本身也彻底改变了。

第四节　分析框架

本书的核心问题是:哈尼族彝族农民工群体如何在结构化、宰制性的空间中进行主体性的日常生活实践? 生产了哪些空间? 使用了什么样的策略? 具体而言:

第一,传统的血缘、地缘、信任、人情、习惯、知识库(stock of-knowledge)等在城市或乡村具体的时空情境中是被消解颠覆? 还是维持抑或改变和创新?

第二,在手机这种具身化媒介嵌入日常生活之后,他们如何进行手机实践,又如何利用手机在日常生活中进行意义创造与空间生产? 手机如何创造性地打造或改变日常生活世界?

第三,既然日常生活世界是主体间性的,日常生活是社会文化、历史情境的建构,"我群"与"他群"的社会区隔是如何产生和社会性地建构的? 他们在异质空间场域中的生活逻辑是什么,空间符号边界如何建构? 又是如何在日常生活实践中来实现并维持这种主体间性的?

第四,手机微信这种社交软件的普遍运用,给他们的社会生活方式带来了怎么样的变化? 是突破了原有的以熟人社会为基础的关系网络,还是抱团取暖,进一步内聚,强化族群身份寻求意义和实际的保护? 手机微信是否建构了一个跨越城市-乡村地理边界的社区,使得社会结构和社会关系在空间上重构?

----

① ［加］罗伯特·洛根:《理解媒介——延伸麦克卢汉》,何道宽译,上海:复旦大学出版社,2016年,第11页。

小　结

　　综合导论部分文献分析，既有农民工研究，性别、代际、族群、工种等均成为独立的研究领域，且相互交叉形成新的更细小的议题，研究的理论框架基本可概括为社会关系网络和社会资本，文化适应与认同，共同体与社区建构，属于结构化、社会网络化的"自上而下"的分析范式。这种对结构、网络面向的强调，忽略了微观的日常生活层次，遮蔽了农民工在流变过程中的多样性和动态性，遮蔽了他们在具体的时空情境中，在日常生活中作为行动主体的能动的自我建构和意义生成者的面向，也忽视了农民工与社会网络社会结构的互动过程，缺乏微观的"自下而上"的"主体-实践"视角。为此，我引入了"日常生活"与"日常生活实践"概念。在梳理日常生活理论的两个主要流派——以舒茨和梅洛-庞蒂为代表的现象学派及以列斐伏尔和德塞托为代表的批判学派后，发现用既有的任何一位思想家的"日常生活"理论关照我所研究的哈尼族、彝族农民工群体虽有可解释的余地，却不完全适切。于是我借鉴潘忠党用于分析社会转型过程中，新闻从业者在不确定性和在非正式因素的作用下，改造新闻生产中的社会关系，重构现存体制的内在活动空间的实践的概念——"临场发挥"，认为哈尼族、彝族农民工群体的日常生活实践是一种"临场发挥"性质与特征的实践行动，将群体成员根据自己的生平，在具体的社会场景中，与情境因素的复杂多样相契合的权宜性的、随机应变的日常生活实践称之为"临场发挥"。空间不会凭空给出，日常生活空间也非自然而然，经由具身化的实践而产生，既非有意识的对宰制力的"抵抗"，也非一味地规避和"逆来顺受"，而是在控制与自由之间，在给定的舞台空间的即席书写。因此，"临场发挥"的空间实践具有临时性、短视性、紧迫性、就地性、此在性、地方性、缺乏系统性等特点。

　　本书将手机看作有别于其他媒介的具身化媒介。手机移动媒体之"新"与传统媒介之"别",不仅在于其是先前技术形式的发展与再媒介化,更在于其开启了一种新的时空重组关系,并同时具备了"脱域"和"嵌入"的双重功能,而这恰恰归功于手机具有的"具身性",实体空间、虚拟空间经"身体"得以凿通,人的身体借助手机成为实体空间与虚拟空间的移动交互界面。手机也不再仅仅是人与日常生活的桥梁(中介),手机已是身体的一部分,是具身空间,在嵌入日常生活的同时,重塑日常,重构日常。

第二章　研究方法及研究过程

"对一个在自然历史中从未受过训练的人来说，当他在乡野或海边漫步时，就像一次穿越布满精美艺术品画廊的散步，但是九成作品面向着墙壁。"①

——托马斯·赫胥黎(Tomas Huxley)

第一节　民族志方法及研究适切性

民族志，英文 Ethnography，词根"ethno""graphi"，前者含有民族、族群、文化群体之意；后者意为画，描绘，合并即为对一个族群的描绘。有学者将其概括为：把对异地人群的所见所闻写给和自己一样的人阅读，②或者说"发现一种文化的意义并将这些意义与另一种文化里的人沟通的整个过程"。③ 大卫·费特曼在《民族志：步步深入》开篇即说：

---

① ［美］大卫·费特曼：《民族志：步步深入》，龚建华译，重庆：重庆大学出版社，2013 年，第 37 页。
② 高丙中：《〈写文化〉与民族志发展的三个时期（代译序）》，［美］詹姆斯·克利福德，乔治·E.马尔库斯编：《写文化：民族志的诗学与政治学》，高丙中等译，北京：商务印书馆 2006 年，第 6 页。
③ 庄孔韶：《人类学通论》，太原：山西教育出版社，2004 年，第 268—269 页。

"民族志是在讲述一个可信、严谨而又真实的故事，民族志通常借由逐字引用和对事件的'深描'来让人们在其自身背景中发声。该故事通过当地人对自身社区中日常生活的观察来阐述。民族志学者采用文化维度来解释所观察到的行为，并确保这些行为被放置在一个有意义的文化背景中。民族志学者关注重点在于人们思想及行为的可预测的日常模式。民族志因而同时具有研究方法和通常是写作文本产物这两种意义。"①

民族志既是研究方法也是研究之后的文本呈现。② 在这一部分，我阐述作为研究方法的民族志。而整篇论文，将是我对这一哈尼族彝族农民工群体个案的民族志文本呈现。

民族志作为一种研究方法，其特点是将研究者本人作为一种"人型仪器"③长期参与研究群体的日常生活，观察、搜集经验材料，但又不仅仅是搜集材料，然后把他者的故事讲给自己人听，更为重要的是对故事进行理论修辞，寻求意义的解释，而且是"从本地人的观点出发来解释本地人的文化"。④ "是对人以及人的文化详细的、动态的、情景化的一种方法，探究的是一个文化的整体性生活、

---

① ［美］大卫·费特曼：《民族志：步步深入》，龚建华译，重庆：重庆大学出版社，2013年，第1页。
② 潘忠党认为民族志还是一种研究取向："作为研究取向，研究对象不仅仅是时空的某一点、某一社区，可以是我们自己——用民族志的研究取向来考察我们自己，来考察广义上我们自己的文化是怎样展现、表现我们自己的，而且像是别人表现我们自己。"参见潘忠党：《代序：作为"深描"的民族志》，郭建斌编：《文化适应与传播》，昆明：云南大学出版社，2007年，第1页。
③ ［美］大卫·费特曼：《民族志：步步深入》，龚建华译，重庆：重庆大学出版社，2013年，第37页。
④ 周大鸣：《多元与共融——族群研究的理论与实践》，北京：商务印书馆，2011年，第60页。

态度和行为模式,通过自己的切身体验获得对当地人及其文化的理解"。① 大卫·费特曼将民族志叙述为"专注于从主位或者说内在视角来理解和描述社会及其文化景观,民族志学者既是说书人也是科学家;民族志的读者越接近从讲述者的角度理解他们的观点,这个故事也就越好,也就越合乎科学。"②其过程是"对原始资料进行'深描',通过细节呈现本质和文化回声;继而对资料中隐含的,有据可依的主题、特征及之间的模式化规律进行分析,将它们系统、有序地呈现出来;最后对资料的意义进行解释,建立知识宣称,达至理解的目的。"③概言之,即"在参与对话中理解和解释"。④

田野调查(field work)是民族志最有特色的要素,被喻为人类学研究者的"成人礼",斯托金(Stoking)将其称为人类学的基本方法论价值(methodological)。⑤ 作为一个新闻传播学术背景的研究者,⑥我在攻读博士学位之前没有经过系统人类学学术训练,亦无任何田野经验,于我而言,三年多的田野调查,是一个和日常生活中的"他者"主动学习并融入的过程,也是一个跨学科的边理论学习边实践的过程,或算是另一种意义的学术成长"成人礼"。

田野工作的经验性特征通常包括:(1) 六个月或两年,甚至更长的田野作业时间;(2) 学习基本知识,包括当地语言、亲属关系、人口普查资料、历史资料;(3) 参与观察(participant observation),

---

① 陈向明:《总序:在参与和对话中理解和解释》载安·格雷《文化研究:民族志方法与生活文化》,许梦云译,重庆:重庆大学出版社,2013年,第1—2页。
② [美]大卫·费特曼:《民族志:步步深入》,龚建华译,重庆:重庆大学出版社,2013年,第1页。
③ 陈向明:《总序:在参与和对话中理解和解释》,安·格雷著,许梦云译,《文化研究:民族志方法与生活文化》,重庆:重庆大学出版社,2013年,第9页。
④ 陈向明:《总序:在参与和对话中理解和解释》,安·格雷著,许梦云译,《文化研究:民族志方法与生活文化》,重庆:重庆大学出版社,2013年,第1页。
⑤ [美]古塔·弗格森:《学科与实践:作为地点、方法和场所的人类学"田野"》或[美]古塔·弗格森主编《人类学定位:田野科学的界限与基础》,骆建建、袁同凯、郭立新译,北京:华夏出版社,2005年,第2页。
⑥ 民族志方法已是新闻传播学领域常用研究方法,但我个人硕士论文是另外的研究路径,故而是第一次使用。

作为田野调查的核心方法论强调参与观察不是旁观式的记录,而是借助"在那里(being there)",从"局内人(insider)"的角度成为日常生活参与者与社会活动互动者。日常生活世界就是参与观察的对象,参与观察法对于了解局内人的意义世界提供了直接经验和观察的途径。①

我的研究对象是少数民族农民工,是和我存在较大文化差异的社会边缘群体。在早期的民族志研究中,弱势群体是首要关注对象,因为"研究者希望能为那些被边缘化的团体或弱势团体'发声',或者说,研究者至少要求这个研究领域能够扩展到对于日常生活的理解,以及对于'平凡人物'的热情上"。② 这一少数民族农民工群体就生活在我的周围,是彼此主体间日常生活的一部分,我从他们的日常生活切入,关注他们主体性经验,研究他们的日常生活实践及空间生产策略,而民族志方法的特点即强调研究者参与研究群体的日常生活,了解局内人对生活的理解,从局内人的角度看待日常生活世界,③了解局内人所体验、定义并赋予其意义的生活方式,④将研究对象的经验性材料进行理论修辞,讲述一个"理论故事"。⑤ 民族志方法"近似于我们的常识,类似于社会世界的日常生活途径,借着遵守结构和规约来掌握世界的意义,以对社会、文化理解能力为基础,透过对话与讨论,建立起我们与他人之间的关系"。⑥ 另外,反观日常生活本身,国内有学者认为"从日常生活的

---

① [美]丹尼·乔金森:《参与观察法:关于人类研究的一种方法》,张小山、龙筱红译,重庆:重庆大学出版社,2015年,第5页。
② [英]安·格雷:《文化研究:民族志方法与生活文化》,许梦云译,重庆:重庆大学出版社,2009年,第65页。
③ [美]丹尼·乔金森:《参与观察法:关于人类研究的一种方法》,张小山、龙筱红译,重庆:重庆大学出版社,2015年,第4页。
④ [美]丹尼·乔金森:《参与观察法:关于人类研究的一种方法》,张小山、龙筱红译,重庆:重庆大学出版社2015年,第21页。
⑤ 郭建斌、张薇:《"民族志"与"网络民族志":变与不变》,《南京社会科学》2017年第5期。
⑥ [英]安·格雷:《文化研究:民族志方法与生活文化》,许梦云译,重庆:重庆大学出版社,2009年,第26页。

生成性出发，日常生活就不应该仅仅是研究对象，同时也是研究的一个途径或者说方法论"。① 综上，民族志方法无论在研究理念还是研究路径对本研究具有适切性。

第二节 研究过程

"民族志田野具有本质上的自传性质。"②接下来我按照民族志田野调查的三项基本要求，讲述我三年多的田野经历，也是我的整个研究过程、文化实践与方法阐释。并将我自身及与研究群体之间的交往也纳入日常生活研究视野，以把握日常生活时刻处于生成、变化之中的动态特征。③ 在传统民族志中，作者真实的田野经历以一种固定的模式被陈述，人类学家在田野经历中产生的感受、困惑、变故和欢乐在正式发表出版的刊物中都被删除，而后现代民族志提倡多声道文本（polyphony text），呈现应该是变化且富有创造性的。④

一、入场：尴尬的空间 创造性的场所

"尴尬的空间，创造性的场所"是林恩·休谟和简·穆拉克编著的《人类学家在田野——参与观察中的案例分析》序言中的标题，⑤用来形容我的入场真是再合适不过了，不管是在这一彝族哈尼族农民工群体的流入地/城市空间的入场，还是作为流出地/乡村的入场，均是如此。

---

① 赖立里、张慧：《如何触碰生活的质感——日常生活研究方法论的四个面向》，《探索与争鸣》2017年第1期。
② ［澳］林恩·休谟，简·穆拉克：《人类学家在田野——参与观察中的案例分析》，龙菲、徐大慰译，上海：上海译文出版社，2010年，第15页。
③ 赖立里、张慧：《如何触碰生活的质感——日常生活研究方法论的四个面向》，《探索与争鸣》2017年第1期。
④ 庄孔韶：《人类学概论》，北京：中国人民大学出版社，2015年，第299页。
⑤ ［澳］林恩·休谟，简·穆拉克：《人类学家在田野——参与观察中的案例分析》，龙菲、徐大慰译，上海：上海译文出版社，2010年，第1页。

2014年9月30日,带着确定博士学位论文选题的小小激动和更多的不知所措,从导师办公室走出来,脑子里萦绕的是老师的叮嘱:"先做,你先融进去再说!"

我驾车刚驶入小区车库就听到了这些年来一直被我"充耳不闻"的熟悉而又陌生的音乐声和欢笑声。现在,我居然要主动走进他们了!停好车,恍惚间有些紧张,甚至想退却,我不知如何"走进"。我放慢了曾经匆匆的脚步,怯生生地走过去,寻思着如何开口。王阿姨也在人群中,她看见我了,冲我打招呼"今天放学那么早?"这一声招呼,仿佛救命稻草一般。我慢慢地走过去,硬着头皮顺势坐在了她旁边的一个空板凳上。这一"惊人"之举,让现场空气瞬间凝固,他们的欢聊戛然而止,正在跳舞的几个人也停了下来看着我。此刻的我如同一个"入侵者",闯入了一个本不属于自己的空间。

"无需多少协商即可进入的研究现场是比较开放的(open),需要大量协商方可进入的现场是比较封闭的(closed)。某些场所不会单单因为其高度显性,就意味着对参与观察是开放的。"[①]显然,这是一个看似开放、显性,实则封闭的研究现场。身在其中的我,感受到的是一种深深的疏离。

王阿姨大概也感受到了这种尴尬,她是唯一可以连接我与他们,并打破这种尴尬的人。她主动向她的老乡们介绍"这个是我老板娘"。[②] 然而,这样一个令我意外到几近失语的称呼和介绍,并没有缓解当时的尴尬,而是让我更加尴尬。一个自认的知识女性,在自己的研究对象面前的第一次亮相,就这样"被定位"了,定位了我与她之间最正式的关系——雇佣与被雇佣。当时我并不知道这样的关系界定,会无形地在我与这一群体间构筑一条很深的鸿沟,让

---

① [美]丹尼·乔金森:《参与观察法:关于人类研究的一种方法》,张小山、龙筱红译,重庆:重庆大学出版社2015年,第37页。
② 在后来和他们熟悉后,我才知道"老板娘"是对女性雇佣者的称呼,男性则统称"老板"。王阿姨在家对我的称呼是"高老师"。

我在接下来的田野里,用了一年多的时间才勉强消弭。

她介绍完毕后,我微笑点头示好。当场有 14 个人,3 男,11 女。他们望了一眼没有给我什么回应,继续用彝族话聊天了,并没有顾及我的意思。或许有对我的议论,反正我也听不懂。彼时,彝族话于我还是彻底的"外语"。我就这样尴尬地坐着,唯一的想法就是——坚持、熬着!只要他们不撵我走,我就坐到他们散为止。终于熬到 4 点多他们散场,各自回附近餐馆上班。我也同王阿姨一起回家。路上我给她解释了我的奇怪举止,并尽量用她能理解的语言告诉她我将对她的老乡们进行调查,并完成毕业论文,希望得到她的帮助,并把我的意图告诉给她的老乡们。她似懂非懂地点头,表示明白了我的意思。

在接下来的几个月里,我晚上和王阿姨学说当地彝族话,从斯瓦迪士核心词列表(Swadesh list)①的 200 核心词汇以及我与她的日常生活用语开始。画家族谱系图,听她讲龙村的历史,讲她自己的故事,讲她的儿子、女儿及在蒙自打工的丈夫的故事以及她知道的老乡们的故事。"听故事是理解认知的一种方式",②我以田野日记的形式记录。

白天到点我就去他们午间休息聚会的地方"报到","无事找事"地向他们学刺绣、学跳当地民间舞蹈——乐作舞,③尽量"利用

---

① 由美国语言学家,莫里斯·斯瓦迪士(Morris Swadesh)在 20 世纪 40 年代到 20 世纪 50 年代提出的一个列表。他从统计学的角度用分析不同的语言(以印欧语系语言为主),从而得出一个约莫有 200 字的核心词列表。他认为,基本上所有语言的词汇都应该包含这 200 多个词语;而另一方面,只要认识这 200 多个词语,亦可以利用该种语言作最基本的沟通。

② [美]埃文·赛德曼:《质性研究中的访谈:教育与社会科学者指南》,周海涛主译,重庆:重庆大学出版社,2009 年,第 7 页。

③ 乐作舞流行于红河南岸,故又称为"江外"彝族舞蹈。彝语称"栽比",意思是成双成对跳起来。当地汉族人称这种舞蹈为"龙纵",又认为是欢乐的动作,故也叫"乐作"。乐作舞的动作颇似蜻蜓飞舞,因此还有叫做"蜻蜓舞"的。据《第二批国家级非物质文化遗产名录》遗产编号 671Ⅲ—74 。参见中国非物质文化遗产网:http://www.zgfy.org/

学徒身份作为观察研究者的角色"。① 我的笨拙，时常惹得他们哈哈大笑，但看得出那是善意的"取笑"，因为他们乐意轮流教我这个笨学生。教我的时候说云南汉语方言。因为每天聚会的人不固定，我认识的人也越来越多，和很多人交换了手机号码。那个时候，2G 手机已经普及，智能手机的使用者大概一半不到，多为男性和 80 后、90 后的中青年女性。手机除了接打电话，主要功能是作为娱乐的音乐播放器。我记住了他们每一个人的名字，联系方式，打工的地方以及具体从事的工作。三个多月以后，我的出现成了他们的"习以为常"和"理所当然"。我一到，他们就会同我打招呼"老板娘，你来了！"然后递给我一个小凳子或者垫子，他们自己则经常坐在石坎上。在附近的街上遇到也是如此。虽然极不喜欢这样的称呼，但又有什么关系呢？只是一个称呼罢了，我自我安慰。他们似乎也开始照顾我，聊天会时不时夹杂汉语方言，或转头看着我，为我"翻译"一遍刚才所聊话题。其实，经过一段时间的语言学习，我虽不能逐句听懂他们的纯彝语聊天，但结合语境已能基本理解意思。

2015 年春节期间，2 月 11 日（农历腊月二十三）—3 月 2 日（农历正月十二），在和他们初步接触 4 个多月后，我第一次赴红河县乐乡——他们的家乡，开始了对这一农民工流出地的田野调查。如果说，在昆明他们的打工地的田野调查，我属于游走于陌生和熟悉之间，在两个文化领域之间维持平衡，那么进入乐乡则属于暂别自己熟悉的文化场景，浸入另一种日常生活与存在方式。

春节是一年中返乡人数最多的时候，用他们的话说"这个时候村子里才有'人'"。农民工如"钟摆"按时节在城乡之间流动已被学者研究所证实。② 我的调查点主要是乐乡的龙村和兴村，地理位

---

① ［美］丹尼·乔金森：《参与观察法：关于人类研究的一种方法》，张小山、龙筱红译，重庆：重庆大学出版社，2015 年，第 12 页。
② "钟摆理论"参见周大鸣、周建新、刘志军：《"自由"的都市边缘人——中国东南沿海散工研究》，广州：中山大学出版社，2000 年，第 8 页。

置上相对靠得近一些,龙村在山腰,兴村在山顶。我住在龙村王阿姨的家里(图2-1),婉拒了条件较好的村委会宿舍,以便更好观察当地人从早到晚的日常生活。

图 2-1　笔者(右)与王阿姨在龙村老家
时间:2015 年 2 月 14 日

这一次乐乡田野之行,是我第一次深入少数民族村寨。在没有任何人类学社区田野调查经验的情况下,我受自身学科背景或既有知识库的影响,在不知不觉中运用的是新闻记者做深度报道的调查方式,本能地用新闻敏感寻找信息,感觉"新鲜的信息就像从头浇下的一盆水,觉得眼睛、鼻子、耳朵里到处都是。"①我当时并未意识到这些信息"'文化'得不够",但它们经常对记者而言却具有

---

①　柴静谈记者的现场报道。转引自白嗣新:《重大事件出镜记者现场报道的技巧》,《今传媒》2011 年第 6 期。

足够的新闻价值",①于是,拍照、访谈、录音、摄像,一切自然而顺畅。

龙村和兴村的春节返乡人群中,很多和我在昆明已经有交道,有一些还是教过我刺绣或跳舞的老师,算是熟人了,但凡遇到便会主动与我攀谈并真诚邀我到家里做客吃酒吃烧烤。我明显地感受到他们作为主人的热情好客,大概这里是他们的"主场",所以给我的感觉和在昆明完全不一样。他们在昆明拘谨甚至有些自卑,在这里则有如鱼得水之感。在他们的热情邀约下,2015 年春节期间我共参加②了 18 户人家的婚礼。

除了频繁参加返乡季奇观式的高密度婚礼外,我还采访③了当地被称为最有文化的、精通彝族文字、会说汉语的 87 岁哈尼族老人,还有龙村村支书、村主任、村小学校长等能够清楚地进行汉语表达且乐于接受我采访的人,以及不在昆打工的其他的一些返乡农民工。我搜集了当时能搜集到的一切有关乐乡的历史文化资料,官方的和民间的都有。一切似乎进展得很顺利,也消除了之前对所谓"异文化"社区调查的疑虑与担忧。但在这次田野结束和导师兴高采烈地讲田野故事时,却被导师泼了一盆冷水。因为我在不知不觉中忽视了人类学田野调查应当探寻并发现人们的日常生活规律,而不是去找寻新鲜、异常,具有新闻价值的可以报道的人和事件。④ 这也是在接下来的 2016 春节,⑤2017 年春节⑥的返乡

---

① [美]马尔基:《新闻与文化:瞬间现象与田野传统》,载[美]古塔·弗格森主编《人类学定位:田野科学的界限与基础》,骆建建、袁同凯、郭立新译,北京:华夏出版社,2005 年,第 96 页。

② "参加"指接受对方邀请(口头或请柬),婚礼当天我挂了账并至少吃一餐饭。当地婚礼一般是吃早、晚两餐。

③ 当时我用于获取信息的方式和提问的方式用的是新闻学中的采访,而非人类学的质性访谈。

④ 郭建斌、高莉莎:《"问"的差别——人类学的询问和新闻记者的提问》,《新闻记者》2016 年第 11 期。

⑤ 2016 年 2 月 13 日(农历正月初六)——2016 年 2 月 23 日(农历正月十五)

⑥ 2017 年 2 月 1 日(农历正月初五)——2017 年 2 月 22 日(农历正月二十六)

季,我不得不再次前往乐乡的原因之一。所幸,虽然调查的重点出了错,但搜集的资料并非全无用处,毕竟"只要参与和观察的亲身体验,即使在最为糟糕的情况下你依然能够有所洞见、有所收获"。①

　　这次乐乡田野之旅,我还自作聪明,做了一件自以为可以快速融入,变成"土著",实则愚蠢之极的事。大年初一,在参加一户哈尼族人家的婚宴时,我换上了王阿姨为我手工缝制的哈尼族当地服饰——粉色左衽宽上衣,袖子和胸襟绣有各色花纹图案,镶有闪亮耀眼的细银泡,腰间系一条五彩花纹刺绣腰带。她送我是作为给我这个客人或者说"老板娘"的新年礼物,而我是想尽快"淹没"在人群中的,试图成为"当地人"。在村子里和在昆明的打工地不一样,哈尼族、彝族包括当地的汉族妇女都是清一色穿哈尼族服饰。王阿姨每次从我家回龙村前都要先换好哈尼族服饰才出门。我当时是村子里唯一着汉装的成年女性。若参加婚礼,当地妇女还会佩戴各式镶有银饰的刺绣饰品,未婚女性戴"公鸡帽",已婚妇女盘发后用青黑色土布包头,盛装出席以示对主人家的尊重。我也就如法炮制了。婚宴设在龙村篮球场,旁边的看台及村道,高出篮球场将近10米,当我着哈尼族服饰盛装从篮球场旁边走过时,不仅没有达到"淹没"其间和当地妇女混为一体的,我所想要的预期效果,反而引来了集体的注目,令我"暴露"无余。我从场边徐徐走过并走下看台的过程中,已经在吃着"流水席"②的男女老少,几乎不约而同地抬起了头,目光随着我移动,像极了阅兵式上"士兵"们随"首长"移动所行的"注目礼",眼神里满是诧异,伴随着指指点点。当时的场景尴尬至极,我恨不得找个地缝钻进去,他们的眼神、表情令我终身难忘。

---

　　① 〔澳〕林恩·休谟,简·穆拉克:《人类学家在田野——参与观察中的案例分析》,龙菲、徐大慰译,上海:上海译文出版社,2010年,第5页。
　　② 当地在办红白喜事时,搭好灶台请当地厨师现场烹饪。几十桌并非同时开餐,坐满一桌上一桌菜,吃完走人后,坐满一桌又上菜,如行云流水,称作"流水席"。

服饰,作为族群文化和维持族群边界的一种重要符号,是由群体成员共享的,用来排斥局外人和保持局内人的稳定性。① 从他们的眼神和表情中,我能明显感受到我的冒进行为并不受欢迎,甚至可以理解为一种冒犯或对族群边界的僭越。

在一个"少、边、穷"的闭塞村寨,典型的熟人社会里,来了陌生人,不用一会儿工夫就人尽皆知了。就在我进龙村第三天,晨间洗漱时,将一包洗漱用品落在了公用的水井边,中午就有人送到了王阿姨家。来人对我说:"我们村没有人用这些。"自然也就迅速锁定了我这个生人,并且知道我的确切位置。所以即使不认识我的村民,大概也知道我的存在,只是装作视若无睹。而当我穿上他们的服装,企图伪装成当地人混迹其间,他们反而无法再视而不见。所以,想要通过服饰等外显形式,臆想融入他们,只是一厢情愿的自作聪明罢了。真正的融入须得是双方发自内心的相互接纳。

至此,虽然有了半年多对输入地/城市与输出地/乡村的田野调查,对我的定位仍然是他们"熟悉的局外人(familiar outsider)"。②

二、融入:从"老板娘"到"高老师"

从乐乡回到昆明后,我和他们的关系明显进了一大步。原因大概就是王阿姨说的"我们老乡都说,想不到你老板娘真的到我们那种地方过年"。他们也都基本明白我要"干什么"了,用他们的话说是写一个和他们有关的"作文"。前一阶段应该属于大撒网似的观察以"确保在进入对待特殊交往者进行微观研究前对事件的广度视野"。③

---

① 周大鸣:《多元与共融——族群研究的理论与实践》,北京:商务印书馆,2011年,第15—16页。
② 潘天舒、何煦:《应用人类学在复旦大学的源流与发展——人类学学者访谈录之八十一》,《广西民族大学学报(哲学社会科学版)》2017年第7期。
③ [美]大卫·费特曼:《民族志:步步深入》,龚建华译,重庆:重庆大学出版社,2013年,第40页。

基于前期的田野调查，在摸清楚基本情况的前提下，也在参阅了大量人类学访谈方法论的文献后，在导师的指导下设计了半结构式访谈（semi-structured interview）提纲（参见附录一），开始正式访谈，进行完整的录音与部分转录。① 对访谈对象按照潘绥铭提倡的"最大差异信息饱和法"②选取，即不追求访谈者的代表性与访谈者的人数，以"最大差异"选择访谈者，以达到信息饱和为止，信息的丰富多样是评判标准，力图通过最丰富的信息而实现一种生活世界的重建，且信息饱和是访谈的双方共同构建出来的结果，须从研究者与被访者两个角度来判定。这种方法，关键在于对访谈对象有意识地进行最大差异化选择。

我访谈的"第一人"自然是王阿姨，1970年生，彝族、龙村人、保姆、已婚、擅长刺绣、性格内向不善言辞；第二个是兴村的阿成，彝族、男性、1969年生、已婚、初中文化、餐厅做导车员工作、性格热情奔放、能歌善舞、汉语表达能力强且能说普通话；第三个是布村92年出生的金妹，哈尼族、未婚、形象气质佳、在餐厅做迎宾、高中文化、是典型没有下过地的"农民"，也是农民工二代……以此类推，尽量找和之前访谈对象社会特征具有最大差异的访谈者。当访谈者的特征越来越接近时，再根据情况寻找新的特征。比如在 2016

---

① 之前的一些非正式访谈也有录音，但更多的是以田野日记的形式呈现，并没有进行完整的转录工作。

② "最大差异信息饱和法"主要试图囊括的是"研究主题相关的所有潜在信息"，追求的是对"研究主题的归纳程度"，而不是定量调查所要求的"代表性"（代表"总体中的全部个体"）。定性调查只要相对实现了"最大差异的信息饱和，就足以反映信息的整体质性，足以通过归纳来满足研究主题的需要，而绝不在于人数的多少。选择访谈者的具体原则：1.选择第一人，第一人最好是领袖人物、消息灵通人士（关键知情人）、个中老手、有心人等等。2.选择第二人，选择那些拥有的信息与第一人存在最大差异的人作为访谈的第二人。但是在访谈之前很难知道谁拥有这样的信息，因此只能根据对方的最显而易见的社会特征，来选择与第一人差异最大，甚至截然相反的人作为第二人，例如性别、年龄、城乡差别、风度举止等等。即使某些相对隐蔽的社会特征（受教育程度、婚姻状况、职业等）也可以通过只言片语的询问而获知。从选择第三人往后，都是依此类推，直到信息饱和。参见潘绥铭、姚星亮、黄盈盈：《论定性调查的人数问题：是"代表性"还是"代表什么"的问题——"最大差异的信息饱和法"及其方法论意义》，《社会科学研究》2010年第4期。

年下半年,当智能手机在这一群体中完全普及后,我使用智能手机的功能,安装手机的软件的差异来寻找访谈对象。

2015年的4—10月,参照设计好的访谈提纲陆续完成了30个人的正式访谈。其中5人的访谈,由云南大学新闻学院2013级的5位女硕士研究生[①]分别完成的。也正是由于她们5人的加入,让我明白了我无法真正融入我所研究的群体的根本原因。

因为之前我用了近半年的时间,穷尽各种办法才勉强和他们混熟,可以自然地交谈。和这5位研究生与其他和他们毫无交集的在校学生,能否依据近7页的访谈提纲完成访谈工作,我心里存在很大的疑问。我甚至担心她们因经验欠缺会影响我好不容易建立起来的和这一群体的某种默契。这一少数民族农民工群体每天的休息时间在中午2点—4点,晚上下班几乎在晚上9点以后,而这5位硕士生也受上课时间所限,要找到双方契合的时间访谈,再扣除他们相互熟络需要的时间,预计访谈要分很多次进行,我对她们能否按时按质完成访谈存有怀疑。

每一次访谈完,当她们兴高采烈地告诉我访谈进展顺利时,我依然不太相信。但陆续收到她们的音频文件和长长的转录文本并仔细聆听阅读后,我先是震惊后是信服继而开始反思。她们5个居然仅用了2个月的时间,见面四五次的情况下与对方"熟悉"起来并顺利完成访谈。其中的有些问题,在我对其他访谈对象的访谈中他们根本不会和我提及,比如,个人感情问题,以及言谈中流露出的和明确表达的对自己"老板"和"老板娘"的抱怨。除了被访者的个性问题外,总体来说她们5个人进行的访谈都比我同时段进行的访谈进展顺利得多。思前想后,我和她们最大的差别就在于,她们是纯粹的"学生",而我不仅是"当地居民",还是"老板娘"。这些身份在被访者的心里完全遮蔽了我"学生"或者"研究者"的身

---

① 五位硕士研究生分别是:郭晓薇、缪梦、杨婷婷、吴佳倚、梁凤娇。她们因《社会研究方法》课程,需要完成老师布置的调研任务,便主动参与了我的研究。参与时间为2015年4—7月。在此,对五位的付出表示感谢。

份,他们自然对我心存芥蒂,很多话也不会或不便对我说了。

既然我的身份已经定型,且无法改变,我只能尽力用其他方法使已经印在他们心里的"老板娘"的定位渐渐淡化。

在昆明的生活,除了打工挣钱,工作日利用仅有的 2 个多小时在城市的零碎空间唱歌跳舞小范围的活动外,他们每 1—2 个月会不定期组织一次"表演"。所谓"表演"就是男男女女换上民族盛装,到昆明的公园、广场集体唱歌舞蹈,引来城市居民的围观,他们称之为"表演"。这样的"表演"中必须有非常重要的一环——用 DV 摄像机拍摄,刻录成光碟后大家集体观看或相互传看。在 2016 年下半年,智能手机普及后则将表演视频放到视频网站,在微信中相互分享链接。之前他们"御用"摄影师是以 800 元/次的价钱从红河县城请上来拍摄的。2015 年 7 月的一次"演出",因为摄影师临时有事,"表演"打算取消之际,我主动请缨表示我可以帮忙拍摄。他们半信半疑,既怀疑我的拍摄技术,也怀疑我是否会真的帮他们拍摄。在给他们看了我之前的一些摄影和摄像作品后,他们答应让我拍摄。(图 2-2)

图 2-2 笔者在为他们的"表演"拍摄
时间:2015 年 7 月 9 日

李亦园先生曾感慨,田野调查中人与人之间的感情很微妙,有时需要巧合的机缘才能将彼此的关系拉近。这一次拍摄,于我具有如格尔茨"巴厘岛斗鸡"般重要的意义,我也借此终于甩掉了"老板娘"的帽子。

"表演"场地在昆明南市区的官渡广场。当天昆明骄阳炙烤,酷热难耐,他们跳的满头大汗,我拍得也不轻松。由于太热,我把衬衫的袖子卷了起来,阿娟居然马上跑过来,亲手把我的手袖放了下来,说会晒黑。常阿姨则把自己戴的草帽拿下来不由分说硬是给我戴上,①对我说:"妹妹,你出门也不戴个草帽,你白,要晒黑的。"我敏感的注意到了她唤我"妹妹"!在他们的语言系统中,"妹妹"指称当地未婚女孩,一般从几岁到十多二十几岁的未婚女性均通用此称呼。发音上,第一个"妹"念上声(同"美"音),第二个"妹"念阳平(同"没"音)。我实际上并不符合当地"妹妹"的界定,也许他们也觉得叫"老板娘"太生疏,一时间没找到更合适的称呼。但于我却是莫大的鼓舞,有种莫名被认可的兴奋感。拍摄完,刻录成光盘赠送给他们,并用我的笔记本电脑一起观看了由他们"演出",由我拍摄的歌舞视频。整个观看过程,他们彼此用汉语交流,自然是为了我能听懂。至此,再也没有人叫我"老板娘",而是唤作"妹妹"。我不再是某种意义上的"对立阶层"了。

我的访谈开始变得顺利。他们给我讲自己的故事放开了,不再拘谨,讲话自然而无拘无束,我得到的资料变得丰富而有血肉。他们对自己故事的讲述都标记着过去岁月中对个人具有特定意义与重要的事情,也饱含着他们对过往与现在生活的解释、理解,重构。因此,在后续的行文中,除了对无法理解的方言进行某种"翻译"外,我将尽量原文引述他们的叙而不做删改。

在频繁的交往中,我们之间的关系也越来越融洽。和我一起翻看《红河县志》,她们喜欢对着图片教我怎么依据妇女刺绣花纹和头饰区分是哪个乡的妇女,感慨种水稻的梯田变得越来越少。

---

① 图 2-2 中我所戴草帽,就是常阿姨给我带上的。

当我给他们讲文献上看到的有关当地的地理、气候、彝族哈尼族的历史、传说、土司制度时,我变成了他们口中"读书多的人"。"妹妹"这个持续了约大半年的称呼又变为了"高老师"。孩子文理分科、高考填志愿、找工作会找我出主意,我也成为了他们在这个陌生的城市可信赖的人。他们带我溜进打工餐馆的后厨、托运部等他们工作的空间,我得以观察他们一天的工作;带我参观了他们城市中的"家园"——城中村和村;参加小孩子的周岁生日宴等等。直到那时,我才算是真正地融入了,也因此多了很多朋友。

因为新交的朋友,2016年8月27日—9月20日,为了解外出打工后"空心村"的情况,我到乐乡时就多了很多去处。身在昆明打工的朋友知道我去了龙村,会安排在家的亲人拉我去吃饭,我也就得以对留守老人或返乡创业的农民工进行了深度访谈。8月底,龙村小学开学,我试图了解留守儿童的情况,在小学做了2周的支教老师(图2-3),教授五年级学生简单英语和汉语普通话,以及6位在职老师电脑和互联网的使用方法。在熟识之后,对其中的3位教师和五年级的5个留守儿童做了深度访谈。

图2-3 笔者给龙村小学的孩子上课
时间:2016年9月14日

还值得一提的是,同样是婚宴着哈尼族服饰,2017春节产生了某种微妙却显著的变化。王阿姨的女儿阿香补办婚礼,阿香在我内心如亲妹妹一般,作为送亲队伍中的一员,为了和其他送亲的女孩们统一着装,我再次穿上了那套哈尼族的服饰。2015年的春节穿哈尼服装的尴尬场景还历历在目,我做好了被再次"注目"而陷入尴尬的心理准备,可这次完全没有。大家看我的眼神没有了异样,而是透着亲切。当然,那也和我已经是第四次去乐乡有关。最让我意外的是,在婚礼的当天下午,白姨把我拉到一旁对我说,衣服袖子的颜色和刺绣的花纹显得老气不衬我,硬是把我拉到她家,给我换了一副白底配红、黄、蓝、绿四色刺绣的袖子。当地哈尼族妇女的半截衣袖是可以拆卸的。白姨当场给我重新缝上的袖子,是从她给在广东惠州打工的女儿阿芝准备的过年新衣上拆下来的。

乐乡赴省外正规工厂的打工者情况,是我觉得不能遗漏的部分,尽管他们大部分在云南省内流动,且绝大部分在昆明,但省外打工无疑是拼凑这一少数民族农民工完整打工图景不可或缺的部分。2016年7月27日—8月5日,因在安徽合肥一家电子工厂打工的阿香即将临盆,我便跟随王阿姨一起到了合肥,借此观察阿香的生活、工作以及远嫁的家庭,她也是这一群体中因打工而远嫁当地的第一人。在阿香丈夫的带领下我参观了他们共同打工的工厂,也认识了在同工厂打工的其他两个乐乡的90后哈尼族女孩,并做了非正式访谈。

"至关重要的是,研究者的程序是否以及在何种程度上提供了直接涉入局内人世界的途径,涉入的有限通常会使得研究结果不那么有效和可靠。"[1]从昆明的日常交往,到四次去乐乡,从昆明再到合肥,从"老板娘"到"妹妹"再到"高老师",两年多的时间见证了我从"局外人"到"局内人"的艰难的融入过程,而他们对我称呼的

---

[1] [美]丹尼·乔金森:《参与观察法:关于人类研究的一种方法》,张小山、龙筱红译,重庆:重庆大学出版社,2015年,第29页。

改变也隐喻着对我身份的界定和我涉入局内的程度。

三、田野：从"线下"到"线上"

2016年在5月17日电信日之际，昆明某网络运营商开展100元置换智能手机的活动，在我所调查的哈尼族、彝族农民工群体中为数不多的普通2G手机使用者通过彻夜排队实现了智能手机的更新换代。微信，这个被称作"中国第一个真正具有世界性"[①]的手机互联网社交软件，是他们更换智能手机的动因及首要必备软件。随后，他们开始陆陆续续建起了微信群。有以所在行政村或自然村为单位的群，也有以性别、打工地点或不同功能而分的群。我加入了8个群。

一开始，我并没有线上田野的觉悟，遑论网络民族志（Netnography）——库兹奈特（Robert V. Kozinets）将其解释为"基于线上田野工作的参与观察研究"。[②] 加入微信群，我一方面想借此认识他们群体中更多的成员，通过微信群即可直接添加；另一方面，想观察现实生活中已经熟识的人在"线上"的"自我"呈现，具体说就是在微信群、朋友圈是一种什么样的状态，和现实中的"自我"是否有差别，抑或是线上-线下两个"自我"拼凑成一个完整的"真我"？

在观察了一段时间之后，发现微信彻底模糊或者说僭越了他们的工作时间/空间与休闲时间/空间的边界，与日常生活已经合二为一。而且，他们所建的群和我们通常建群时热闹，一两周后便如同"死群"的情况不一样，我陆续加的8个群，每天每个群都非常热闹，少则两三百条信息，多则上千条，重要事件甚至几千条，时间从早上五六点开始，到次日凌晨一两点，甚至通宵欢聊，几乎不停歇。他们对微信及微信群适应之快，使用频率之高，热爱之甚，是

---

① 孙藜：《We Chat：电子书写式言谈与熟人圈的公共性重构——从"微信"出发的一种互联网文化分析》，《国际新闻界》2014年第5期。
② ［美］罗伯特 V.库兹奈特：《如何研究网络人群和社区：网络民族志方法实践指导》，叶伟明译，重庆：重庆大学出版社，2016年，第71页。

我之前没有想到的。他们不仅在城乡间迁移,也在"线下"与"线上"迁移,"线下"生活和"线上"活动已经形成了有机的关联与互动。正如库兹奈特所说,在线的社会生活和"真实生活"的社会之间已"混合成一个世界、一个真实生活的世界,因为人们如此生活"。①

随着时间的推移,这一群体经由微信构筑的"线上"空间,已成为我观察并全面了解他们无法回避的重要面向,而非仅仅是对"线下"田野的补充。我的调查不仅是"流出地"与"流入地"的实地田野,还需要"线下"和"线上"齐头并进。那么,首先要界定的是作为田野调查点的"线上社区"是什么?在哪里?

库兹奈特援引霍华德·莱茵戈尔德(Howard Rheingold)对虚拟社区的定义②后,对"线上社区"(online community)给出了自己的明晰界定:

> "1. 社会集合体:网络民族志的核心主题是集体,研究人的群体、聚集或集合,且是'中观'层次,非个人微观和社会系统的宏观层次;
>
> 2. 从网络兴起:由网络为中介的沟通是数据的重要来源;
>
> 3. 讨论或沟通;
>
> 4. 足够多的人,最少20个,有效沟通数最大数是罗宾·邓巴(Robin Dunbar)提出的150—200人;
>
> 5. 公共讨论:线上社区的可达性而非封闭的;
>
> 6. 足够长:在一段时间内一定数量的人持续和重复

---

① [美]罗伯特 V.库兹奈特:《如何研究网络人群和社区:网络民族志方法实践指导》,叶伟明译,重庆:重庆大学出版社,2016年,第3页。

② "从网络兴起的社会集合体,足够多的人进行……足够长时间的公共讨论,伴有充分的人类情感,在赛博空间(cyberspace)形成个人关系网络。"转引自[美]罗伯特 V·库兹奈特:《如何研究网络人群和社区:网络民族志方法实践指导》,叶伟明译,2016年,第10页。

的互动接触。

  7. 充分的人类情感：公开、诚实、相互支持、信任、归属感等。

  8. 形成个人关系的网络：群体成员之间有社会交往。"①

  据此,我从已经加入的8个微信群众中选择了3个符合上述"线上社区"标准与界定的微信群作为我的"线上田野点"。第一个:"尼斯齐莫若"群意为"彝族的人们"(彝语发音的汉字书写);第二个:"山歌群";第三:"昆明开心队"。三个群均属于各自"拥有共同的价值观、实践活动、存世方式"②的线上社区。三个群分工明确,第一个群"尼斯齐莫若",聊家长里短,发图片、浮夸搞笑视频等,算是个综合群;第二个群"山歌群",如群名,主要是用微信语音功能在群里唱彝族语山歌,每条时长基本在50秒以上,歌词是对当天发生事情或者彼时心情的白描,你方唱罢我登场非常热闹;第三个"昆明开心队",是由这一群体中的文艺骨干组成,主要分享自编自导并上传到视频网站的歌舞视频链接以及自己用手机伴唱软件录制的自唱歌曲,多为革命或流行歌曲,曲不变,歌词用彝语替换。还有部分唱歌跳舞过程中相互拍摄或者自拍的照片。如果遇到"大事"三个群便"统一行动",话题高度一致,"突出了社会关系的共在感,呈现了空间关系的并置"。③

  人数上,一开始每个群三四十人,2017年初已经逾百人,最多的"尼斯齐莫若"群有三百多人。④ 群成员几乎都来自红河县乐乡

---

  ① [美]罗伯特V.库兹奈特:《如何研究网络人群和社区:网络民族志方法实践指导》,叶伟明译,重庆:重庆大学出版社,2016年,第10—11页。
  ② [英]艾伦·莱瑟姆,德里克·麦考马克,[澳]金·麦克纳马拉,唐纳德·麦克尼尔:《城市地理学核心概念》邵文实译,南京:江苏教育出版社,2013年,第132页。
  ③ 孙玮:《微信:中国人的"在世存有"》,《学术月刊》2015年第12期。
  ④ 微信群人数不固定,几乎每天都有新添加的成员,但也有各种原因的退群者。群成员的爆发式增长在2016年下半年。

的6个行政村,群与群之间的人员不完全重复,不全是在昆打工者,留在老家的亲属、邻居、外地打工者也相互拉进群。不仅在线上,绝大多数人在线下也是亲人、熟人,有社会交往。也就说"线上"某种程度上是现实关系在手机网络上的"关系搬迁"①。三个群无疑都具有公共性,即非家族的私人微信群。②

群里除了视频、图片外,几乎清一色的用语音聊天,且多数情况下为闲聊性、浅白性无实质内容的"修饰性交谈(grooming talking)",交谈本身即是目的。③ 有时光是发表情包就可以刷上近百条。一天难见一条文字信息,这无疑与文化书写水平有关。偶尔见到的文字信息也多为象征性的简单问候或转发消息,例如村里的通知或者新闻媒体对家乡的报道。这也给我的"线上"参与观察造成了一定的困难。因为他们是语音聊天,我的彝语水平不足以支撑我听懂每个人所说的话。在现实生活情境中尚能通过面部表情、注视方向、目光交汇、姿势、身体语言和动作等所构成的对话语境以及夹杂的汉语理解,但微信是纯语音,且每个人或每几个人聊的话题不一,我就很难根据前后语境去猜测。我的彝语老师是王阿姨,她的口音是龙村的,和同在山腰布村、山顶的兴村一样,所以这三个村人的彝语我听起来相对容易一些,乐乡其他村或者红河县其他乡镇成员的发音,我很难听懂。山歌对唱中的唱词我则几乎无法听懂。我的解决办法是请王阿姨做我的"翻译"。

具体操作是:每天晚上和她一起集中"收听",她给我逐条翻译,我记录。群里很多消息,她白天已经在自己手机上听过了,大

---

① 胡春阳:《寂静的喧嚣,永恒的联系:手机传播的人际互动》,上海:上海三联书店,2012年,第68页。

② 郭建斌认为,库兹奈特对"线上社区"界定中的"公共讨论"至关重要。线上社区也需具有公共性,微信的一个家族群,因不具备公共性,不能算"线上社区",一个微信公众号,也不能算"网络社区"。参见郭建斌、张薇:《"民族志"与"网络民族志":变与不变》,《南京社会科学》,2017年第5期。

③ 胡春阳:《寂静的喧嚣永恒的联系:手机传播与人际互动》,上海:上海三联出版社,2012年,第86—87页。

概聊了些什么话题,已经知道,所以翻译起来很快。山歌群,王阿姨几乎是边做事边听老乡们唱山歌,兴起时也会唱上几句。在我主要关注的三个群之外,以及她加了我没有加的群里,①发生了什么事,什么话题,也会让她和我聊一聊。

白天我则观察各个微信群里聊天记录的条数,一般到晚上二三百条是正常状态,如果微信群里条数激增,例如到了中午就超过千条,则证明可能有"大事"发生,通常也会伴有大量的视频和图片,我会马上点开看,只要条件允许,则马上边收听边让王阿姨翻译。

和"线下"田野不同,我在"线上社区"的上述微信群里,几乎处于"潜水(lurk)"状态,很少在群里说话。首先是语言障碍,②我无法用顺畅的彝语和他们聊天,汉语方言或普通话又和群氛围格格不入,用文字更存在阅读障碍;另外,也是最重要的,他们群里的聊天几乎处于全天不间断状态,我无法时时刻刻保持"浸入",当我注意到某个感兴趣的话题时,他们或已更换话题,强行拉回话题明显不妥。③ 对此,我应对的方法是:发现某人或某几个人的话题我感兴趣,则和他们微信私聊进行线上访谈(online interviews),或者干脆约时间出来进行面对面访谈,对话题进行追踪。遇上一些突发的,我认为很重要的事件则直接和他们约时间做一次线下的焦点小组(focus groups)。当然,这完全得益于之前近两年实地田野打下的交往基础。"研究过程和'体验'或许离不开'线下'对研究群体和社区的进入与了解"。④

---

① 截至 2017 年 3 月,她已经加了 15 个群。
② 虽然和王阿姨学了几年彝语,但"听力"比"口语"好。"口语"仅限于简单的日常交流常用语,远无法达到随心所欲表达自己的想法的程度。加之日常生活中和他们熟悉之后,他们为了照顾我,只要我在场或和我交流会尽量使用汉语方言,我的彝语水平并未随着时间的推移而进步。
③ 这一点,其实在我们同语言系统的微信群里同样存在。
④ 孙信茹:《线上和线下:网络民族志的方法、叙述和实践》,《新闻与传播研究》2017 年第 11 期。

需要说明的是,尽管我在语言上多"潜水",但不代表无互动。常采用的互动形式是发微信红包,既增进了关系,又宣示了我在群里的"存在",表明我并非躲在角落里的偷窥者。这也算某种意义或形式上恪守研究伦理。没有什么比发红包更能引起群成员的注意,这在任何性质的微信群大概都一样。另外一种简单互动,就是在看懂、听懂并在适宜的情形中发表示肯定、赞美等的表情包,证明我在"关注"和"参与"着。

除加了 8 个微信群并着重关注 3 个外,截至 2017 年 12 月 31 日,在这一群体中我共有 78 个微信好友(56 女,22 男),其中 63 个人先熟识于线下,其余 15 人则是通过微信群添加的,这 15 人中,只有 1 人主动加我,①其余 14 人由我主动添加。我主动添加过 50 人,但只有 14 个(10 女,4 男)通过了验证。后通过熟人认识了其中一个曾拒绝接受我"好友添加请求"者,我问她为什么不接受,她回答"你不像我们老乡"。我还添加过一个线下好友很少的微信群,刚进去一会儿就被"踢"出来。这些经历在某种程度上说明:要做一个"异文化群体"的纯粹"线上"田野调查或者网络民族志,无论是线上访谈或是"线上社区"的参与观察,如果没有线下现实世界的交往基础,完成度可能会很低。这 78 个微信好友,除了有问题随时私聊外,就是关注他们的朋友圈动态,观察他们线上的"自我呈现"。

小　结

上述陈述,较之对研究方法常规性的陈述也许显得冗长而繁复。但我出于如下考虑而采取此种形式:

首先,研究者的程序是否,以及在何种程度上提供了直接涉入

---

① 此人在红河县城永镇自营哈尼族服饰门店,主动添加我,可能为了生意的成分更大些。

局内人世界的途径，关乎研究的可靠与可信度，甚至关乎研究是否得以开展。① 而我的"涉入"是本次民族志田野中最困难且最费时的部分，所以我认为有必要说清楚。

第二，我进入"局内"的困难，究其原因在于我与研究群体身份的差异，这种差异在某些层面、某种程度体现为"阶层对立"：雇佣者与被雇佣者；当地城市居民与外来打工者；城市汉族群体与语言生活习俗完全不一样的山区少数民族。三重身份之别正好从某种程度上可以窥视这一群少数民族农民工群体适应、认同与融入城市日常生活困难的原因。因陌生造成的不安全感、城市边缘人的自卑感使他们从内而外的表现为对外界的封闭与排斥，将自身隔离于城市居民与其他阶层之外，主动放弃摄取、借用其他社会阶层"弱关系（the strength of weak ties）"社会资源的桥梁，而不得不在夹缝的、宰制的空间中进行以同质群体为单位的以生存为目的的"临场发挥"式的日常生活。

第三，我的整个田野调查过程又何尝不是一种"临场发挥"的学术实践？从尴尬的入场，到一次偶然的 DV 拍摄而幸运地被认可和接纳，再因为智能手机及微信细胞式的嵌入研究群体的日常生活，田野从"线下"步入"线上"。整个研究过程是在无法改变既定身份限制下的，缺乏系统计划性的权宜性质的"临场发挥"。

最后，简单归纳研究过程与方法：**田野点**，农民工的**输出地**红河县乐乡（主要是龙村和兴村），**调查时间**，返乡季：2015—2017 年春节，②具体时间：2015 年 2 月 11 日（农历腊月二十三）—2015 年 3 月 2 日（农历正月十二）；2016 年 2 月 13 日（农历正月初六）—2016 月 2 月 23 日（农历正月十五）；2017 年 2 月 1 日（农历正月初五）—

---

① 2016 年 12 月的一个学术会议上，当我报告完自己论文后，深圳大学的一个老师寻问融入途径。坦言，自己曾试图做在深圳打工的穆斯林社群研究，努力半年后因仍无法涉入，只能放弃。

② 2018 年春节，因受邀参加 CQH 婚礼，2018 年 2 月 18 日—2 月 25 日在龙村。对之前的田野调查的数据会有少许的调整和补充。

2017年2月22日(农历正月二十六)。**非返乡季**:2016年8月27日—9月20日。**输入地**:昆明 **调查时间**:2014年9月30日—2017年12月31日;安徽合肥:2016年7月27日—8月5日。"线上"田野调查时间:2016年10月—2017年12月31日。①

田野调查过程中使用的具体方法:1.参与观察法(participant observation);2.访谈法:① 正式访谈(formal interview)包括:非结构式访谈(unstructured interview)和半结构式访谈(semi-structured interview)② 非正式访谈(informal interview);3.谱系法(genealogical method);4.个人生活史(life histories);

田野资料包括:1.田野笔记(field notes)如拍摄记录、观察记录、访谈记录等;2.田野日记(field diary);3.摄影和摄像所得影像资料。

资料搜集:物质档案,具体包括搜集当地历史文献档案,乡、村一级官方单位提供资料以及在微信群、朋友圈收集的图片和视频等。

---

① 对一些数据的统计结束于2017年12月31日,但对几个微信群和朋友圈的观察并未停止,在写作过程中,也时有新的经验材料作为补充。

第三章　变迁中的村寨日常生活空间

"不过数代,一个民族的教养、想法、信念,生活态度、抱负,变化如此之大,若是时光倒流,回到从前的世代,一定有如置身异乡。"①

——麦基弗(R.M.MacIver 苏格兰社会学家)

长久以来,边远山区的少数民族村寨被认为是封闭而自给自足的整体性存在。事实上,现代化及国家转型的裹挟,政策的推动、资金与人员的流动、媒介的渗透,经济、社会、文化、传统也将随之发生改变,"少、边、穷"的少数民族村寨也概莫能外,甚至较之城市所受冲击影响更甚。② 所有的变化在细碎的日常生活中得以呈现。

有学者将传统农耕文明下的乡土日常生活世界归纳为:"包括衣食住行、饮食男女、婚丧嫁娶等以个体的肉体生命延续为宗旨的日常生活资源的获取活动和以杂谈闲聊、礼尚往来等以日常语言

---

① [美]哈罗德·伊罗生:《群氓之族——群体认同与政治变迁》,邓伯宸译,桂林:广西师范大学出版社,2015年,第200页。
② 孙信茹:《媒介在场和少数民族村寨文化转型》,《现代传播》2016年第11期。

为媒介，以血缘关系和天然情感为基础的日常交往活动。"①我前后四次去乐乡田野调查，其中三次是在春节返乡季，一次是在八九月的平常天。如果不是亲身感受，我不敢相信我去的是相同的村寨。春节返乡季和农村主体离乡打工后的村寨，恍若两个世界：一个热闹非凡，村道上摩肩接踵；一个空空落落，清冷寂寥，唯有黄发垂髫，鸡犬相闻。

第一节　走进乐乡

红河县乐乡是在昆打工彝族哈尼族农民工的主要输出地，本节将简单勾勒其自然、地理、历史和经济概貌，展示当地人的日常生活，以及与外出务工的决定密切相关的背景因素。同时将着重介绍在现代化裹挟下，乐乡几个行政村媒介使用，特别是手机的出现和普及历程。

一、自然地理交通及经济发展概况

红河县，1951年5月成立，位于云南南部山区，红河州西南部，哈尼族、彝族、傣族、瑶族、汉族五个民族杂居，少数民族人口占96.2%，其中哈尼族占79.5%。红河县人民政府驻地迤萨镇，距省会昆明240千米，距红河州州府蒙自150千米。红河县1986年被国务院确定为"国家级"贫困县，②"国民生产，经济产量在全省全州倒数，处于社会主义初级阶段的低层次"。③ 2005年农民年均收入1092元，有8万人处于贫困线以下，④2016年尚有贫困人口6.7万

---

① 衣俊卿：《现代化与文化阻滞力》，北京：人民出版社，2005年，第202—204页。
② 2020年5月17日，云南省人民政府发布通知，正式批准31个县（市）退出贫困县系列，红河县在列。
③ 《红河县志（1978—2005）》，昆明：云南人民出版社，2015年，第5页。
④ 《红河县志（1978—2005）》，昆明：云南人民出版社，2015年，第5页。

人,占全州贫困人口的 14.6%。① 红河县是"一个集边疆、民族、山区、贫困为一体的国家扶贫开发工作重点县",②将劳务输出作为脱贫的重要手段。③ 红河县境内随处可见"一人外出打工,全家脱贫致富"的官方宣传标语,县城永镇,有 8 个政府挂牌的"惠农职业介绍所"。④

红河县地处红河南岸,跨北纬 23°05′—23°27′,东经 101°49′—102°37′,面积 2028.5 平方千米,处于横断山系哀牢山中峡谷地带,山峦起伏,森林茂密,沟壑纵横,自然地理条件复杂,除北部红河沿岸几个面积狭小的河谷冲击盆地外,96% 的面积均为山地。最高海拔 2746 米,最低海拔 259 米,气候随海拔高度变化,属于"一山分四季,十里不同天"的立体气候,高寒山区平均气温 14℃ 左右,半山区约 20℃ 左右,河谷低地高达 26℃,立体生态,立体农业。⑤ 全县耕地 20 万亩,其中田约 1.1 万亩,地约 8 千余亩,几乎全是梯田坡地。⑥

乐乡地处红河县中部山区,面积 94.12 平方千米,驼山,然仁梁子盘踞全境,海拔 800—2437 米,⑦常年云雾弥漫,云中有山,山中有林,林中有村,云、雾、山、林、水、梯田交相辉映。全年平均气温 16.6℃,年平均降水 1486 毫米,⑧多集中在 6、7、8 三个月,水力资源

---

① 红河县人民政府网站:http://www.hhx.hh.gov.cn/hhgk/xqjj/201708/t20170807_47651.html

② 红河县人民政府网站:http://www.hhx.hh.gov.cn/hhgk/xqjj/201708/t20170807_47651.html

③ 《红河州以"六个依托"为抓手全力做好农村劳动力转移就业扶贫工作》"红河州各级各相关部门坚持把农村劳动力转移就业扶贫作为服务全州脱贫攻坚大局的重要举措,以建档立卡贫困劳动力为重点,认真实施农村劳动力转移就业扶贫行动计划……如红河县,已发展劳务经纪人 80 余人,这些人已成为劳务输出市场化运作的一支重要生力军,发挥着劳务输出'领头雁'作用"参见:https://www.toutiao.com/i6508881978220085773/

④ 统计于 2017 年 2 月。

⑤ 《红河县志(1978—2005)》,昆明:云南人民出版社,2015 年,第 1—5 页。

⑥ 《红河县志(1978—2005)》,昆明:云南人民出版社,2015 年,第 80 页。

⑦ 《红河县志(1978—2005)》,昆明:云南人民出版社,2015 年,第 31 页。

⑧ 《红河县志(1978—2005)》,昆明:云南人民出版社,2015 年,第 31 页。

丰富，有"山有多高，水有多深"的美誉。由山顶蜿蜒下泄的沟渠山泉，使大部分梯田坡地得到灌溉，也为村民居住生活提供了不尽的水源。2005年的统计数据显示，乐乡有耕地19865亩，其中稻田11199亩，农作物以水稻为主，也种植包谷、大豆；经济作物如甘蔗、香蕉、木薯、芒果、棉花、葛根等均有种植。① 半山区以下土地种植杂交水稻、甘蔗、木薯，中半山区以上主要种植高海拔水稻和玉米。②

乐乡有龙村、朗村、然村、布村、兴村、尼村共6个行政村，51个自然村，80个村民小组。2011年全乡共居住5415户22747人，境内世居哈尼族、彝族和汉族三个民族，分别占人口的58％、40％和2％。③ 日常生活中三个民族相互通婚，不管是服饰、语言还是生活习惯，几乎无差别，穿带有地域特色哈尼族服饰，④说尼苏颇系彝族话。三个民族接近于王铭铭所说的"自然民族"而非"行政民族"，⑤他们之间最大的差别仅身份证上填写的"民族"不同。按照当地传统，如果父母双方民族不同，个人的民族认同随父系的民族而定。但访谈中发现，办理身份证时，村民经常会参照当时红河县领导的民族来决定自己身份证上是填写哈尼族还是彝族，原因是访谈者认为"和当官的一个民族有好处"。特别是一些90后，当被问到"民族"时会回答：我身份证是××族，我实际是××族，后者即父系的民族，也是自我认同的民族。

我在输出地的田野调查点主要集中在乐乡的龙村、兴村两个行政村，地理位置上龙村在山腰，兴村在山顶。其中兴村属于彝族村落，彝族大于200户，龙村属哈尼族村落。⑥ 两个村有李、何、常、

---

① 《红河县志(1978—2005)》，昆明：云南人民出版社，2015年，第32页。
② 云南省红河县乐乡数字乡村新农村建设信息网：http://www.ynszxc.gov.cn/S1/S664/S785/S792/C15863/DV/20080428/2307786.shtml
③ 乐乡乡政府公告栏资料，记录时间：2015年2月14日。
④ 红河州红河县乐乡、宝乡、井乡的服饰接近。
⑤ 王铭铭：《人类学讲义》，北京：世界图书出版公司，2011年，第588页。
⑥ 《红河县志(1978—2005)》，昆明，云南人民出版社，2015年，第225页。

王、白、马、普、车、董、龙、张、杨、陈、陆、吴、杜、钱、方、塔、罗等二十多个主要姓氏,其中李、何、常为三大家族,几个村外出务工人员占全村50%以上,且几乎为中青壮年。①

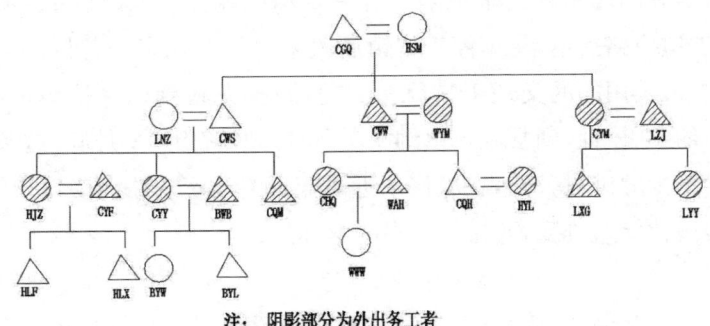

注:阴影部分为外出务工者

图3-1 龙村某户哈尼族四代家族谱系图②

图3-1为我绘制的龙村一户哈尼族人家四代家族谱系图。第一代,均逾古稀;第二代,出生于二十世纪六七十年代,年龄在40岁—55岁之间,属于第一代农民工;第三代出生于1985—1996年,有6个属于从未下过田的二代农民工,自小便随父母在外打工和读书。从中可以看出,第二代和第三代17个人,村落主体的青壮年,只有3人未外出务工。而这3人中,有2人是吃"公家饭"的,一人(CWS)在村委会任职,一人(CQM)在永镇派出所。也就是说只有一个人(LNZ)在家务农。③ 第四代,四个小孩年龄在1岁—8岁,全部在父母打工所在城市生活或上学。这一家四代24口人中,有14人外出务工。余下人中,2人年过古稀,4个不满10岁的孩童,2人"有工作",只有1人务农。这是乐乡比较有代表性的家族外出务工图谱。

乐乡乡镇府驻地依镇距红河县城永镇25千米,因全是盘山公

---

① 资料来自三个行政村村委会统计资料和对村支书或村委会主任访谈。
② 本书所用图片,除却有本人和特别标注的,其余均系本人拍摄或绘制。
③ LNZ,女性。土地用于种植玉米,玉米酿酒,酒糟饲养生猪。另外,她还制作豆腐在龙村菜市场售卖,作为家庭主要经济来源。

路,坡陡弯急,天晴日,开车约 1 小时。乐乡 6 个行政村通公路,但并未全面实现路面硬化。2015 年春节我第一次去龙村,进村约 7 千米的村道刚开始进行路面硬化工程,又逢连日大雨,山路泥泞。我所驾驶的四驱越野车也陷入近一米深的泥淖,在大费周折拖出后,被迫原路折返,将车停于依镇后改乘二轮摩托车进龙村。当地最快、最实用的的交通工具就是二轮摩托,龙村到乐乡依镇,骑摩托车约 40 分钟,到县城永镇约 1.5 小时。2017 年 12 月底,这条不到 7 千米的进村公路,在整修了近 4 年后终于实现路面硬化。① 如此缓慢的修路进度,龙村村支书的解释是:

> "青壮年劳力出去,公益事业搞不起来。进村公路规格是 6.5 米宽,三级柏油路,计划是 2016 年年底完工,但钱是钱不到位,人是人找不着。"②

乐乡经济发展在红河县所辖乡镇中不属于下游。红河县有 6 个被云南省、红河州列入的"扶贫攻坚乡",③其中并没有乐乡。但和接壤的宝乡却存在明显的差距。宝乡处在旅游环线,被作为整个红河县的重点发展乡镇,给予了政策倾斜,得到包括来自上海的挂钩联系单位支持,省部级大项目都会放在宝乡。乐乡虽然有原始的生态梯田景观和思陀土司司属遗址及墓群的历史景观,但因道路难行及宣传无力导致无人知晓,"无法吃着旅游饭"。④

二、历史沿革

乐乡在土司时期被称为思陀,在中华人民共和国成立前,土地

---

① 2018 年春节去龙村,因路面硬化后进村速度加快,从红河县城永镇到龙村约 40 分钟车程。但仅完工 2 个月不到的沥青路面已经有多处裂痕及被大车碾压后留下的大小不一的坑。
② MGX,2017 年 2 月 20 日,地点:村委会。
③ 《红河县志(1978—2005)》,昆明:云南人民出版社,2015 年,第 5 页。
④ CWS,2016 年 9 月 2 日,地点:村委会。

的最高所有权属于李姓哈尼族土司,其他阶层只有占有权和使用权,彝族清末才迁入。① 1950年2月17日,末代土司李成祥缴出武器弹药向滇南行署投诚②后设思陀区,1954年更名为第四区,1958年称红焰公社,1961年设乐区,1970年改设乐公社,1988年2月设乐乡。③

乐乡原名"倮哟",系最先定居此地的哈尼人名。清光绪六年(1880年),第27代土司李秉清将司属迁至此地,更名乐。④ 清嘉庆《临安府志"土司制"》记载了现属乐乡境的历史沿革、自然地理特征,历任哈尼李姓土司姓名及传承顺序:

> "唐之官桂思陀部,壤地广矣。溪处、落恐、瓦渣、左能皆其属内,后析而为五,则壤狭。……元初,置和泥路,思陀立云南行省;明洪武间,土司遮比纳款,授副长官司世袭,改隶临安(距府治南二百八十里)。比传遮魁、魁传习、习传宗、宗传白、白传祥,皆以遮为姓,至李秉忠,始姓李;或曰遮比本姓李页者,秉忠因之,非创也。顺治十六年,大师避滇,秉忠投诚,授世职。秉忠死,子承爵席;承爵死……传世元;世元传经国,经国传兆龙,兆龙传瑞,瑞传熙,熙传绍先,绍先传吉庆,吉庆传秉清,秉清传呈祥。其地东落恐乡十里,南至元江直隶州界五十里,西五里,北十里,皆交元江界。盖分地异于唐之旧,而民与赋因之。计辖种人一,村落二十六。每年纳府款差发银一把八十三两一钱七分,秋米二十九十零,此改部为乡丁赋之

---

① 《民族问题五种丛书》云南省编辑委员会编:《哈尼族社会历史调查》,北京:民族出版社,2009年,第70页。
② 红河哈尼族彝族自治州哈尼族辞典编纂委员会编:《红河哈尼族彝族自治州哈尼族辞典》,昆明:云南民族出版社,2006年,第26页。
③ 《红河县志(1978—2005)》,昆明:云南人民出版社,2015年,第31页。
④ 红河哈尼族彝族自治州哈尼族辞典编纂委员会编:《红河哈尼族彝族自治州哈尼族辞典》,昆明:云南民族出版社,2006年,第11页。

大凡也。乃其山川风物,则亦有足稽者焉。《一统志》载,思陀山顶平旷,有旧思陀寨遗址。今之寨近猛屏山,山势险峻,每岁仲春,以建寅日祭祷,民始安。兹其为一乡之镇欤!乡之北为屏山溪,蜿蜒屈曲,归入澧社,如修舍之赴长壑。南有腊密河,源出溪出甸,流入藤条江。地气阴湿,四时恒凉,禾嫁晚收,多发冷瘴,与纳楼、亏容之苦热者又一气候也。"①

思陀土司授五品顶戴,司属就设在现乐乡龙村境内,27代土司曾执政于此,直到末代土司李成祥为止。② 土司家族墓群也在龙村。很多墓碑已字迹模糊,我能清楚辨认出的只有"李世元土司"墓碑,碑身高约1.73米,墨江青石的墓碑上用隶书铭刻"故临安府思陀甸长官司显考李公讳世元之墓"。整个思陀土司墓地因无人打理,杂草丛生,荆棘满地,碑石多有残破,地上长满湿滑的青苔,稍有不慎就滑倒。如果不是有人提及和引路,大概不会有人注意到一个生锈、歪斜、快坍塌的铁门内,有一个曾显赫数百载的土司家族墓群存在。

哈尼思陀土司及墓群是龙村妇孺皆知且引以为傲的一种历史空间性存在,似乎隐喻着龙村曾经有过的辉煌。在我所加的微信群和微信好友中,多有以"思陀"为名的群和带"思陀"二字的个人微信昵称。每次去龙村都有村民热心推荐,问是否去看了思陀土司墓,尽管那里已经断井颓垣、破败不堪。

---

① 《清嘉庆〈临安府志〉卷十八"土司制"》,载《哈尼族社会历史调查》,《民族问题五种丛书》,云南省编辑委员会编:《哈尼族社会历史调查》,北京:民族出版社,2009年,第9页。

② 对87岁哈尼老人CGQ访谈,时间:2015年2月26日。

三、媒介使用

（一）电视

红河县的 91 个行政村在 2005 年底实现了"村村通"广播电视，776 个自然村能收听收看广播电视节目，广播电视人口覆盖率分别为 89.7% 和 91.01%。乐乡的龙村、兴村在覆盖范围。① 2009 年，乐乡 320 户通有线电视，456 户拥有电视机，分别占乡村总户数的 27.7% 和 39.5%。② 在对乐乡外出务工群体以及当地村民的访谈中，聊起最爱看的电视剧，多人曾提起 2001 年 9 月在中央电视台第 8 频道首播的《情深深雨蒙蒙》，据说当时几个村寨颇有"全村空巷"看该剧的情况。据此或可推断在 2001 年乐乡的几个村寨已可以正常收看中央电视台的节目。

现在但凡有电视机的人家房顶上都有个卫星接收器，当地称"小锅盖"。③ 因品牌不同，价格在 100—300 元不等，接收的信号强弱和收看的频道也有差别。龙村村委会李副主任的副业就是给村民安装"小锅盖"。在他家，我数了能收到的电视频道的数量是 69 个，除了中国大陆中央电视台及各省级卫视的节目外，还可以收看包括香港凤凰卫视、翡翠台，以及澳门莲花卫视的节目。他告诉我"小锅盖"不符合国家规定，但不安装的话家里的电视机最多能看几个台，画质还不清晰。"听说元阳县，包括红河县依镇，宝乡都被集中拆过，还要罚款，我们这里还没有，怕是路难走了人家懒得进来。村子里的人家有电视的几乎都安锅盖，不用再交钱，看的台

---

① 《红河县志(1978—2005)》，昆明：云南人民出版社，2015 年，第 472 页。
② 云南省红河县乐乡数字乡村新农村建设信息网：http://www.ynszxc.gov.cn/S1/S664/S785/S792/C15872/DV/20091124/2234942.shtml
③ 卫星电视接收器俗称"锅"，是一种能够接收卫星电视节目的装置，由抛物面天线、馈源、高频头、卫星接收机组成。卫星电视接收器为部分农村了解外界信息提供了极大的便利，也引发了一定隐忧。由于政策原因，除少部分偏远农村地区之外，个人不允许使用卫星锅来接收电视信号。

多,四五十个是没问题的。一般都是出去打工的安给小娃娃看。"①

非返乡季的2016年8月27日—9月20日,我在龙村田野调查期间,在当地龙村小学支教,执教的五年级共有32个学生,经访谈调查,32个学生家均有电视,都安装了"小锅盖",能收看约50个频道,电视节目偶尔会有声音和画面对不上的情况。我去过其中13个学生家,回家后他们会习惯性地打开电视,跳开广告轮流看几个少儿频道的动画片。而作为留守老人的爷爷奶奶或外公外婆对电视的兴趣似乎不大。当然,遥控器的控制权也不在老人们手里。不过,即使孩子白天上课的时候,老人们也基本不开电视,老太太们坐在村道上聊天,老爷子们则聚在大水井旁的菜市场喝茶,抽水烟,下一种用大小不一的小石头自制的"棋"。

图3-2 龙村留守老人"下棋"
拍摄时间:2016年9月20日

春节期间,家家户户忙着结婚办酒席,似乎没人有时间闲下来

---

① LJY,正式访谈,时间2016年9月9日。

看电视,即使开着电视,也是亲友聚会时的一种"伴随式"观看。但电视机,却是婚房里的必备物件,作为一种"装饰性"和财富象征性的存在。

(二) 互联网及手机

红河县 2005 年各乡均开通互联网(ADSL)上网业务,互联网用户 548 户。① 移动、联通、电信三大运营商已先后建成无线通信基站 59 座,信号覆盖全县所有乡镇村寨,至 2005 年红河县手机业务已经具有通话、IP 电话、信息定制、呼叫转移、等待、限制,移动 OICQ,语音信箱,个人数字助理、车辆定位、上网、手机炒股、手机银行等功能。② 2009 年乐乡非外出务工农户中,安装固定电话或拥有移动电话的农户数 462 户,其中移动电话总户数 210 户(分别占总数的 40%和 18.2%)。③

我在乐乡没有发现哪户人家有个人电脑。龙村小学有企业捐赠的 5 台二手电脑,并安装了固定宽带,可以上网,有无限局域网。在职在岗教师 6 人,有 2 人可以正常使用电脑和利用互联网查询资料。

乐乡 6 个行政村村委会均安装了固定宽带,电脑系"文化共享工程"④免费配给(图 3-2)。龙村马支书说:

---

① 《红河县志(1978—2005)》,昆明:云南人民出版社,2015 年,第 257 页。
② 《红河县志(1978—2005)》,昆明:云南人民出版社,2015 年,第 256—257 页。
③ 云南省红河县乐乡数字乡村新农村建设信息网:http://www.ynszxc.gov.cn/S1/S664/S785/S792/C15872/DV/20091124/2234942.shtml
④ 全国文化信息资源共享工程,简称"文化共享工程",是 2002 年起,由文化部、财政部共同组织实施的一项国家重大文化惠民工程。它应用现代信息技术,将中华优秀文化信息资源进行数字化加工与整合,依托各级公共图书馆、文化馆(站)等公共文化设施,通过互联网、广播电视网、无线通信网等新型传播载体,在全国范围内实现中华优秀文化资源的共建共享。文化共享工程是政府提供公共文化服务的重要手段,是实现广大人民群众基本文化权益的重要途径,是改善城乡基层文化服务的创新工程,在我国公共文化服务体系建设中具有战略性、基础性地位。参见国家数字文化网:http://www.ndcnc.gov.cn/gongcheng/jieshao/201212/t20121212_495375.htm

"以前到红河县城或者乡政府交个材料,骑摩托来来回回几个小时,有时候填得还不合上面要求,又要跑回来重新整,有电脑直接就发过去了,或者发过去他们先看看,填对了,我们再交过去,省事多了。"①

这一切的便利全仰仗 2013 年来的一个大学生村官。在 2016 年该村官考上公务员离开后,村委会再无人会使用电脑。龙村村委会再次回到来来回回几个小时送文件的时代。也许正因为如此,马支书不无感慨地和我说:"这里的人读书少,整个村要发展,没有十几二十年是不可能的。"②

图 3-3　龙村村委会电子办公设备
拍摄时间:2016 年 8 月 30 日

红河县城永镇有三大运营商的专营店及多个国产品牌手机专卖店。乐乡乡镇府所在地的依镇有 12 个手机销售和充值网点。③ 乐乡所辖 6 个行政村均有手机销售、维修、充值的店铺,是分属不同运营商的乡村基层服务站。三大运营商的宣传广告在几个村的墙面随处可见。

龙村村民手机使用情况如何？从 2G 手机到智能手机的普及

---

① MGX,2016 年 8 月 30 日,地点:龙村村委会。
② MGX,2016 年 8 月 30 日,地点:龙村村委会。
③ 统计于 2016 年 9 月。

进程怎样？龙村唯一的手机经营充值维修店老板阿贵无疑是最了解情况之人。

阿贵 2011 年从昆明返乡，分两年修建并装修好了三层楼砖房，房子在龙村菜市场旁，离龙村小学也非常近，算龙村人流量最大、最热闹的地方。他和妻子一起开了小卖部，一开始主营小学生零食以及油盐酱醋、卫生纸等生活日用品。

阿贵讲述了开设手机营销铺的经历，从中不仅可以基本梳理出龙村村民手机使用、普及的过程及时间节点，也可以窥见一个返乡彝族农民工的创业历程。

"媳妇要生娃娃了，2006 年，她就从昆明回来了，生了就在家带娃娃没出去了。后来姑娘大点读学前班，房子也修的差不多，我也就不想出去了，也回来了。没有地种，就想开个小卖部，守着姑娘读书，好好养，一家人够生活了。一开始只卖点小娃娃吃的。我后来手机没得钱了，要跑到乐乡、红河县城才能充钱，我自己会骑摩托嘛，还算是方便，一次就多充点。我一去好多人也让我帮他们充。我就想给可以我自己在小卖部也开个充钱的，村子里都可以找我充了。

我就跑到红河县去问，人家（某运营商）说要先办含有他们业务范围的营业执照，还有填表、复印身份证那些。我就照着他们的先一样一样的去办了，还按他们说的，在银行办了个卡。等他们批，要等红河州的公司批下来才可以。等了好久，一两个月嘛，打电话通知我，说办下来了，喊我带着 3000 块钱交押金。我还是高兴的，钱是多了点，但是我是第一家嘛。去了又签了个协议，还给我办了个工号，用这个号在他们的系统里面就可以交钱、办新卡这些（业务）。他们的那个系统也会给我算钱。办完那天把电脑那些机器拉回来了，过了几天他们来人帮我装好还帮我教会了。我就给隔壁邻舍,我们村的人说,以后可以来我这点交手机钱了(笑)。

才开始,赶街他们还是喜欢到乐乡交钱,平时才来我这点(手机缴费),后来就基本都来我这点交了,有时候他们没得钱,也会赊,帮他们先交了。那个时候连兴村都没有,周围几个村,布村、然村,还有朗村的人的都跑我这里存钱。生意好,特别是过年打工的回来,生意特别好。但这个赚不到哪样钱,开始两年还有2%提成,人家存100块,你有2块钱,后来越来越少了,现在就只有5角了(100元提成0.5元)。我就开始进一些手机来卖,他们的(某运营商自有品牌)手机一直有,也可以先拿来卖了再给他们钱。贵,不好卖嘛,几个月卖不着一个。我就自己跑到昆明螺蛳湾批发市场进货,不敢进牌子的,就是那种普通的(山寨手机),功能多又好用,那种声音大,可以放音乐的好卖。那些在村里头没出去打工的啊,老人啊,就来我这点买,我卖的又不比红河县城贵,他们会算账嘛,那些老人我帮他们教会,卡也帮他们装好,帮他们下(载)歌装进去,我这点还有我们民族那种歌,别处也没有。就是样样帮他们整好了,他们就喜欢来我这里买。

我每个月都去螺蛳湾批发市场进手机,顺便把坏了的手机带回去给老板修,后来我就跟他学修手机了,老板也好,也混熟了,就好好教我。后来手机小点的问题我就会修了,现在我修手机一点问题没得(笑)。村里面那些人手机有问题就来找我修,小问题又是在我这买的,我不收钱,要换着哪样零件就收点钱。2012、2013年那几年,村子头大人差不多都有手机了,卖手机,修手机还是赚到点钱了。

这几年,年轻人用好手机(智能手机)了,手机可以上网打游戏,好多好手机修不来了。2014年下半年我装了那个(无线路由器),那些年轻人回家过年,就来我家站着上网了,喊我把密码告诉他们,他们不好意思,也在我小卖部买点饮料啊啤酒瓜子。不过那个时候(用智能手机的)不算多。差不多2016年以后,我发现开始多起来了,那些平时回来帮忙的,好多都是好(智能)手机了,他们用手机看电视最费钱了。有人手机摔烂,找我换屏幕,我就说我整不来,喊他们拿回昆明去整,我修得好的的还是那种老手机(2G手机),不过现在只有老人用了,年轻人,连好多小娃娃都用好手机了。"①

图 3-4　阿贵在龙村的手机充值维修店
拍摄时间:2016 年 9 月 8 日

阿贵的陈述可以梳理如下:

2011年开始经营手机充值业务,成为龙村首个手机运营商村级服务站(图 3-4);

2012年兼卖山寨手机并开展手机维修业务;

2012—2013年,龙村 2G 手机普及;

2014年陆续有年轻人使用智能手机;

---

① LSG,正式访谈,2016 年 9 月 8 日,地点:阿贵手机店。

2016年,智能手机使用人数大幅增多,大部分是年轻人,少数老年人和小孩开始使用智能手机。

阿贵的叙述和我田野调查的情况基本可以相互佐证。2015年2月11日我第一次踏入龙村,手机已经不是新鲜玩意儿。不会汉语的耄耋老人、十几岁的孩童持手机打电话已属常态,但老年人用2G手机。婚礼上年轻人用智能手机拍摄照片、视频。我的手机无论是在龙村、布村、兴村还是周边几个村,4G信号均可以满足正常需要。① 龙村小学五年级32个学生,年龄在11—14岁,其中19个学生有手机,10个为3G或者4G智能手机,均为父母淘汰的二手手机。

2017年春节,阿贵的手机销售铺主要销售智能手机,包括某运营商的千元内自有品牌手机,其他中低端国产品牌手机和山寨手机。阿贵也学会了更换手机屏之类常见的智能手机问题。2018年,阿贵的手机店已经变成红河县政府授牌的"惠普金融服务站"可以为村民办理小额信贷,同时兼营龙村手机村级服务站。

2016年村干部全部实现手机智能化。我加入了一个名为"龙村村委会相关人员群"的微信群,群成员除我之外共计41人。这41人均使用智能手机。龙村小学连校长在内的6名教师使用智能手机,均有微信和QQ。另外就是回乡待产或生育完还无法外出打工的女青年,以及打工多年"苦了大钱"回乡颐养天年者也都有智能手机。当然,外出挣了钱,为了和家人联系方便可以视频聊天,给父母或者因各种原因留在老家的配偶配置智能手机的也不在少数。三大运营商的4G网络均覆盖龙村,村委会无线局域网无密码,村民三三两两蹲在村委会墙边"蹭"Wi-Fi,成为一个颇有意味的景观,特别是夜晚无路灯的乡村,墙边一部部手机发出的光,格外耀眼。

---

① 我在乐乡时,通过手机4G网络收发邮件、图片、视频等非常顺畅。

除了龙村村委会、龙村小学、阿贵的手机铺这三个地方①外,整个龙村没有安装固定宽带的用户。红河州某运营商村站负责人刘主任认为:"年轻人外出打工,老人和孩子留在家里,宽带需求都是青壮年多,现在乡村基站完备,网络覆盖好,他们直接就用流量了。"②办理固定宽带得缴费,这意味着每月有固定支出,青年是网络的主要消费群体,常年外出,回家自然用免费 Wi-Fi 或流量。

综上,乐乡几个村寨电视普及,通过安装"小锅盖"可以正常收看中央电视台及各省级卫视的电视频道,约 50 个,③但使用频率不高。乐乡 6 个村委会通过"文化共享工程"有电脑并安装固定宽带网络,各村均有手机运营商的村级服务站,三大运营商的 4G 网络均覆盖村寨,可以满足正常使用。手机在乐乡是使用频率最高的媒介。2016 年后移动智能手机基本普及,说是第一媒体也并不为过。另外,在乐乡我去过的私人家庭,未发现收音机及收听广播的情况。村委会有面向全村的广播高音喇叭通知要事之用。除《红河日报》和几本政策性书籍外,无其他纸质媒介。

第二节　传统礼俗空间重构与新空间生产

日常生活似一条涌动的文化血脉,在"衣食住行、饮食男女、婚丧嫁娶、生儿育女的日常生计中"④连接着过去和现在,也在言说着村落的变迁。日常生活主体"通过把人的社会活动场景'固定化',创造性地促发日常生活的惯例,使人的实践意识固定在特定的客

---

① 龙村小学无线局域网有密码。村委会和阿贵的手机铺没有密码。
② 红河走某运营商村站负责人 LY;电话访谈;访谈时间:2016 年 10 月 14 日。
③ 红河县城永镇挂三星牌照的某酒店,安装的的是付费有线电视,可以收看包括红河州及红河县本地电视台在内的频道不到 30 个。田野回程入住该酒店统计。
④ 衣俊卿将周而复始展开的衣食住行、饮食男女、婚丧嫁娶、生儿育女概括为中国农业社会的日常生活结构。衣俊卿:《现代化与文化阻滞力》,北京:人民出版社,2005 年,第 5 页。

体性场景中",①生成新的文化,新的意义,新的传统。

一、奇观式婚礼与"好日子"的建构

农村主体的大量外出打工,少数民族的仪式节庆活动从举行的时间到形式随之发生改变。我所调查的乐乡98%的人为哈尼族和彝族,他们原本有各自的农历新年:哈尼族以农历十月第一个属龙日②为新年;彝族每年农历十一月二十四日至十二月初一为新年。有杀鸡、杀牛祭祖等年节礼仪。在20世纪90年代以前,当地哈尼族、彝族、汉族按照自己的新年习俗庆祝。

> "以前各自过各自的,后来就统一了,主张一下,一个地方不要你过你的,我过我的,过一回要统一回。最近十年大家都过汉族春节,汉族也就春节才有时间,所以大家都春节过了。"③

外出打工人口的逐年增多,放假时间又按国家法定假日,于是彝族哈尼族的"新年"也就逐渐统一为汉族农历新年的春节。一般在农历腊月二十五左右返乡,正月初七、初八开始返城,正月十五以后整个村寨再次回归"空心村"。

当地哈尼族、彝族"过新年"也仅仅是和汉族时间一致,并没有汉族年夜饭、拜年的年俗。春节回乡就是要趁全村人最多的时候把一年中最大的事情集中办完。头等大事自然就是娶亲嫁女、摆酒请客,当地称为"办事"。

整个春节期间,村民们的村寨日常生活就是马不停蹄地帮忙、

---

① [英]安东尼·吉登斯:《社会的构成——结构化理论大纲》,李康、李猛译,北京:生活·读书·新知三联书店,1998年,第225页。
② 哈尼族的历法观念中,尚未形成完整的天干地支概念,只将代表十二地支的十二属相与十二地支相对应的纪年方式。属龙日即辰日。
③ CGQ,正式访谈,2016月2月18日。

做客、吃酒,几乎不用在自己家开火煮饭。由于扎堆结婚,一家人往往接到超过家庭成员人数的请柬,只得分散开,一人参加一场。2015年、2016年、2017年三年春节返乡季的田野期间我分别参加了18场、16场、10场婚礼。从腊月底一直到正月初八,一个自然村平均每天五六场婚礼是常态。

龙村有三条主干道呈Y字形,龙村的几个主要的场所也分布在这三条主干道上:行政空间的村公所,教育空间的龙村小学、商业空间的菜市场,娱乐空间的篮球场。三条干道交汇处是龙村村委会,村委会正门旁是公共水井,当地人称"大水井"。手腕粗的一汩山泉水从山上奔流而下,长年流淌,取之不尽用之不竭,村民在这里洗菜、洗衣服、聊天。紧挨着的就是菜市场,龙村最热闹的地方。晚饭后男人们就聚在那喝茶、下棋、抽水烟,女人们聊天、绣花。这一片也就汇聚成龙村的公共空间,也是个舆论场,大小事情可以经这里再次发酵。龙村小学和篮球场在另外两个村道上。

图3-5　龙村卫星图
资料来源:谷歌卫星地图

春节期间,上述所有空间的功能只有一个——提供"办事"的场所。篮球场、村小学、村委会、村道都摆满不同人家的婚宴酒席。歌舞声乐、小孩欢闹、炮竹声、杀猪宰牛时的嘶吼在乡村上空飘荡,不舍昼夜。2015和2016年春节期间,我在龙村田野调查最痛苦的

图 3-6　地处山腰的龙村
拍摄时间：2017 年 2 月 20 日

事,莫过于晚上无法安睡。王阿姨家老房子①后的半山坡,就是返乡农民工阿文开养猪场、屠宰生猪的场所。我睡觉的房间和阿文杀猪的地方仅一墙之隔,透过窗户,可以看见杀猪的现场。高架起来的几个大灯通宵照明,一整夜都在杀猪,平均 2 小时不到杀一头,刚睡着就会被猪的嚎叫声吵醒。阿文春节期间屠宰生猪数量的激增,可以窥见龙村春节期间红事的密度。

> "平常天,一天宰一个(猪),早上五六点宰,半个到依镇卖,另外半个在龙村和布村卖,有时候也拉一些到兴村。过年不一样,一年最忙就这几天,也最好找钱。提前一两个月就有人和我要猪了。这段时间一天宰十个最起码,一天宰二十个也干过,都是办事情用。现在人出去了没得人养猪了,只有几家老人在养也就只够过年自己宰了吃,办事就只有从我这点买了。"②

而在整个春节回乡这十多二十天里,办事最密集的则是汉族

---

① 2016 年 4 月王阿姨家的新房已经建好,故而 2017 年春节没有再住在老房子。
② LMW,正式访谈,时间:2015 年 2 月 20 日。

的农历除夕。当地彝族哈尼族都认为,这一天是适合嫁娶的万中无一的"好日子"。

2015年2月18日,农历大年三十,龙村有12户人家举办婚礼,2016年,2017年的除夕分别是13场和11场。入村的村道上都摆满了酒席。最适合摆酒的篮球场,同一时间挤了2户人家(图3-7),连村委会的狭小空间,龙村小学操场(图3-8)、教室内,都演变成摆酒席的场所。据村主任介绍,前几年曾发生为了抢年三十的结婚场地而大打出手,最后需要村委会调解的情况。现在谁家在哪个场地摆酒要提前去村委会登记、汇总、协调,"认领"婚礼摆酒席的场地。

图3-7　龙村篮球场婚宴　　　图3-8　龙村小学操场婚宴

拍摄时间:2015年2月18日

可是,汉族的农历年三十,怎么就变成了当地哈尼族彝族适宜嫁娶办事情的最"好日子"?

红河州彝族、哈尼族有"十里不同天,隔山不同俗"的说法,但查阅到的有关彝族、哈尼族的典籍中,没有记载哪个支系说到"除夕宜嫁娶"。每当问到当地人为什么喜欢"挤"在年三十"办事",得到的都是含糊的回答"都说是不用看的好日子"。可谁说的,谁家第一个这样做的,似乎没有人说得清楚。

为此,我拜访了深谙当地历史文化的哈尼族87岁老人常国强。① 他年少时因天资聪颖,十多岁就被最后一任土司李成祥送到永镇中学学习汉族文化,懂《易经》,精通彝族文字,是当地公认的"最有文化的人",哪家结婚、起新房都会请他翻书选吉日,不是毕摩②却比毕摩更令乐乡的人信赖。他自然也成为我村寨田野调查的"文化顾问(key cultural consultant)"。因年事已高,得过一次中风,眼睛也不太好,他经常把我误认为他早已外出打工并远嫁安徽的孙女,每次去拜访他,他会笑眯眯地同我打招呼"阿香来啦?"我便也随着他孙女唤他"阿爷"。和阿爷聊过之后,我大概理出了头绪。

据阿爷介绍,当地不管是哈尼族还是彝族,都是以父系为核心的血缘外婚制。即使是自由恋爱,结婚也必须征得父母同意,而男女双方家庭要结成亲家,除同宗同姓不得婚配外,正式提亲前家长要合子女生肖属相、生辰八字,八字相生则双方父母承认子女的姻缘并主持操办婚礼,如果相克,则姻缘作罢,比如属牛的绝对不能和属虎的结婚,因为"虎"会吃了"牛"。

十多年前,大约2005年前后,大家开始不约而同在春节期间"办事"。这个时间与这一哈尼族彝族群体大规模外出务工的时间基本一致。外出务工后父母几乎无法再干涉子女婚恋,有的女方已经怀孕,甚至在外生下孩子,回村寨只是补办婚礼仪式及宴请亲朋好友。属相生辰八字之间是否合适已经不能成为左右结婚的因素。据阿爷说,即使在二十世纪八九十年代,当地女性若未婚先孕会被认为是辱没祖宗和族人之事,不仅会受到父母责骂和村里人

---

① CGQ,正式访谈,访谈时间:2016年2月16日、17日、18日。
② "毕摩"一词在彝语里有很多的意思,由于各地彝语发音的差异,音译也有所不同。归结起来"毕摩"一词本来就有双重的含义,"毕"意即教育、教诲、学习、念诵,"摩"意即长者、智者,所以毕摩一词就是有智慧的长者之意。毕摩在古代的彝族社会里是唯一使用文字的阶层,也是彝族历史文化的记录者,作为彝族文化的传承者,他们精通天文地理,能占卜算卦,是最精通彝族文化的人,是专门替人礼赞、祈祷、祭祀的祭师。毕摩在彝族人的生育、婚丧、疾病、节日、出猎、播种等生活中起主要作用。参见宝贵贞:《彝族毕摩文化的哲学意蕴》,文章来源:中国少数民族哲学及社会思想史学会年会,彝学研究网:http://www.yixueyanjiu.com/news/8/z_8_27160.html

谴责唾弃,还要在指定时间清扫整个村寨以示惩戒。而现在已生子的妇女可以正大光明补办婚礼,只是举行婚礼仪式时,需要在着装和发髻上进行区别——将佩戴象征未婚少女的"公鸡帽"换为青色土布包头,单辫垂后改为双辫盘头。

图3-9 乐乡彝族哈尼族传统结婚服饰
拍摄时间:2017年2月21日

阿爷看结婚日子,碰上很多他认为生辰八字不合适甚至相克的,在他的逻辑中,命理不合,自然无法选出结婚的日子,他始终坚持"八字不合哪天结都不会好,我不能乱讲害人家"。①

但婚礼总要办,日子总要定,于是那些被"判"为生辰八字"相克",特别是最忌讳的属相例如"虎与牛""鸡与狗""蛇和猪"的结合,在无法找到"好日子"的情况下,就选择了大年三十,认为这个全中国团圆喜庆的日子,办婚礼可以沾喜气。在个旧做包工头过上好日子的李广寅就属于这种情况,属虎的他和兴村属牛的妻子在个旧认识,未婚生下孩子。2002年,在孩子三岁的时候回龙村补办了婚礼。他们的婚姻不被毕摩和双方父母看好,阿爷也拒绝给他们看日子。李广寅和妻子商量之后决定在除夕结婚,他说:"我

---

① CGQ,正式访谈,访谈时间:2016年2月18日。

不信我们就过不好日子了,我们就在你们汉族过年的时候结嘛,我觉得三十肯定是好日子,全中国人民都喜欢这个日子,肯定是好日子。"①不确定李广寅和妻子是不是当地第一对除夕结婚"吃螃蟹"的人,但可以确定的是,选择这天结婚很大程度上是他们的无奈之选。

图 3-10　常国强老人帮村民翻书选结婚日子
拍摄时间:2015 年 2 月 21 日

那些被认为"八字相克"的情侣在这天办婚礼后,日子过得还不错,诸如李广寅已经在个旧买了房子和车,育有一子一女,日子过得红火。以此逻辑,生辰八字相合的情侣这天结婚自然也就可以,而且会更好。换言之,"相克"的人因为除夕结婚冲喜过上好日子,"相生"则会好上加好。于是,原本汉族主要用于家人团聚很少人结婚的除夕日,十多年间演变为西南边疆一个哈尼族彝族村寨"不用看"就适宜婚嫁的"好日子"。无论是"生辰八字"还是汉族大

---

① LGY,非正式访谈,访谈时间:2016 年 2 月 21 日。

年三十的"好日子"某种程度上也是汉文化对当地少数民族文化的影响、互动的结果。

文化传统虽然无时无刻规训着个体,但个体也可以在规训之中形成个体主体的"自我照看的艺术",[①]日常生活就是个体通过日常生活实践"躲避"日常生活中的规训力量。这十多年来,由于村寨主体外出务工,平时村里寂静冷清,除非丧葬这种无法人为掌控的事情,其余人生大事——娶亲、嫁女,全部安排在返乡季进行,只有这个时候才能请到"帮忙"与做客的人,也只有这个时候"办事"才会热热闹闹,于是变成了高密度的奇观式的扎堆结婚。场地、时间、帮忙人手均成为紧缺资源。现在龙村春节"办事"的情况是,先"抢"除夕,不仅是酒席的场地,还有帮忙的人也紧缺,也得先"请"好,给帮忙的女人们送围裙、草帽、袖套等,给掌勺的男厨师送烟、酒,收下谁家礼,证明当天愿意到那家"帮忙"。也有的碍于人情面子不好推脱,一人"帮忙"两家,两处跑。"抢"不到的情况下,才请阿爷或毕摩看日子,另择吉日。当然,也有执着笃信除夕才是最"好日子"的人家,即使"抢"不到除夕的场地和人手,除夕那天也会先举行结婚仪式,先让新娘"进门",举行毕摩念经,男女双方交换母鸡与公鸭,[②]新娘跨红线,给公婆敬酒等当地结婚的礼仪,再择日办理酒席补请亲朋好友。王阿姨在部队当兵的儿子本打算2018年除夕办婚礼,因向部队请假的审批手续批下来得迟,无法确定归期,导致"排队"太晚,婚礼的场地已经占满,但也于除夕先举行了新媳妇"进门"的仪式,算是在"好日子"结了婚,正月初四才摆酒席请亲友。

对待传统可以有"传承""抛弃"或"创新"三种方式,一些文化传统的衰败或源于社会现实互动的断裂,而一些"传统"则会因为关注、参与而被情境化地"被发明"与创造。"被发明的传统意味着

---

① 汪民安主编:《文化研究关键词》,南京:江苏人民出版社,2007年,第271页。
② 结婚仪式中新娘"进门"的一个程序,新娘带来母鸡和新郎的公鸭交换,毕摩LMSE告诉我,可以理解为汉族结婚交换结婚戒指。

一整套通常由已被公开或私下接受的规则所控制的时间活动,具有一种仪式或象征特性。"①研究彝族、哈尼族的节日民俗文化的文献上记载了红河县哈尼族、彝族的一些传统年节礼仪,比如颂唱《砍年柴歌》砍年柴,舂糯米糍粑,上山接年神,杀鸡祭神祖、杀年猪祭神祖等等,②除有很少人家的老人还舂糯米糍粑外,我2015—2017连续三年春节对乐乡几个村的田野调查并没有看到其余的年节礼仪。当地80后、90后对这些传统年节礼仪或没有印象,或者完全没有参与经历过。60后、70后回答大致都是:"以前兴,现在忙不得了。"③的确,就几年的观察,春节期间山腰的龙村、布村女人们赶场似的"帮忙",男人们喝酒吃烧烤,一直吃到深夜。

山顶的兴村,白天和龙村、布村一样,满眼望去全是酒席,只是多了一项:正月初三举行比赛,男的篮球比赛,女的歌舞比赛。分成三个队,在昆明打工的组成"昆明队",在红河州打工的组成"红河队",没有外出打工留在本地的组成"老年协会队"。晚间则再搭起篝火围起大圆圈跳乐作舞,跳流行歌曲伴奏的广场舞,《甘心情愿》和《油菜花儿黄》等曲子最受欢迎,属必跳的曲目。其中由兴村小学的小学生穿上哈尼族服饰化身"篮球宝贝",带有现代舞动作的《小苹果》成为篮球比赛中场休息的"啦啦队表演"(图3-10,图3-11)。

人类学的传播论(diffusionism)认为文化变迁(cultural change)的过程主要是文化采借(cultural borrowing)的结果,"在任何一个国家,都市与乡村都代表着不同的社会体系,当人口,产品,影像与信息从某处流到另一处时,移民者将乡村的行为与信仰带到都市,并将都市的行为模式带到家乡,文化传播或采借(cultural

---

① [英]霍布斯鲍姆(Hobsbam, E.)《传统的发明》,顾杭、庞冠群译,南京:译林出版社,2004年,第2页。
② 龙倮贵:《红河彝族传统节日研究》,北京,中国社会科学出版社,2016年,第32—38页。
③ WSM,非正式访谈,2017年2月20日。

borrowing）就发生了。"①兴村这些比赛项目是2012年春节兴起的，并非所谓"传统"，从比赛组队的方式，广场舞，篮球宝贝的啦啦队表演均可以看出受到城市文化及外出务工的影响。文化传播和采借是一个过程，在放弃一些老"传统"的同时又生产出新的"传统"。

图3-11　兴村篮球比赛间隙的拉拉队表演

图3-12　兴村小学生跳《小苹果》

拍摄时间：2015年2月21日

兴村大年初三的篮球比赛、歌舞比赛，晚上的篝火晚会，都有乡村摄影师拍摄，之前是制作光盘，2016年后则放在了优酷视频上。同样的，整个结婚过程，包括接新娘、毕摩祝福、进家门、敬酒、闹新房等所有流程也有乡村摄影师拍摄，制作光盘且将视频放到专业视频网站，网站链接又在各个微信群、朋友圈转发。除此还有到场的人随手用手机拍摄的图片、小视频会同步在微信群、朋友圈"直播"，各种"素材"不断拼贴、叠加，无限接近"还原"事件的现场。每个人都是素材的提供者、事件的参与者、还原者。当你身处物理空间的婚礼现场，打开手机微信群、朋友圈又有不同的人从各自的角度重塑一个"现场"。人借由手机成为实体空间与虚拟空间的交互界面。

为了适应外出打工的现实情境，既无法改变回乡归期，又要完成人生大事，便集体上演了春节扎堆结婚的仪式奇观；"八字相克"情侣权宜性的，"临场发挥"似的选择的结婚时间，被演变、生成、创造

---

① ［美］康拉德·飞利浦·科塔克：《文化人类学欣赏文化差异》，周云水译，北京：中国人民大学出版社，2012年，第98页。

成了一个万中无一宜嫁娶的"好日子",具有一种颠覆的创造性,并得到所属群体与"文化权威"人士的默认。例如负责主持结婚仪式为新人念经祈福的毕摩也乐于接受这一"传统"。他们主持一场结婚仪式有一斤红米,一只公鸡,一只鸭和160元—660元不等的酬金,年三十成为一年中最忙碌的一天,赶场主持七八场婚礼是常事。主持阿香婚礼的毕摩告诉我:"忙完这个月我可以休息一年了。"①

文化传统并非固定不变,可以结合具体场景,在实践中开发、挪移、改造再生产。"由于世人在不断变迁的历史环境中重新发明他们的文化,因此,世人的文化就必须不断地被重新探讨。"②我关注的这一哈尼族彝族农民工群体,无论在乡村还是在城市,并没有被社会结构和文化传统所束缚,具有在现实时空情境中创造行为逻辑的生命力,进行主体性实践和自我话语建构的能力,他们"采用的并非现成的行事规则或脚本,而是临场发挥的行事步骤,是对某时某地既有结构性规则的颠覆,又是对该时该地潜力的挖掘和明示。"③他们在城乡流动过程中既受到限制也同时通过日常生活实践,生产出既符合现实情境又与地方文化融为一体的新的文化、新的意义、新的传统。

二、"小年轻"的亚文化拼贴空间

春节期间,村委会不仅要协调扎堆结婚导致的摆酒场地的"争夺"问题,回乡年轻人的摩托车、微型车似乎也是一大麻烦。龙村村委会公告栏贴了一张由乐乡乡政府下发,龙村负责人签字盖章的安全责任书,全文如下:

---

① LMSE,非正式访谈,2017年2月21日。
② [美]康拉德·飞利浦·科塔克:《文化人类学欣赏文化差异》,周云水译,北京:中国人民大学出版社,2012年,第7页。
③ 潘忠党、於红梅:《阈限性与城市空间的潜能——一个重新想象传播的维度》,《开放时代》2015年第3期。

乐乡春节期间道路交通安全责任书

为加强我乡道路交通安全监督,维护交通秩序,预防减少交通事故,特别是重大事故的发生,充分保障人民群众生命财产安全,欢度春节。以村委会主任为主要负责人,村委会交通安全员和村小组组长为工作员,切实做好对村委会辖区内道路安全的监督和管理,扎实抓好落实以下几点:

1. 做好村委会辖区内机动车,驾驶员的登记并建立相关台账。

2. 做好村委会辖区内群众的道路交通安全知识宣传、教育和培训。

3. 做好村委会辖区内报废车辆、无牌无证机动车上道路行驶的防范和管理工作。

4. 督促村委会辖区内办理落户、驾驶证、拍照、检审、相关保险等有效手续工作。

5. 杜绝村委会辖区内,机动车违法载人,机动车人货混装。

乐乡人民政府　龙村村委会
负责人:CWS2015 年 1 月 28 日

显然,这一张安全责任书是针对春节期间的交通安全问题下发的。不管这样的安全责任书能起多大的作用,但似乎可以反证,春节期间乐乡交通事故多发。不管是乐乡政府所在地的依镇,还是龙村、布村、兴村等几个村寨,随处可见骑得飞快的摩托车,伴随着飘过的是车载音响发出的震天响的音乐。各色摩托车,一辆又一辆,如同以往农户家的牛马一般,卧在房前屋后,牌照号显示来自云南各州市。飞驰的摩托车上有时大人小孩坐四五个。摆酒席本就拥堵的村道，随着摩托车和一些微型车的加入，更加混乱不堪。对于这样一纸安全责任书，签了字的村委会负责人常主任说：

> "那些小年轻回来了嘛，骑摩托横冲直撞，人家牌子也不是在这里上的，给有驾驶证也认不得。微型车挤好多人，大货车后面坐人甩下来的也有，头疼得很。前几天有个骑摩托的从依镇搭车拉2个人上来20块钱一个人，翻在梯田里，3个人都还在医院躺起，年也过不成了。我们也没办法，那些小年轻平时村子见不到，过年通通回来了，年纪小点的我们也认不得了，也不好管，看拉的人多说一下，也只能这种了。"①

打工回来的青年带来的不仅是横冲直撞的摩托以及伴随的多发事故，他们还在春节期间生产了属于他们自己的空间。

常主任口中说的"小年轻"们，主要指出生于20世纪80年代末，90年代出生的男青年。他们除了带有炫技性质的村道上飙得飞快的摩托及摩托音响发出的几近噪音的音乐作为标识外，外形上也独树一帜：牛仔裤、T恤、夹克、纹身、发型夸张，类似人们常说的"杀马特"，这算是他们"展示（represent）日常生活的'有意味的形式'……特定生活方式的符号系统——'风格'（style）"，②和全是少数民族服饰的妇女以及朴实的以青黑色为主的中年男性着装显得格格不入。如果说春节期间村寨里的人忙着做客、吃酒、"帮忙"算是这个村寨的主流文化，那么这些打工回来的"小年轻"们则创造了一种属于他们自己的亚文化空间，拼贴在这个少数民族村寨的传统主流空间之中。在亚文化与生活方式的研究中，拼贴（bricolage）指"一种即兴或改变的文化过程，客体、符号或行为由此被

---

① CWS，访谈时间，2015年2月17日。
② [英]斯图亚特·霍尔，托尼·杰斐逊：《通过仪式抵抗：战后英国的青年亚文化》，孟登迎、胡疆锋、王蕙译，北京：中国青年出版社，2015年，第15页。

移植到不同意义与文化背景之中,从而获得新的意味。"①他们成群闲游乱逛,除了吃饭的席间偶尔见到外,并不会出现在"帮忙"的队列中,也不会待在家。他们有自己活动的场所,一种"在一个更大的文化区域当中那些有独特而完整的文化特征的亚区域(sub-division)",②一个属于他们自己的空间。不仅是物理空间,也是属于他们的身份空间与社会空间。建起来还没人住的新房子变成了这些年轻人的桌球室(图 3-13),半成品还没有盖顶的房子因为拉电线方便,装进了游戏机、赌博的老虎机;村道上在摆酒席的空档处,摆上了经改版的简易赌博装置,面红脖子粗的叫嚷着自己压的大小(图 3-12);在龙村与布村交界处有座光秃秃的平滑的石山,是年轻人谈恋爱的"天堂",用手机放着流行音乐,半躺半坐地在上面喝啤酒、聊天、嗑瓜子;晚上的烧烤摊是聚会的场所;蹲在村委会或者阿贵手机店门口蹭 Wi-Fi,用手机打游戏,看视频。在一个场所中主观性的涉入欲望与行动时,也就驱动了空间的生产。他们赋予空间意义,成为新空间的定义者与主导者。

图 3-13　春节期间才有的桌球室　　图 3-14　村道上的赌博场景
拍摄时间:2015 年 2 月 20 日

---

① [美]约翰·弗斯克:《关键概念传播与文化关键词典》,李彬译,北京:新华出版社,2004 年,第 31 页。
② [英]斯图亚特·霍尔,托尼·杰斐逊:《通过仪式抵抗:战后英国的青年亚文化》,孟登迎等译,北京:中国青年出版社,2015 年,第 9 页。

"小年轻"一年就春节回乡十多天,他们中的多数,是农民工二代,几乎没有下过田,不会种地,十多岁开始在外打工,和同样外出务工的父母辈对这个村寨的认同感、归属感不一样。他们觉得自己并不属于这里,但也不属于城市,自己也无法说清道明。在昆明某快递公司送快递的阿华告诉我,他解释不清楚为什么要回来,也不喜欢回来,但年年又必须回来:

> "可能就是习惯了,过年我也认不得要去哪里,回家来其实特别无聊了嘛,回来也是玩手机打游戏啊这些,要么和他们打牌,玩台球。和他们其实也没啥好吹的,除了小时候一起玩那些,生活太不一样了,没话题了。"①

于阿华而言,春节回村只是一种无法解释的习惯,即使和曾经一起长大的同伴们,也因各自人生际遇与城市生活的不同而缺少了共同的话题。

在昆明长水机场做地勤的阿九说,他的这些小伙伴是回来要钱的,但他是回来挣钱的。每年春节他在自己家门口支起个烧烤摊,从石屏批发豆腐回来,烤豆腐,烤肉,卖啤酒,晚上八九点开卖,夜里三四点收摊,每年回来十多天就卖十多天的烧烤"赚赚钱我就走了,你要让我住上一个月我要疯的,不习惯了。你看他们个个玩得欢,也就几天,喊他们多住几天试试看,不可能的"。②

"日常生活空间仍然是一个有机会利用可能的资源来进行创造的场所。消费者通过采用流动的、非正式化的实践来进行创造性的生产。"③哈尼族、彝族村寨文化观念在这一年轻群体中正在式微,城市习得文化日益占满"小年轻"们的精神生活,各自身上带着

---

① BJH,正式访谈,访谈时间2017年2月20日。
② LSJ,正式访谈,访谈时间2016年2月21日。
③ 吴飞:《"空间实践"与诗意的抵抗——解读米歇尔·德塞图的日常生活实践理论》,《社会学研究》2009年第2期。

所在城市或五光十色或心酸苦楚的印记,和这个村寨已经无法再完全融合,甚至格格不入。于是,他们干脆无论在外显的视觉上还是行为模式上,都以一种极端的符号化方式创造属于自己的空间,宣示自己的存在。"每个人的行为都是在试图解决自己在社会中遭遇的各种麻烦问题……核心问题就是地位挫败(status frustration)带来的苦恼,而这些青少年形成的亚文化就是他们解决地位挫败问题的特有方式"。①"小年轻"们通过日常生活实践,改变原有的空间安排建构了一种新的短暂的、碎片化的、混杂性的仅仅属于村寨春节又和村寨民族文化存在异质性的亚文化拼贴空间,表达他们的需求,缓解身份认同的困惑。日常生活实践提供了取得认同身份的表演场所,"小年轻"们可以借由空间进行主体性的身份建构,主动规划、创造一种新的身份空间,完成自我与他人的社会建构。

第三节 裹挟于社会转型中的村寨变迁

改革开放和现代化进程的加快,传统的乡村结构发生变迁。自20世纪80年代起,农村青壮年劳动力即农村人口的主体部分开始陆续外出打工。调查显示,外流劳动比例为51%—75%的村庄,在全国占17.4%,除6.5%的村庄外,其余村庄均有不同程度的人员外流,②出现了越来越多的"空心村""候鸟村"。远在云南的少数民族村寨也概莫能外。国家实行农村土地流转政策后,打工者没了土地的牵挂,在可以在外放手拼搏的同时,也几乎失去了回归乡村的最后一重保障。

---

① [英]斯图亚特·霍尔,托尼·杰斐逊编:《通过仪式抵抗:战后英国的青年亚文化》,孟登迎等译,北京:中国青年出版社,2015年,第10页。
② 陆益龙:《后乡土中国》,北京:商务印书馆,2017年,第57页。

一、"空心村"的日常

2016年8月—9月中旬我在龙村,见到了一个和春节返乡季完全不一样的日常生活图景。

土地没有完全流转出去尚有余田的村民们,早晨7点多已吃过早饭下梯田干活。晨间最清脆的声音便是村民赶的马车、牛车发出的叮叮当当的声响。下午四五点赶车回家,做饭、吃饭,晚上在大水井边聊天。七八十岁无法劳作的老人们则整天坐在村道上晒太阳聊天(图3-15),傍边常依偎着一条半眯着眼睛的大狗。白天,龙村上空飘荡的除了村小学的上课铃声和孩子们的读书声外,就只剩下鸡鸣和犬吠。

> "合作化和七八、七九年家庭联产承包责任制的时候,八二三年、八五六年那些年太热闹了。后来外面发展快了,要小工多,就出去了,外面赚的也多点。一个带一个,你喊我,我喊你,村子里头的人就一年比一年少了。"[1]

春节期间,家家户户忙着嫁娶,所需食物早已各自安排备下了,给人物质充裕、应有尽有之感,我想当然地以为蔬菜、肉食皆来自本村。直到非返乡季的八九月,才识庐山真面目。这次田野前,王阿姨和我说,这个时候回去会有点辛苦,不比昆明,出门什么小菜都买得到。我只当她和我说笑,觉得农村最不缺的不就是"小菜"吗?可事实却是,整个龙村流转出去的土地全部种植经济作物,剩下的地里除少数的水田种稻米外,并不种蔬菜,主要种包谷,用途是作为猪、鸡的饲料。头脑活泛,有酿酒技术的,则先用包谷酿酒,再用酒糟喂猪。

---

[1] CWS,正式访谈,2016年9月2日。

图 3-15　村道上聊天的老人
拍摄时间：2016 年 8 月 30 日

图 3-16　龙村菜市场
拍摄时间：2016 年 9 月 13 日

村里水田产的稻米连本村人都无法完全供给，需要用现金购买补充。

"几个村就那个稻谷地，不够吃，大多都是外面买了，市场上做生意的天干,大车拉进来卖,菜也是外面拉进来。我家这两年都买米吃了,我都三年四年没挖田了。"①

村里人日常所需的大米、蔬菜,天干时由大货车拉入村里,每周只有周二、周三两天可以购买(图 3-15),村民们需在这两天买够一周所需要的蔬菜。而且还得看天公是否作美,如果雨水天山路泥泞,运蔬菜的大车进不了村,自然也就没有蔬菜食用,连葱姜蒜都没有,这和在城市里菜市场关门的效果相差无几。这完全颠覆了我之前对乡村的想象,但也有悖于城市生活。

人类学家顾定国(Gregory Guldin)在对中国南部个案研究后发现,村庄变得更像市场和乡镇,乡村就地把他们"移民"为"城里人"。② 即使"不曾移民,但被卷入城市化,他们的生活被颠覆,即便仍留在他们的出生之地"。③ 处于转型期的大背景之下,少数民族村寨不可能再是与世隔绝的原生态之地。封闭性、农耕性、自给自足性,自己种自己吃,城里人想象的生态健康、甘其食,安其居的田园牧歌式的村寨生活,至少在这个少数民族寨子里已经荡然无存。而当地村民,也将适应并实现这种生活方式,生存方式的转变。

二、拉开的贫富差距

村寨正经历新一轮的洗牌,贫富差距逐渐拉大,决定因素主要是一个家庭有几人外出务工,越多则越富。在昆明打工的这一群体,2015 年—2017 年平均工资④是 2500 元/月。比如从事人群最多的"工种":给餐厅洗碗,一般是 1800 元—2000 元/月;导车员

---

① CWS,正式访谈,2016 年 9 月 2 日。
② 顾定国:《农民何处去》,转引自[美]迈克·戴维斯《布满平民窟的星球》,潘纯琳译,北京:中信出版社,2017 年,第 11 页。
③ [美]迈克·戴维斯《布满平民窟的星球》,潘纯琳译,北京:中信出版社,2017 年,第 11 页。
④ 这一数据综合了对研究对象的访谈及贴在各餐馆茶楼等他们打工场所招聘启事上所标识的工资。

2500元/月;KTV、茶室等场所保洁2000元/月;保姆,2500元—3500元/月;托运部搬运,视每月搬运的货物量不同收入有所差别,约3000元—4000元不等。也就是说,如果夫妻双方均在昆打工,每年约有5万元左右的现金收入,因打工场所一般"包吃",所以只需扣除房租、①手机话费、②人情来往③等硬性开销,一年可以有约3万元纯收入。

而一个家庭无人外出务工,自己身体差点的老年人只能靠低保过活。村寨里共存的几种不同的家庭住房:土墙茅房、土木瓦房(图3-17)、土掌房、砖木瓦房、三四层楼带天台的钢筋混凝土小洋楼均在言说着这种变化中的差距。房屋内的家具、电器、日常生活用品展现着村落内部的分层。

> "龙村一半多将近三分之二的人都外出务工了,还都是青壮年劳力,除极个别家庭还全部留在农村,绝大多数一个家庭至少大半都出去了,好些有条件的娃娃都带去了。打工出去好,带现金回来了,对整个村的发展是好的。最起码在外打工六七年,新房子怕是建不起来的。你看,村子里面好点的房子,都是外出务工劳务输出后,挣钱回来翻修或者另找宅基地重建的。在地方干活计能盖新房?不可能。现在村子里面哪家日子好过,哪家不好就看你家有的起几个人出去找钱了。"④

---

① 他们群居的昆明城中村和村,一般租80元/月—300元/月等级的中下等出租屋。无卫生间的单间80元—100元/月;夫妻二人一般租一室一厅带卫生间的,租金150元/月左右;夫妻连同子女两代人居住,两室一厅的约300元/月左右。

② 手机话费有明显的代际差异,四五十岁的中年人,手机费约100元/月;80、90后,因下班后打游戏、看视频等流量消耗大,手机费一般在200元/月以上。白天上班打工的地方一般有WI-Fi。

③ 大多数访谈者表示,日常开销中,最大的一笔就是"人情来往",婚丧嫁娶等等均要送钱。

④ 对龙村村支书MGX访谈,时间:2016年8月30日,地点:村委会。

王阿姨家老房子是当地典型的人畜混住"土掌房"(图3-18)。典籍记载了土掌房的形貌:

"窝泥……多居深山,屋如棚,竹笆做楼,名为土掌。人住其上,牲畜在下。掌之中央设火塘,蒸火其中。"①

图 3-17　某"低保户"的土木瓦房
拍摄时间:2016 年 9 月 4 日

堂屋已经被火塘的烟熏得黑漆漆的看不出墙体本身的颜色,点着 15 瓦的灯泡,有个 14 寸的电视。堂屋旁的耳房,公公婆婆居住。耳房一边有楼,楼下关猪与鸡鸭,楼上是"主卧房",住王阿姨夫妻。我田野调查期间让给我住了。卧房和下面关牲畜的圈之间仅隔着约 15 厘米厚的水泥板,走在上面颤颤巍巍,有多处裂缝,从二指宽的缝隙可以清楚地看到下面猪、鸡、旱鸭的活动。墙体的木板年久失修已经歪斜,咬合不严多处漏风,屋顶有两处会漏雨。据王阿姨说,在十多前年,她家这样的房子属于龙村中等水平,因为还有很多茅草房和土墙茅房。

---

① 《民族问题五种丛书》云南省编缉委员会编:《哈尼族社会历史调查》,北京:民族出版社,2009 年,第 26 页。

2015年春节期间,龙村土掌房、砖木瓦房、土木瓦房还占到一半左右。但每次去都会少一些,每次去都能见到有人家在忙着建新房。① 2016年8—9月的田野调查,我已经住进了王阿姨家3层楼的钢筋混凝土新房(图3-19),而这几乎花完了他们夫妻外出打工十多年的积蓄。

图3-18 王阿姨家的老房子
拍摄时间:2015年2月16日

图3-19 王阿姨家2016年4月完工的新房
拍摄时间:2016年8月29日

---

① 2018年春节,整个龙村已经约有70%的农户已经正在建或已经建成了钢筋水泥2层以上的砖房。

龙村支书马书记和我讲述了这些年村寨青壮年外出打工后，村寨的变化及因此拉开的贫富差距。外出务工人员带回来的现金是当地家庭的主要收入来源。一个家庭如果无任何成员外出务工，身体条件再差一些的就可能"吃盐巴都成问题"。

"现在外出务工的多了，大部分过日子差不多了，也见世面了。十几年前，2003年嘛，推平通往甘蔗地的土路时，连挖机都没有，是用推土机推平，推土机的师傅是嵩明请来的，看不起我们说'你们比我们还差了十年的水平，你们使劲跑再跑十年才能达到我们的水平，但那个时候我们已经更好了'。村里七八十岁的老人，推土机推到哪里，瞧到哪里，没见过这种稀奇的东西。从干活计的地方拉东西回来，之前全部是人背马驮，最近村间小路基本修通，除非雨季还需要人背马驮外，拖拉机、三轮摩托可以跑了。我们这里山区，环山走，你看上去没多远，一两百米，走下来要一两个小时。

整个红河县，把劳务输出作为脱贫的关键因素，我们也是大力提倡出去，特别是年轻人闯闯。就像我，村公所是派出机构，半脱产，一个月工资1450元，年轻力壮的时候'陷死'在这点了，现在老了出去打工也没人要了。如果再给我选一次，我不留这里的，走出去不说是大老板嘛，生活肯定会更好，现在年轻有为的人都不愿干（村委会工作）了，家里吃的用的都主要靠我老婆煮酒、养猪苦钱。

现在只有出去才有出路了。那些身体不好出不去的，吃盐巴都成问题，占百分之三四，只能靠低保养着。低保有三个档次，C级98元（每月）、B级108元、A级118元，不要看钱不多，那些家庭就只靠吃那点低保了。精准扶贫，说了很多年，但钱一直不到位。龙村总共就340个低保名额,低保户如果自然消亡,名额也就没了,不会在把名额补给村里。2015年前,如果享受低保的人员死亡,低保名额可以由村委会调给其他家庭成员或者其他村民,但2015年后,低保名额随低保享有者的死亡一起消亡。低保引发的矛盾特别大,得吃的高兴了,不得吃的来找我们吵,上面要求我们政策一样,下面的就来争吃打闹。比如全家都达到领取低保的标准,也不会一户评5个,每家只给吃1个,不会一家子5个都得吃。340个名额基本是给老人,还有生病多的家庭。我们都让那些勉强能做点活计的出去找活路,不要窝在村里头等低保。"①

而与此形成反差的是,伴随拉开的贫富差距,村寨掀起的"炫富"风潮。在龙村,除了将打工所得用于大肆建盖楼房,比谁家房子大、楼层高、装修豪,即使一年住不了几日,结婚时彩电、冰箱等电器也要一应俱全;嫁娶比彩礼,你家陪嫁摩托,我家陪嫁汽车,打工所积累的财富需要回乡时全部甚至"超额"展示,称其为莫斯所说的"夸富宴(Potlatch)"②大概也不会言过其实。这不仅是财富的展示,更是声望和地位的象征。这种超额展示既是世俗层面成功、"混得好"的具象化界定,于他们而言,也因得到同村"刮目相看"而获得精神满足。2015年春节大年初二,一户哈尼族人家的婚宴上,一辆崭新还未上牌照,右后视镜上扎着红花的白色现代牌轿车,赫然屹立,非常之耀眼,自然也成为婚宴上议论的焦点。这是龙村第一户嫁女儿陪嫁汽车的。让我震惊的不仅是作为嫁妆的十多万的轿车,更是在进村公路尚未实现路面硬化,又逢连日阴雨山路泥泞的情况下,车是如何"飞"进村的?新娘的父亲后来告诉我,是十几个人用石块、砖头沿路填平坑陷处,推推拉拉才将这辆轿车弄进

---

① MGX,时间:2016年8月30日,地点:村委会。
② 庄孔韶:《人类学概论》,北京:中国人民大学出版社,2006年,第36页。

村,不到7千米的村道"走"了十几个小时。底盘严重损坏,修车花了近1万块。尽管如此大费周折且代价颇大,一家人似乎甘之如饴。只能说,车如果不停在那儿,全村又怎会知道陪嫁了轿车?所谓"富贵不还乡如锦衣夜行"大抵就是这样。同样,城市的打工群体,谁买个名牌手机、电单车,乔迁新居,村里人一样知道,每到一个他们认为高档的地方消费,朋友圈必带定位。通过朋友圈、微信群"混"得好与不好瞬息之间人尽皆知。微信群、朋友圈成为勾连农村和城市的相互展示的最佳载体。

这和传统乡土社会中"财不外露"有些不同,算是社会继替中一种独特的关系建构方式,以此寻求群体认同。这或许也可以解释为农民工身份焦虑造成的社会评价威胁,把自己的尊严完全建立在他人,特别是乡土共同体于己的评价之上。外显的财富能直观而清晰地武装"面子",展示自己的能力,继而得到所属群体的认可。他们的面子,生命价值,人生意义,认同感始终立足于村落共同体,植根于乡土。

三、"退路"在何方?

提供糊口作物、发挥失业保险功能及最后的社会安全网被认为是乡村给外出务工者的三重保障。[①] 贺雪峰说:"正是可以回乡,才为进城的所有人保留了进城失败的退路,从此,我们可以在城市放手一搏。"[②]毫无疑问,耕地是农民的立命之本,诚如费孝通所言"靠土地谋生的人才明白土地的可贵,'土'是命根。"[③]当无地可种,也就失去了最后一重保障,一旦在城市无法立足,没有土地的农民,"退路"在何方?

---

① [加]道格桑德斯:《落脚城市》,陈信宏译,上海:上海译文出版社,2014年,第96—99页。

② 贺雪峰:《序:我们所看到的乡土中国》,贺雪峰主编《回乡记》,北京:东方出版社,2014年,第6页。

③ 费孝通:《乡土中国生育制度》,北京:北京大学出版社,2001年,第7页。

"现在也不存在农忙季节,平常只有白事,亲戚、隔壁邻舍回来帮忙,人才会回来一趟,一两天就走了。村子除了种稻谷的水田,这个是老传统一直在种,不过也就剩你今天拍照那一小块了(图3-20)。还有少部分干地外,差不多全部流转出去了,至少70%,大部分外出务工也就没得土地牵挂了。不存在农闲和农忙了,都不用干活计了。其实2013年开始已经有部分土地出租给老板,没有外出务工的人被老板雇佣后也可以有点收入。大面积流转在14、15年。之前,青壮年出去打工,土地部分给亲戚种植或者租给同村人,还有部分旱地直接干脆放荒。"①

图3-20 龙村仅剩的一片用于种植稻米的梯田
拍摄时间:2016年8月29日

据龙村马支书介绍,20世纪90年代初期,在红河县政府号召下,有适合种植香蕉土地的农户开始小面积种植香蕉,外地老板收购。五六百一吨,作为经济收入补充。2000年后,红河县的13个乡镇,除了六七个高寒乡镇外,其余都按照县委县政府要求统一种植甘蔗、香蕉、木薯等。海拔1000米以下的种甘蔗,1400米左右的种香蕉。对在昆打工群体有关土地问题的访谈也基本佐证了马书记的说法。下面是92年出生的金妹的叙述:

---

① MGX,时间:2016年8月30日,地点:村委会。

"我爹妈在老家没出来,种的米自己吃,包谷喂猪。还种甘蔗,感觉读初中那几年才开始流行起来种这个,还有些家种香蕉。一下子家家户户都在种,这个就是去厂里面卖的,几吨几吨的卖。甘蔗我没吃过。就是专门弄白砂糖之类的那种糖厂。"①

2014年国家土地流转政策②正式实施后,香蕉全面承包给外地老板种植(图3-21),良田800元/亩/年,旱地、荒山、荒地200元/亩,由私人老板和每户出租土地的村民直接签订10—15年不等的土地承包经营权流转合同。2016年初,因位于红河县城的木薯加工厂倒闭无法收购,而导致木薯种植失败全部淘汰。木薯厂由收购甘蔗的糖厂联建。

图3-21　已流转的6000亩香蕉地　　图3-22　已流转的葛根地

拍摄时间:2016年9月1日

2016年八九月间,龙村、然村、布村的梯田种满了葛根(图3-22),同样是在红河县县委县政府号召下种植,且已经第五个年头,以"土地流转"的方式以100元/亩/年出租给福建老板。100元/亩这样极低的租赁价格,马书记说是全村开会讨论投票同意的,承租

---

① HJM,正式访谈,时间2016年6月12日。地点,餐馆分配宿舍。

② 2014年,中共中央办公厅、国务院办公厅印发了《关于引导农村土地经营权有序流转发展农业适度规模经营的意见》,要求各地区各部门结合实际认真贯彻执行,要求大力发展土地流转和适度规模经营,五年内完成承包经营权确权。中央政府门户网站:http://www.gov.cn/xinwen/2014—11/20/content_2781544.htm

的老板答应推通到葛根基地的土路,即以修缮通往葛根地的小路作为另一种"补给"。全程约30千米,在天干不下雨的情况下牛马车、摩托车、拖拉机基本可达。我在去往葛根地的路上,确实看到有推土机在作业。马书记强调,所有"土地流转"的租金不用经村委会,而由租赁老板以一年一付的形式直接给村民,但拖欠租金的情况也时有发生。

葛根生长周期一般是3—5年,2016年第一批葛根已经完全成熟,但葛根厂尚未建成。马书记苦笑道:"只能让葛根在地里头等着了嘛,什么时候厂建起来,什么时候收,等不到那一天就只能烂地里了。"①岂料,一语成谶,2017年春节,葛根已几乎全部烂在了地里。而到了2017年11月,种植葛根的半山梯田已经变成了漫山遍野的板蓝根。② 这样频繁地更换作物,连任五届并已辞去龙村村委会主任职务的常伟生似乎已经见怪不怪,他向我解释道:

> "我给你讲嘛,以前上面换一批领导,就换一种作物种,一茬一茬的,就看领导的朋友是开木薯厂还是开糖厂了。不过,这个现在已经不是重点了,主要是地,个晓得?是集中起来的大片土地,只要有农村土地流转经营权证,地不放荒,上面一直种得有东西,就可以用地找银行抵押贷款了。"③

对乐乡的村民而言,"土地流转"一方面,让外出务工人员更加了无牵挂,放手在外打工拼搏;另一方面,也让他们失去了打工失败退守乡村的最后一重保障。在土地流转后,靠土地生活的这重保障无疑是不存在的。一份2013年11月的《红河州农村土地承包

---

① MGX,时间:2016年9月1日。
② 2017年11月3日见微信群里有人发大片板蓝根的小视频后,我用微信对龙村村委会前主任CWS进行访谈,证实原来种植葛根的地已全部更换为板蓝根。
③ CWS,微信访谈。时间:2017年11月3日。

经营权登记摸底公示表》①显示，农户拥有的土地（包括水田、干田、地、旱地）最多的有 5.31 亩，最少的农户 1 亩不到，有 2—3 亩的农户居多。② 据此，无论是最高的 800 元/亩/年，还是 100 元/亩/年，仅靠土地流转的租金，杯水车薪，基本无力支撑一户人家在龙村的生活开支。龙村菜市场每周二、周三所售菜价因运输等原因比红河县城的菜市场还贵不少。

在访谈中谈到"未来"，80、90 后的年轻人几乎没想过这个他们认为还"很长远"的问题。于他们，打工不仅是谋生手段，更是一种生活方式与见世面开眼界的途径。

四五十岁的第一代外出务工者，并没有在昆明或其它打工城市留下的打算，现实情况也不允许他们留下。他们都说要回乡养老，但以何养老？他们自己并没有明确的打算。土地流转合同签订的租期一般是 10—15 年，待可以收回土地时，他们或已没有了下地的体力。即便有，时移世易，靠几亩土地刨食谋生的可能性并不大。再者，如果当初土地真能给他们想要的生活，他们大抵也不会背井离乡外出务工了。

第一代外出务工者，回乡创业，无论年龄、精力、经验、知识水平都是无形的制约。③ 返乡创业成功的阿文和阿贵均是 80 后，分别有中专和高中学历，有在珠三角工厂打工的经历。如他们这般返乡创业成功开养猪场、开手机店并可以在当地维持较好的生活水准的家庭屈指可数。多数农民工返乡待一段时间后不得不再次外出务工谋生。乡村已经无法提供保障基本生活所需的持续经济来源。这一批 50 岁左右的第一代农民工文盲半文盲居多，④多在

---

① 龙村村委会资料。

② 在对在昆打工那部分农民工的半结构式访谈中，设计了有关于土地拥有量的问题。就回答情况看，也基本是每户 2—3 亩/户居多。

③ 有学者对民族地区农民工返乡创业研究指出："资金、技术、行政支持、金融支持是制约农民工创业的主要因素。"参见姚上海：《民族地区农民工返乡创业行为理论及实证研究》，世界图书出版广东有限公司，2012 年，第 77—94 页。

④ 参见附录《主要报考人基本情况》。

昆明从事餐厅洒扫、托运部搬运工作,谈不上可以利用打工习得谋生的知识技能和经验。而打工数载挣下的钱,几乎全被用于回乡建造新房。

红河州自2013年启动"美丽家园"计划,①每户补助3万元用于建设新房。②根据相关政策,如果不建房就无法领取这3万块。所以,那些原本没有打算,或至少近几年没打算翻新或建新房的村民,为了这3万块的补助也开始在限期内"大兴土木",加入村寨建房大军。建新房虽可以领取政府3万元建房补助,但同时也耗尽打工数年攒下的所有积蓄。在龙村,修建约100平米/层,3层钢筋混泥土砖房,再加上基本装修最少需要花费约10—15万元。③债台高筑修新房,修到一半没有钱了,停工,返城打工攒点钱再继续修是常态。他们大抵也可算作乡村另一种形式的"房奴"了。这其中有国家的政策④推动,也有个人"落叶归根"、相互攀比等心理因素作祟。

把毕生所有倾注于村寨里的房子,他们的根,生命价值,人生意义,也就始终立足于村落共同体,植根于乡土。但在乡村没有土地,没有积蓄,没有低保,没有看家技能,⑤也无创业能力与机遇,这一少数民族农民工群体又不得不依附于城市,"在哪家我就一直

---

① 2013年5月29日,红河州委州政府决定在2013—2020年用8年的时间围绕"宜居红河美丽家园"为主题启动实施以"房""村""镇""城"建设改在为主要内容的"美丽家园行动计划",即计划用8年的时间完成危房拆除重建和旧房改造提升50万户,建设6800个秀美村庄和140个特色集镇。参见孙立新、王仕铭:《边疆民族地区民生问题可持续发展专题研究:基于红河州的实证调查》,北京:中国社会科学出版社,2017年,第44—81页。

② 乐乡6个行政村均按照每户3万元的标准补助。

③ 这个数据是龙村的建房花销。龙村进村村道难行,运输修建和装修材料的运费远高于兴村等其它几个路面已经硬化的行政村。

④ 有学者认为,将"乡村建设"引向"乡村建筑""乡村规划"的狭小领域,是决策者"城市思维""水泥思维""短平快"思维所致,是新一轮的折腾,而非真正的协助农民进行根本性的改善与工作。参见邱建生:《乡村振兴,别成为新一轮的折腾》,载微信公号:《乡村建设研究》,2018年2月6日推送。

⑤ 例如建筑、装修、裁缝制衣、兽医等技能。

干,干不动了,人家也不要了我才回家"。① 或许是他们目前唯一能做的。继续流动于城乡之间,不断在城市挣钱又不断地输送到乡村。当然,我希望可以将这种现象乐观的阐释为:鸟儿远离巢穴,证明具备振翅高飞,向外觅食的能力,在乡村筑地固巢,正是外出打工者将"根"与希望留在乡村,"飞出"很大程度上是为了更好地"回巢",村庄平日的空落,也许不意味着永远的"空心"。

小　结

从乐乡的自然资源条件、交通等因素和经济发展状况来看,外出务工几乎是必然选择,对当地转移劳动力,改善生活条件起到了积极的作用。

手机运营商村级服务站网络的完备和移动 4G 网络的完善,国产手机的低廉化和山寨手机的加入,智能手机已跃为村寨"第一媒体",为和外出打工的乡村主体联系、沟通,构筑新的社会网络空间奠定了基础。作为农村主体的青壮年劳动力大量外出打工,因为智能手机及微信等软件的普及,无论是打工输出地的乡村空间,还是输入地的城市空间,经由手机使得社会关系、社会结构重构成为可能。

外出务工所得现金也成为当地主要收入来源,而打工所得又几乎用于兴建房屋,将"根"留在了乡村,也因打工形成明显的贫富差距,村寨经历新一轮洗牌。由于村寨主体的外出务工,也就形成了两幅完全不一样的日常生活图景,春节返乡季的热闹喧嚣与"空心村"的落寞寂寥。为了适应外出打工的现实情境,既无法改变回乡归期,又要完成人生大事,便上演了春节扎堆结婚的奇观。"八字相克"情侣权宜性地,"临场发挥"地选择的结婚时间——除夕,被演变、生成、创造成了一个万中无一宜嫁娶的"好日子"。他们在

---

① CDM,正式访谈,时间:2016 年 6 月 17 日,地点:打工餐厅门口。

城乡流动过程中既受到限制也同时通过日常生活实践,生产出既符合现实情境又与地方文化融为一体的新的文化、新的意义、新的传统。

哈尼族、彝族村寨文化观念在农民工二代的"小年轻"中正在式微,城市习得文化日益占满他们的精神生活,各自身上带着所在城市的印记,已经无法完全融入村寨。他们无论在视觉上还是行为模式上,都以一种极端的符号化方式创造属于同一群体的拼贴于村寨的亚文化空间,以宣示存在,表达需求,缓解身份认同的困惑。

"土地流转"政策的实施,使外出务工者彻底没了对土地的牵挂,但也失去了退守农村的保障。同时,流转土地全部用于种植经济作物,乡村日常食物需要从外面输送入村,用打工带回的现金购买。农耕性、封闭性、自给自足的少数民族村寨生活已经被瓦解。对大多数第一代农民工而言,缺乏返乡创业的知识、经验、能力,外出务工、依附城市几乎是唯一出路。

第四章　城市日常生活空间生产

"现在,在我心中掠过一丝灵感,我要写一个'我'字,写在所有东西上面,再也没有人可以阻止我做什么了。我想要这样做。"①

——德塞托和贾尔

加芬克尔认为,日常生活是寻常(ordinary)、有序(orderly)、可描述(describable)、可说明(accountablility)、可观察报告(observable reportable)的。② 这一在昆明打工的哈尼族彝族农民工群体在城市空间的日常生活,可以用千篇一律的工作与丰富多彩的休闲娱乐两个方面来总结。

第一节　碎片空间

"洗碗"是女性打工者从事最多的"工种"。她们每天的日常,如一位访谈对象所说的:

---

① ［英］本·海默尔:《日常生活与文化理论》,周宪、许钧主编,王志宏译,北京:商务印书馆,2008年,第287页。
② ［美］迈克·林奇:《科学实践与日常生活——常人方法论与对科学的社会研究》,邢冬梅译,南京:苏州大学出版社,2010年,第29页。

"早上八点多起床,九点钟就出门去餐厅,九点半点名。开始捡菜,打扫卫生,包装一些碗啊,筷子啊之类的,十点左右开始吃早饭,之后就等着营业。中午饭结束后开始洗碗。下午两点左右就休息了,就去和老乡玩了。四点半左右开始上班,点名,然后吃晚饭,吃完差不多五点开始营业。客人边吃(我们)就边洗碗,一直到九十点。有时候老板让厨房煮点米线、面条给我们当宵夜。吃完回去洗洗就睡觉。每天都是这样,上班、吃饭、睡觉,无聊得很。也没有假期,一个月可以休两天,但不能全天休,要半天、半天的休,早上不去了就下午去,下午不去了早上就要去。"①

　　男性打工者从事最多的"工种",是被他们称为"托运部"的工作。地点主要集中在和村(图4-1)外围数十个规模较小的物流托运点,负责上货和卸货,一般有一个工头领着七八个人为一个组(图4-2),以装卸一辆车的货算钱,然后由工头分给自己的组员。常文财是其中一个工头,手下有8个人,来自乐乡的布村、龙村。

　　"我们就是靠力气吃饭。前几年年轻身体好,这几年搬搬东西腰杆疼。有时候一天有一车,有时候几天才有一车货。有货的时候搬一天回去倒头就睡着了,啥都不想干了。没货搬的时候就过去找他们玩,在这边也无聊。"②

---

① WJY,正式访谈,2016年11月12日。
② CWC,正式访谈,2016年7月10日,地点:和村。

图 4-1　和村卫星图
资料来源：谷歌卫星地图

图 4-2　常文财和工友在和村某托运部卸货
拍摄时间：2016 年 11 月 12 日

常文财所说的"过去找他们玩"就是到国际贸易会展中心附近和老乡们聚会。他的妻子在附近餐馆"洗碗"。距离和村的某"托运部"约 2 千米，骑电动摩托不用十分钟就到了。

不管是男性还是女性打工者对自己的工作都谈不上满意或喜

欢,打工仅仅是谋生的手段,"好玩"是他们选择工作点的重要考量因素。

> "挖地不爱挖就来这里洗碗,这一片都是老乡,好玩一点,挖田么不好干,钱也没有几个,就在这里干了。"①

他们都不太喜欢聊自己的工作,认为"天天一样很无聊,没什么好讲的"。几乎不在朋友圈发穿工作制服、在工作场景或以工作为背景的照片。"无聊"是他们形容工作用得最多的词。

彝族哈尼族村寨生活充满矛盾和多样性,但总体较之城市来说是"有机的",人与人之间社会关系紧密,生活劳作空间有区隔但相连。他们来到城市,工作和生活空间隔离,"人对事物的体验也完全改变了,最突出的特征就是失去了完整性和连续性,原初人类在大地劳作或进行手工制作时所经历的完整过程,被重复和局部的劳作所替代",②呈现一种"碎片(Fragment)"化状态。他们觉得"无聊"也就完全可以理解了。

不仅是在昆明打工的这一群体,远在广东化妆品厂流水线上工作的阿芝则更能体会这种"一个生产线上的工人只是一部大机器上的附件,被锁定在一种功能"③的更彻底的"碎片"化工作:

> "我在惠州的一个化妆品厂做包装工作。就是给擦脸那个瓶子一个个装在纸盒子里,盒子是平的,要打开折好,瓶子装进去又盖好。一天下来要装几千个吧,反正开始的时候手经常都会抽筋,第二天手指都觉得不会动了,

---

① CDM,正式访谈,2015 年 6 月 17 日,地点:打工餐馆门口。
② 郭军:《碎片(Fragment)》,载汪民安主编《文化研究关键词》,南京:江苏人民出版社,2007 年,第 324—325 页。
③ 郭军:《碎片(Fragment)》,载汪民安主编《文化研究关键词》,南京:江苏人民出版社,2007 年,第 325 页。

要活动半天又才能动。工厂是计件算工资,我手脚快,一个月连上加班费全勤奖什么的有 3000 多元,最多的一个月有 4000 元,还不错了。就是上班的时候太无聊了,手不停地做,要戴口罩也不能讲话。还有在这边天气太热了,我们包装车间都没有空调的,灌装车间有空调,老板怕化妆品坏掉嘛,就是把化妆品那膏体装在瓶子里面,他们是用机器操作,所以也不咋个累,工资还比我们高。其实还不是关系,老板是广东的,但是厂长副厂长一个是湖南的,一个是四川的,好车间的都是他们老乡在,连班组长也是他们老乡。"①

从阿芝的叙述中,在省外工厂存在族群区隔与地缘关系网络,因为被认定没技术而无法进入工资高且工作环境好的车间,只能在工作环境差无空调的车间,从事简单重复无技术含量的工作。让阿芝高兴的是 2015 年后整个厂区 Wi-Fi 覆盖。

"上班不许玩手机,我就带着耳机,耳机线从工作服的领口拉出来,穿过口罩,帽子拉低点,稍微再拿头发遮一下,就看不出来了。边包装边听音乐啊,听喜马拉雅上的讲故事。我还可以直接听电视剧,我只要记住他们的声音就可以了。《花千骨》几十集我基本都是上班听完的(笑)。"②

阿芝应对"无聊"工作的策略就是上班戴耳机听歌、"听"电视

---

① MYZ,正式访谈,2017 年 2 月 23 日,地点:龙村。
② MYZ,正式访谈,2017 年 2 月 23 日,地点:龙村。

剧。这种日常生活实践的"战术"就是德塞托笔下的典型的"假发"。① 德塞托认为雇员们借助"假发"这种弱者的艺术,达到成功地将自己置于周围的既定秩序之上,避免被既定机制的权力彻底压制的目的。② 日常生活并非被自上而下的宰制力挤压得索然无味,而是吸纳规避,充满了生活的诗学;并非革命与推翻,而是狡黠与创新,在给定的舞台空间即席书写与舞蹈。

使用"假发战术"还有在昆明光明小区做保姆的阿祖。

"做保姆比以前在馆子清闲得多。平常她(女雇主)家小娃娃一两点就午睡了,最少睡两三个小时,这段时间我就会没事干,看看电视,玩玩手机这样的。我不会绣花,也不怎么出去和老乡玩。晚上七点左右吃完饭,她会带着娃娃出去玩,八点半九点才回来,我就给他洗个澡。然后我就彻底没什么事情了,在床上玩手机了,和我姑娘儿子视频聊天呀,看电视剧呀。所以每天其实没什么事。"③

据访谈统计,除了微信是这一群体智能手机上必备的软件外,用得最多的是优酷视频、QQ 音乐、全民 K 歌。智能手机和这些软件在调节他们生活的同时,模糊了工作与生活的边界。阿祖在的朋友圈发的最多的是在女雇主宝马车上的自拍。可以"自由"玩手机,或许是她满意这个工作的原因之一。但阿祖的雇主黎女士对

---

① 德塞托所指的"假发"现象形形色色,简单的可以一如某位秘书在"上班时间"写一封情书;复杂的又可以发展为某个木工"借用"工厂的车床给自家的起居室打造一件家具。对此现象,不同的国家有不同的叫法,迫使企业经理们对此给予惩处,或者干脆"睁一只眼,闭一只眼",装不知道,"假发"这个现象正变得越来越普遍。参见吴飞:《"空间实践"与诗意的抵抗——解读米歇尔·德塞图的日常生活实践理论》,《社会学研究》2009 年第 2 期。

② 吴飞:《"空间实践"与诗意的抵抗——解读米歇尔·德塞图的日常生活实践理论》,《社会学研究》2009 年第 2 期。

③ CYM,正式访谈,2016 年 6 月 12 日。

她最不满意的恰恰是阿祖对手机痴迷。

> "一天抱着个手机玩微信,看电视剧,经常喊多少声都没反应。天天用手机放那些难听的歌,特别难听,简直是噪音。还有和她娃娃、老公视频,声音多大,烦都烦死了,有时候想帮她手机砸了清静点。"①

但由于保姆难找,而阿祖聪明学什么都快,又做得一手好菜,黎女士再不满意也只能忍着。

阿芝以上班戴耳机听歌"听"电视剧,作为日常生活实践的"战术",征用了手机这种具身空间以暂时逃脱结构性的状态与身份,从而将自己"联结到一个更大的世界,无论是真实的还是想象的世界,都是一条移动超越地方价值与期待的途径,即使这个逃脱只是暂时的"。②

阿芝的父母及和她父母年纪相仿的老乡,大多在昆明的餐馆、托运部等场所打工。他们利用下午2—4点的午休时间,在城市的"碎片空间"(图4-3,图4-4),确切地说是工作地周边的小区、人行道、街边树荫等处,聚在一起三五成群唱歌、跳舞或刺绣,开启属于他们的休闲时光。对他们而言,这些城市人眼中的碎片空间,意义非同一般。身处其中,他们自在、自乐、放松和愉悦。通过常常被市民视而不见的种种不起眼、重复、异样甚或喧哗的活动,他们成功地实现了对"碎片空间"的"占领",并将其转化为"复合空间",成为他们的交流空间、休闲空间、娱乐空间、才能展示空间和各种行为上演的舞台。空间是一个被主体性的日常生活实践了的地

---

① LWL,正式访谈,2016年9月20日。
② [美]康拉德·飞利浦·科塔克:《文化人类学 欣赏文化差异》,周云水译,北京:中国人民大学出版社,2012年,第362页。

点,在几何学意义上被规划了的街道被转化为空间。①"空间以特有的方式凿通了人们的日常生活实践……人们可以通过身体在空间展演的姿势,倚仗主体性行为,通过日常生活的叙事,分类系统以及隐喻来赋予这类空间意义……改变空间的安排或建立新的空间来表达他们的生活需求"。②彝族哈尼族打工者对昆明城市空间的"占领"和特色鲜明地使用,是探讨日常生活实践和空间意义构建很好的个案。

图4-3　人行道的日常聚会
拍摄时间:2016年6月2日

图4-4　光明小区车库舞蹈
拍摄时间:2017年12月2日

"乡下移民想到争取城市空间,最有效的武器就是个人实质具体的存在……造就可以轻易变动的空间,也造就了社交的机会。"③当个体离开某种情境而进入另一种时,会敏感地依据特定环境来

---

①　[法]米歇尔·德·塞托:《日常生活实践1.实践的艺术》,方琳琳、黄春柳译,南京:南京大学出版社,2015年,第200页。
②　潘泽泉:《社会、主体性与秩序:农民工研究的空间转向》,北京:社会科学文献出版社,2007年,第86页。
③　[加]道格桑德斯:《落脚城市》陈信宏译,上海:上海译文出版社,2014年,第147页。

调整自我的外在形式,个体面临多少种不同的互动场景就会有多少种自我呈现,场景的多元可能导致自我的碎片化,裂变为多元的自我,人们巧妙地利用这种多元化创造了独特的自我身份认同,把不同场景的元素融合成一个整体的叙事。① 对城市人来说,他们是"无形"又"无声"的一个群体。同样,此刻处于小群体中的他们也视周围人于无形,两个群体之间是彼此时空疏离的。在城市这种"碎片空间"的实践,无非想让因城市解体的共同体部分回归,抱团取暖,得到归属一个群体的安全感。本体安全感是所有文化中大部分人类活动的基本特征。②

第二节 身体展演与狂欢空间

如果说在城市碎片空间的小聚会是带有"封闭性"屏蔽周遭一切活在自我群体的"遗世独立",那么几十个男男女女换上民族盛装在昆明各大公园、广场的开阔公共空间,或集体或个人的纵情歌唱和恣意舞蹈则是有意要引来城市居民及过路人围观的展演。表演者任由路人拍照、摄像、评价、"指指点点"并乐意接受路人的合影要求。

他们将这样的集体活动称之为"表演"。从 2013 年起,每隔 1—2 个月就会举办一回。

如果说他们每天日常的"小聚"算是在城市碎片空间的小范围自娱自乐,那么他们口中的"表演"则是在城市公共空间主动而富有激情的"身体展演"。"以身体为中心并注重个人在接受和阐释文本,包括城市文本时的感官快乐"③是身体对城市空间的适应与

---

① [英]安东尼·吉登斯:《现代性与自我认同:晚期现代中的自我与社会》,夏璐译,北京:中国人民大学出版社,2016 年,第 178—179 页。
② [英]安东尼·吉登斯:《现代性与自我认同:晚期现代中的自我与社会》,夏璐译,北京:中国人民大学出版社,2016 年,第 34 页。
③ [澳]德波拉·史蒂文森:《城市与城市文化》,李航译,北京:北京大学出版社,2015 年,第 75 页。

表达,也是在特定的时空情境中,个人与所属群体,"我群"与"他群"的互动与关系生成。

"表演"带有浓重的仪式及展演意味。

一则"表演"要拍摄成影像并在族群成员中广为分享。我在阐述研究方法的章节中说过,用摄像机拍摄是"表演"中必须有且非常重要的一环。我也因为一次偶然的拍摄才被他们接纳。将拍摄内容刻录成DVD光碟分享传看,或者导录到U盘插在有视频播放功能的便携式广场舞扩音器上播放,集体观看。随着智能手机普及,分享的方式也随之升级为将"表演"视频放到视频网站,在微信群或朋友圈相互分享链接。

再则,主要体现在"表演"时着装的隆重程度上。有研究者指出:发型、服饰作为附属于身体的一部分"并非一个简单的'实体',而是被体验为一种应对外部情境和事件的实践模式,为面部表情和身体其他姿势的场合性(contextuality)或指标性(indexicality)提供了基本内容"。①

参与此类表演的女性,面部都化了妆,头发统一梳为单辫垂于后背,佩戴镶有1200颗的银泡,象征天上星星和吉祥如意的"公鸡帽"②和硕大的金银圆形耳环;上衣长过膝盖,以一条长约1—1.5米,宽约20厘米的腰带将衣服盘于腰间,配以红、黄、绿、蓝、黑、青、紫色丝线刺绣花纹作为花边。衣领、袖口和胸襟均有镶嵌闪亮银泡的五色刺绣;斜襟左衽纽扣处挂呈倒三角形,有云彩、波浪、彩虹、花鸟鱼虫相间的繁复刺绣,并垂无数个小银挂坠的配饰,当地

---

① [英]安东尼·吉登斯:《现代性与自我认同:晚期现代中的自我与社会》,夏璐译,北京:中国人民大学出版社,2016年,第52页。
② 鸡冠帽不仅是装饰,还有驱邪求吉的文化意义。当地人相信,魔鬼只能在黑夜行动,而鸡鸣则意味着天明,公鸡是"光明"的象征,具有驱鬼镇魔的超自然力量,帽子因为具有了鸡的形状,从而成为具有超自然力量的象征。在生人面前去掉包头,灵魂则会从头顶飞走。所以当地女性,不管是公鸡帽还是包头,一般头上都总有饰物。参见汪丽娟,汪力智:《哈尼族女性服饰在符号传播中的解读》,载范元昌,何作庆主编:《红河哈尼族文化研究》,昆明:云南大学出版社,2008年,第162—166页。

彝族语发音叫"ganbeici"[①];胸前坠着数条银链串联的由银珠、银币、银圈、银锁、银龙、银鱼等组成的挂饰,银饰是财富的象征,串袅的银链越多,悬吊的银饰越繁复则证明越富有。上衣主要选用玫红、粉红、粉蓝、粉绿等极明快、粉嫩的颜色。下身配黑色或蓝色宽裤脚镶彩色花边长裤,穿红色刺绣半高跟布鞋。说她们盛装、隆重是因为从头到脚的打扮,几乎接近当地结婚时新娘的装扮,唯一的区别是新娘嫁衣并不艳丽,用的是当地手工纺织的黑蓝紫三色土布。但所有配饰皆比肩新娘。不穿着代表当地最隆重的结婚新娘的黑蓝紫三色土布衣服,是因为她们认为土布衣服颜色暗,拍摄出来不好看。

图 4-5 未婚(左 1—3)和已婚(右 1)女性传统着装
拍摄时间:2018 年 2 月 4 日

特别需要说明的是,极具民族符号意味及地域标识[②]的"公鸡帽",一般只是婚前佩戴,属未婚少女的标识。已婚妇女将垂于后背的单辫改为双辫盘于头顶,隆重场合用约三指宽的青色土布帕缠头,平日里则是白色大方头巾包头。而且已婚生子后,衣服的颜色深而素净,以青黑、深紫、深蓝为主。(图 4-5)当地彝族哈尼族

---

① 2015 年 2 月 20 日,我到兴村拜访了擅长尼苏刺绣,曾被云南省文化厅、省民族事务委、州文化局、州民族事务委命名为省、州非物质文化遗产(民族民间传统文化)工艺美术传承人的白小柏。据她说这个"饰品"没有汉语叫法,很多记者来采访后写在新闻报道里将其称为"钱包",但其实并不是装钱的钱包,只是当地妇女的一种装饰。
② "公鸡帽"主要是红河州红河县乐乡、宝乡、井乡的未婚女性佩戴。

女性以服饰区分是否婚育,一则向外标识女性人生角色的改变,再者于己有约束道德行为规范之意。

有趣的是,在昆打工且特别热衷参与"表演"的女性,基本都是已婚生子、人过中年,四五十岁者居多,但"表演"装扮却似"小姑娘"。其中一位曾解释道:

> "这样穿好看,别人才知道我们是民族(少数民族)。回家我们这把年纪穿要被笑的。公鸡帽好看,回家也戴不成了,在城里边戴一下也好。"①

她们做如此打扮,并非要颠覆传统,有多种原因,一则好看,"公鸡帽"等饰品具有明显的民族、地域的文化表征性,族群识别符号性质;再者,她们回到村寨已经不能再这样打扮,算作一种对逝去青春的怀念也未尝不可。或许这也是他们将其称之为"表演"的原因之一,表演本就不同于生活本身。经由用作表演的具象的服饰,保持"我群"之中的一致性与同一性,并与"他群"保持甚或拉开差异性,可以让她们与城市的、汉族为主体的文化空间进行区隔,这种区隔反过来进一步强化了自我归属与认同。

男人们的表演着装则是:白衬衣、黑、蓝西裤、皮鞋。显然这不是他们平常的穿戴。在老家乐乡,特别隆重的场合,比如婚嫁或者各种仪式,男人们符合民族传统的着装是青色土布对襟盘扣装,黑色剪刀口布鞋。白衬衫和黑西裤这一城市工作场合的正式着装,成为"表演"这一隆重场合的统一"正装"。特别有意思的是,他们喜欢在黑西裤的腰间挂一大串钥匙,跳起舞来叮当作响。

---

① CDM,非正式访谈,2016 年 7 月 2 日。

图 4-6、图 4-7　昆明官渡广场"表演"及围观路人
拍摄时间：2015 年 7 月 9 日

　　接下来我以一个拍摄于 2013 年 11 月，被命名为《一路走来一路唱》的"表演"视频为文本，分析他们在城市公共空间的身体展演及其包含的象征意义。

　　阿成是这次"表演"的发起者和组织者，也是表演舞蹈的编排者。据他介绍，这是他们彝族哈尼族老乡在昆明打工后组织的第一次表演，也是第一次从乐乡的依镇请摄影师阿宝来昆明拍摄。这次"表演"无论是对组织者、表演者还是摄影师来说，都具有"第一次"的意义。表演场地主要在昆明世博园，表演形式丰富，有 22 个的节目；参与人数者众，有 69 人；拍摄记录完整，长达 97 分钟。我 2015 年 7 月帮他们拍摄的那次表演，只有 20 多个人，关键还在于我的拍摄与剪辑和他们请的乡村摄影师的拍摄记录方式完全不一样，我的拍摄代入了我的视角，无法很好地还原作为"他群"中人摄像机镜头下的身体展演与影像空间实践。也因为是第一次在昆明的"演出"，视频在群体中流传度很高，传播范围广泛，有多种收藏形式，DVD 碟片、U 盘，后来又分几段放到了某视频网站。这皆是我选择这次"演出"作为分析文本的原因。还需要说明的是，以村落空间为拍摄场景，乡村边缘群体自制的影像[①]在乐乡早已有之。有对传统祭祀仪式，如"叫魂""祭龙树"，通过仪式如婚嫁、丧

[①]　有学者将这种在社会转型过程中，边缘群体自主生产的媒介形态称为"草根媒介"。参见张琪：《草根媒介：社会转型中的抗拒性身份建构——对贵州西部方言苗语影像的案例研究》，2012 年中国社会科学院博士学位论文。

葬的记录拍摄。还有一部自制的彝族语两集电视剧《憨贵结婚》。2015年我搜集到的各种形式的视频就有68个。

《一路走来一路唱》片头是以昆明世博园正门为背景的字幕"兴村,龙村,布村,朗村,然村文艺开心队2013年12月留影,参加人员名单如下……",随后列出69个人员的名字,以及视频拍摄者,即他们"御用"乡村摄影师阿宝的名字及联系电话。

视频以两个人一排,列队从租住的和村走出来开始。有人时不时会特意去看看镜头,然后迅速低头继续走。这一69人的团队看上去年龄大多在35—50岁,有两三个约莫六七十岁的样子,皆如前文所述的盛装打扮。视频的音效有街道的嘈杂,人群交谈的同期声,并伴以汉语歌曲《走天涯》。

几乎每个人手上、背上都负载一些大大小小的包袱,里面是表演的道具及更换的衣服。队伍里有20来个身着白衬衫黑西裤的的男士。从视频中可以看到,他们所走的一路均会引起路人的张望,但我没有看出他们有一丝不自然的神情,反而很享受这样的"凝视"或"注目"。他们徒步到和村附近的公交站后,等车,依次有序上公交车,视频给公交车司机一个面部大特写。公交车上已坐了一半的人。他们上去后便挤满整个车厢,一部分人找座位坐了下来,大部分人站在车的中间,各自扶着把手,开始用彝语民歌在公交车上齐声高歌。车上乘客开始集体注视她们,眼神中似有好奇,似有鄙夷,连开车的司机也不时回头观望。他们没有不适,没有尴尬,一切还是那么自然而然,像极了兴高采烈去春游的,在大巴上纵情高歌的小学生。镜头摇向公交车外街道上的车辆、行人、红绿灯和高楼……到了世博园站,依次下公交,又列队走到世博园门口。整个过程在视频中一一呈现。

如果将写作中对事件不做取舍按照先后顺序的依次记录叫"流水账"的话,这个可以称为"流水拍"。这倒并不是说用一个长镜头一镜到底的拍摄手法,视频有后期剪辑,但整个画面的排列是按照时间的先后顺序进行的。

此时第二次出现字幕"一路走来一路唱",然后以世博园大门为背景,"主持人"阿芳登场(图4-8),她用带有浓重口音而蹩脚的普通话说道:"世博园,我身后这就是世博园,我们民族的风格就是无论走到哪里,就唱到哪里,走不尽的路,唱不完的歌,现在演出开始。"然后面对镜头一个90度鞠躬后,接着说"第一支歌《一路走来一路唱》,现在开始"。"现在开始"这四个字声调提得特别高,又一个90度的鞠躬。她右手拿着一小叠卡片,这是她作为"主持人"记录串联词的"台本"。

图4-8　2013年12月世博园阿芳的主持及舞蹈表演视频截图

第一个节目是以世博园的大门为背景自唱自跳,无伴奏,歌词听不清楚。歌声并不悦耳,舞姿也谈不上优美,如果不穿上民族服饰更像一场小型的广场舞。歌舞毕,她们进入世博园,伴着配乐,世博园的各色风景呈现。"主持人"阿芳再次出现,她的背景是一片橙色和黄色相间的郁金香花丛,视频中又出现几个黄绿色宋体字字幕"采蘑菇"。"主持人"开始说串联词:"请欣赏下一个节目《采蘑菇》。"其中"蘑菇"两个字,她念得是去声。如果没有字幕,我大概不知道她说的是哪两个字。阿芳又一个90度鞠躬。同样是无伴奏的自唱自跳,旋律是耳熟能详的《采蘑菇的小姑娘》,但改用彝族语演唱。"采蘑菇"的舞蹈道具形式各异,有竹篮,有塑料篮子,有的甚至拎着一个装水果的纸箱。

其他节目的形式也基本类似。表演的内容不仅有本民族小调合唱或独唱,还有很多的流行音乐、传统戏曲、革命歌曲,如《烟盒舞》《敖包相会》《映山红》《天仙配》《常回家看看》《有一个传说》《希望》《三乡心相连》《新白娘子传奇》《北京的金山上》以及彝族语山歌对唱等20多个节目，每个节目均是无伴奏的自唱自跳，而且将上述歌曲在曲调不变的情况下全部改成了彝语演唱。每个节目有字幕，有"主持人"串场。"主持人"努力用汉语普通话主持并保持对观众鞠躬的礼仪。每个节目都会引来世博园游客的围观。摄像师也毫不吝惜地给围观者很多镜头，好多还是大特写。毕竟"表演"总需要观众，围观者正好构成了"表演—观看"回路，也隐含了"观众"对表演内容认可的意义。观众的"观看"与"凝视"此时形成了一个特殊的交互空间。

整个世博园"表演"部分完成后，和来的时候一样，列队去公交车站，上车，下车，走进和村里的一个餐馆聚餐。席间用一个小蜜蜂扩音器一人一句轮流唱民族小调，接下来是拍掌齐声高唱。唱毕，起身，碰杯，喝酒，再拍手，再唱。镜头拉到餐馆外，天已黑。歌声中，字幕再次出现69人的表演者名单，预示着整个"表演"及拍摄的彻底结束。

与其说《一路走来一路唱》是对他们表演"节目"的拍摄，不如说是对整个表演"过程"的记录。整个过程，他们的确是一路走一路唱，与视频的标题很贴切。而我当初帮他们拍摄并剪辑的"表演"属于前者，显然窄化了他们语境中"表演"的意涵。"表演"的一个重要组成部分是在城市街道的行走或乘坐交通工具。从行走到歌唱舞蹈的整个过程都是他们以民族服饰、民族语言为符号在城市公共空间的身体展演，是以"听觉视觉的方式，进行场所（place）、空间（space）生产"。[①] 身体在空间中的集聚展演，所呈现的行为、活动方式对空间的建构具有决定性的作用。

另外，有学者在研究西部苗语影像中指出，因影像不追求语言

[①] David A R. *Sacralising the city：Sound，space and performance in Hindu ritual practices in London*. Culture and Religion，Vol. 13，No. 4，2012，pp.449 - 467.

共同体之外的人理解,影像生产者和使用者属于同一语言系统,所以无需字幕,影像是内部使用的媒介,并以此作为"排斥他者"的一种表达与抗争形式。① 而在昆打工这一群哈尼族彝族农民工群体的表演视频,不仅表演的节目名称有汉语字幕,还有汉语普通话的主持,尽管字幕多有错别字,普通话发音也存在很大的问题。如果以是否有字幕作为评判影像生产者主观接纳或排斥语言系统之外的人的标准,那么他们就是在努力向语言共同体之外的"他者"进行表达,这种表达不是排斥,而是主动的展示。不仅是身体舞蹈的展示,也有习得语言的展示。布迪厄将语言视为象征资本(symbolic capital),教育体系等会赋予某种语言以权威性与正确性,亦即赋予其符号支配力。因此,本身缺少权力的语言形式的下层阶层和少数族群会感到语言的不安全感。② 在他们心中,汉语,汉语普通话即具有"符号支配力量的"语言系统。

语言的障碍成为绝大多数打工者迈入城市的第一道坎,也是他们心里挥之不去的隐痛。出生于1992年,初中毕业的阿丽直到在昆明打工前仍然不能用汉语方言进行表达,更别说普通话。她这样说道:

> "我们是彝族,读小学的时候在村子里,都讲我们的彝族话。中学去乐乡读书就要说方言话了,可是我们那个时候还不懂方言,只学会简单的吃饭啊,老师啊什么之类的,复杂的我们也讲不来。初中毕业到昆明餐厅打工,客人说什么我们真的听不懂啊。傻乎乎地站着,看人家的口型,还是不知道说什么,只能说'好呢好呢'先答应了,就随便拿了一个东西递过去。人家说,不是这个啊!

---

① 张琪:《草根媒介:社会转型中的抗拒性身份建构——对贵州西部方言苗语影像的案例研究》,2012年中国社会科学院博士学位论文。
② [美]康拉德·飞利浦·科塔克:《文化人类学:欣赏文化差异》,周云水译,北京:中国人民大学出版社,2012年,第128页。

有时候客人还会发火,说我们太笨了。以后就开始慢慢自学,听人家讲,口音啊什么的,差不多一两年我才好意思说(汉语)。"①

90后有初中学历的阿丽尚且如此,可以想见那些比阿丽年长,出生于二十世纪六七十年代,文盲或半文盲的打工者进城务工需要克服多大的语言障碍。说实话,第一次看到阿芳的主持,觉得有些滑稽。但越和他们深入交往,越觉得不容易。他们能够用流畅汉语,还能模仿主持人用普通话表达,是多么难能可贵。这是他们靠近了具有"符号支配力量的"语言系统后的自我肯定与展示。

另外,使用字幕及汉语普通话和他们故意选择在人流量大的公园、广场进行"表演"具有同一层面的意义:他们具有主体向外表达的欲望。如果只是为了拍摄歌舞视频在群体内自娱自乐,那么完全可以找一个僻静的场所,而不需要在广场、公园这样拥挤的城市公共空间。巴赫金将"狂欢(Carnival)"视为"在广场、街头等开放的公共空间举行盛大表演和化妆游行,打破日常时间和空间的束缚,假想性地破坏一切并更新一切,暂时摆脱秩序体系和律令话语的钳制,在假定场景中消弭贵贱上下的森严界限,毁弃一切来自财富,阶级和地位的等级划分"。② 巴赫金意义上的"狂欢",更多的是同质文化中打破社会层级的纵向沟通,而这一群体的"狂欢"不仅是沟通社会层级的仪式,还是跨文化和异文化群体间的横向打破与沟通。③

巴赫金用狂欢打破日常时空束缚的方式和列斐伏尔颠覆日常生活的策略类似。列斐伏尔认为使人不至在日常生活中沉沦的策

---

① HYL,正式访谈,2016年6月2日。
② 汪民安主编:《文化研究关键词》,南京:江苏人民出版社,2007年,第173—174页。
③ 马翀炜,和爱红:《香格里拉"藏民家访"的文化解读》,《思想战线》2016年第2期。

略即回付到前现代文化中寻找资源,那种人与人性和自然快乐交流的状态,追求节庆与狂欢,身体、感性与欲望解放。① 彝族哈尼族农民工在城市公共空间的节庆式的,以身体呈现为载体的狂欢让日常生活充满"生动的态度和诗意的气氛"。② 从这个意义上来说,此类表演不仅是身体的展演,还是一种打破日常生活秩序的"狂欢空间"建构,更是"悬置文化差异,实现文化沟通与文化交融的空间"。③

小　结

　　彝族哈尼族农民工群体从工作生活空间相对"有机"的村寨来到城市,工作和生活空间隔离呈现一种相对碎片化状态,且在一种宰制化被规训化的工作空间中,他们觉得工作"无聊"。年轻打工者们以德塞托的"假发"策略作为日常生活实践的"战术",征用了手机这种具身媒介以暂时逃脱结构性的工作状态。上了年纪又都在昆明服务业场所的打工者则是利用午休时间,在城市的小区、人行道、街边树荫处等,三五成群地唱歌、跳舞、刺绣,开启属于他们的休闲时光。通过交流、表演和狂欢,他们成功地实现了对"碎片空间"的"占领",并将其转化为"复合空间",成为他们的交流空间、休闲空间、娱乐空间、才能展示空间和各种行为上演的舞台。

　　如果说,他们每天日常的小聚算是在城市碎片空间的小范围自娱自乐,那么每隔1—2个月,几十个男男女女换上民族盛装,在昆明各大公园、广场的开阔公共空间纵情歌唱和恣意舞蹈,则是他们在城市公共空间主动而富有激情的"身体展演"。在城市公共空

---

① 周宪:《日常生活批判的两种路径》,《社会科学战线》2005年第1期。
② 吴飞:《"空间实践"与诗意的抵抗——解读米歇尔·德塞图的日常生活实践理论》,《社会学研究》2009年第2期。
③ 马翀炜、和爱红:《香格里拉"藏民家访"的文化解读》,《思想战线》2016年第2期。

间节庆式的,以身体呈现为主的狂欢让日常生活充满"生动的态度和诗意的气氛"。① 这不仅仅是身体的展演,还是一种打破日常生活秩序的"狂欢空间"建构。

日常生活并没有被自上而下的宰制力挤压得索然无味,而是吸纳规避,充满了生活的诗学;并非革命与推翻,而是狡黠与创新,在给定的舞台空间主体性地书写。

---

① 吴飞:《"空间实践"与诗意的抵抗——解读米歇尔·德塞图的日常生活实践理论》,《社会学研究》2009年第2期。

第五章　手机与日常生活空间重构

"身体的隐喻变得具体而直观。我的肌肉,骨骼、生理和神经系统嵌入了一个庞大的、网状交织网络,从而得到了认为的增强和拓展。我具有了触及无限远的可能,也可以与其他相同可能的客体相互交流,从而产生一个传递、执行、控制的全球系统。更为重要的是——也成为了这一系统和空间和物质化身。"[①]

——米切尔 Mitchell, W.J

舒茨认为日常生活世界从一开始就是主体间的,社会的、意义和文化的世界,日常生活世界于个人而言具有历史给定性、经验性、理所当然性。皮尔斯(Spears)和勒奥(Lea)对新媒体研究中提出的"社会身份"理论,认为"人们把自己整个社会的、文化的、个体的身份如同行李一样带进了网络传播"。[②] 个人因带有自身的历史给定性和经验性,媒介实践过程也可能附着某种社会身份的烙印

---

① Mitchell, W.J, W.J.ME++: *The Cyborg Self and the Networked City*, Cambridge, MA: MIT, 2003, Press. p.19.转引自[英]尼古拉斯·盖恩,戴维·比尔:《新媒介:关键概念》,刘君、周竞男译,上海:复旦大学出版社,2015年,第61—62页。
② [荷]简·梵·迪克:《网络社会——新媒体的社会层面》,蔡静译,北京:清华大学出版社,2014年,第14页。

和人生底色。因而,面对和使用新媒体所展现出来的主体性和应对策略也不尽相同。

罗杰·西尔弗斯通(Roger Silverstone)用"驯化(domestication)"的概念表达社会主体以日常生活"规训"传媒技术及其使用形态的过程。①德塞托将"驯化"看作人们在日常生活中的策略性实践,蕴含了对体系包括体现它的结构和宏观力量的收编、利用、僭越、偷袭等。②

本章将关注"那些不大能进入宏大叙事'法眼'的平凡、琐碎、自我、边缘的日常生活现象,从中看到人们如何在创造性地运用新传媒技术"。③讨论这一具有相似"知识库(stock of knowledge at hand)"和"生平情境(biographical situation)"的彝族哈尼族农民工群体,在宰制性、制度化、结构化的情境下是否有利用手机进行主体-实践的有限创新的可能?如何进行日常生活实践?呈现了什么样的主体性和应对策略?手机嵌入后的日常生活是否依然作为某种共同的社会历史情境而生产着特定的空间?

第一节 族群空间

上一章提到,这一彝族哈尼族农民工群体每隔 1—2 个月,由几十个男男女女换上民族盛装在昆明各大公园、广场的开阔公共空间,或集体或个人的纵情歌唱、恣意舞蹈,他们称为"表演"。"表演"的一个重要且必要环节是录制成影像视频后分享观看。智能手机普及后,这些影像被放到视频网站,网站链接又通过微信群、朋友圈分享。

---

① 潘忠党:《"玩转我的 iPhone,搞掂我的世界!"——探讨新传媒技术应用中的"中介化"和"驯化"》,《苏州大学学报(哲学社会科学版)》2014 年第 4 期。
② 潘忠党:《"玩转我的 iPhone,搞掂我的世界!"——探讨新传媒技术应用中的"中介化"和"驯化"》,《苏州大学学报(哲学社会科学版)》2014 年第 4 期。
③ 潘忠党:《"玩转我的 iPhone,搞掂我的世界!"——探讨新传媒技术应用中的"中介化"和"驯化"》,《苏州大学学报(哲学社会科学版)》,2014 年第 4 期。

我在微信朋友圈看到的第一条分享视频是 2016 年 5 月 9 日阿成转发的《思乡》。

《思乡》以霓虹灯下车水马龙的昆明街道为背景引出字幕"《思乡》演唱：小玲子"（图 5-1）。视频上一个头戴公鸡帽，穿粉色哈尼族服饰，面貌清秀的少女边弹四弦琴①边唱彝语歌曲（图 5-2），唱到动情处眼泪直流。演唱者在昆明某茶室打工，兴村彝族。拍摄的主要场地是昆明古滇国湿地公园。随着小玲子婉转的歌声缓缓流淌，四弦琴声如泣如诉，画面在夕阳下波光粼粼的梯田、晨雾中半山间若隐若现的村寨、小玲子的弹唱、天上的月亮、星星，以及湿地公园风景之间进行蒙太奇剪辑。拍摄者依然是"御用"摄影师阿宝，但这次的拍摄无论画面构图还是音效与几年前的世博园"表演"比已经有了质的飞跃。歌唱也不再是同期声，而是后期合成，小玲子的演唱是对口型，有一些地方能看出没有对上。但已颇具音乐电视（Music Video）的意味。

图 5-1、图 5-2　《思乡》视频截图

《思乡》在这一群体中引起了轰动。2016 年 5 月 9 日当天，我的朋友圈被这条视频分享链接刷屏了。随丈夫在昆明家具店打工的阿芬，在朋友圈转发并写道："兴村的朋友唱的好听，听得我好想家乡……"阿芬的堂妹，在昆明某高校读大三的阿英转发并附文字"想家"。中专毕业后去合肥电子厂打工并已远嫁怀孕的阿香似乎感受更强烈："好难过啊，想哭，天涯海角，妈妈好想你，好想家！"我添加的 26 个微信好友都转发了这条视频链接，没有文字书写能力

---

① 四弦琴又名月琴或弦子，云南楚雄彝族和红河州彝族哈尼族常用的伴奏乐器。

的转发者也几乎配上哭泣的微信表情以表达自己的情绪。

《思乡》为什么会有这么大的反响？我能听懂"想念""妈妈""家乡""星星""月亮"等歌词，表达的应该是外出游子对家乡和母亲的思念之情。我请感触颇深的阿香给我做了完整的翻译，她微信回复我说："我边翻译边哭。"

"天上的月亮出来了，我想起我的家，孩子想起了阿妈。天上的月亮啊，请等一等，请往我家的方向走，请告诉我阿妈，阿妈啊阿妈，您要好好的，阿妈啊阿妈，请不要担心我。

"天上的星星出来了，我想起我的小伙伴。天上的星星啊，请等一等，我想摘一束鲜花，请帮我带给我的小伙伴，小伙伴啊小伙伴，你们在哪里，可还记得儿时我们相约在山间。

"阿妈啊阿妈，请您要好好的，我一天到晚想您，阿妈啊阿妈，请不要担心我，阿妈啊阿妈，您要好好的。"①

歌词表达了在外漂泊者与亲人朋友分离的苦楚及对家乡的思念之情，故而在这一打工群体中引起了强烈的共鸣。演唱者是自己的老乡，因而有天然的亲近感和代入感。一个 ID 名为"O 赫蒂 M"在该视频网站的留言大致道出了这一群体的心声：

"听了思乡，感触很深，因为打工四处奔波，东南西北，也难免会有女孩远嫁他乡。可是无论你在天涯海角，家乡、母亲、朋友是你永远的留恋。好想哭好想家乡！加油，支持我们一个寨子的人。"②

---

① CHX 翻译，我稍有润色。时间：2016 年 5 月 9 日。
② 手机 App 优酷视频《思乡》下第一条留言，也是点赞最多的一条留言。

和《思乡》一样反映打工主题的《小小新娘花》(歌词见附录四),达到了 2.8 万的超高点击率。视频兼具了"外出打工"与"爱情"两个主题。大体情节是:青梅竹马两小无猜的哈尼族小男孩和小女孩,相约长大后男孩娶女孩。因男孩外出打工后再没返回家乡,背弃了幼时立下的誓言,女孩在伤心欲绝中嫁给了本村的另一个她不爱的男孩。[①] 整个视频以《小小新娘花》这首歌贯穿始终,汉语演唱,歌词有字幕,画面从身穿哈尼族新娘服饰却眼中含泪的女孩出嫁当天拍起,通过倒叙、回忆、闪回等拍摄手法再配以歌词的内容完成整个"故事"的讲述。可以说,从镜头语言到叙事结构比《思乡》有了很大提高。

　　反映外出打工,思念家乡为主题的视频越来越多,比如《想念家乡》《思念父母》(歌词见附录四)等等,都有较高的点击率。

　　隔三差五就有人在朋友圈、微信群里发视频网站链接。只要有人转发,就会迅速通过各个微信群、朋友圈扩散。视频主要制作者和网站上传者阿宝本人也在"昆明开心队"微信群里,很多视频的链接由他首发。分享、讨论点评视频成为这一线上社区最热衷的活动之一。

　　我只要一看有人分享,则马上在微信中点击"收藏"。微信帮我储藏视频内容的同时,也记录了视频发布者及发布时间,并自动统计点击率。这也算手机和微信带来的福利,极大地方便了线上田野数据的采集和记录。有意思的是当点开一个视频,下面就有"相关推荐"即网站自带的推荐链接又导出了更多相关的视频(图 5-3,图 5-4)。比几年前收集碟片,用 U 盘、移动硬盘拷贝再用电脑观看,无论是储藏方式还是统计编码都有了质的飞跃。这正是阿尔君·阿帕杜莱(Arjun Appadurai)分析的由互联网形成的"电子档案"的根本性转变,因为其具有"更高层次的交互能力,允许用户能够更为简单地标记和访问档案……档案带有标签彼此之间通

[①] 为避免我理解上的偏差,对视频的解读经拍摄者阿宝确认无误。

过潜在的超链接进行联结……从一个静态的信息库发展成为一个充满活力的空间"。① 于我如此,对没有个人电脑的这一农民工群体来说,其便捷性更是不言而喻。

截至 2017 年 12 月 31 日,在某视频网站上共有 213 个视频(见附录三)。其实这几年在微信群或朋友圈转发的视频链接远远不止这些。之前录制的光碟版本也在更改格式后放上了网站,但这一部分不在我的统计之列。我统计的标准有二,一是和乐乡彝族哈尼族群体相关,二是以放入视频网站、微信分享、智能手机观看为主要目的而进行拍摄。发生时间主要在 2016 年之后。在我看来,这不仅是储存和传播方式的差异,更是媒介技术演进而随之改变的媒介实践思维模式。这样的思维模式与流动的外出打工生活方式和随之流动的具身化手机媒介相契合。只要有智能手机,有Wi-Fi 或流量便可以随时观看,并通过微信建构起来的族群人脉迅速扩散。而为了观看视频,用 2G 手机者也迅速将自己手机更换为智能手机。2016 年 5 月 9 号阿成转发的《思乡》,成为好几个打工者在 5 月 17 号那天彻夜排队,以低价换购智能手机的直接诱因。

下面对这 213 个视频做简单分类和分析工作室。

拍摄者和制作者 阿宝和他的团队。几年前他自己亲自拍摄兼后期制作。2016 年后随着拍摄业务的增多,他先后雇佣了 2 个本乡摄像爱好者在侬镇成立了一个名为"石子一画"的摄影工作室,②这 213 个视频皆出于此工作室。

拍摄对象 乐乡 6 个行政村的人和事,拍摄主要场地在乐乡和昆明。还有一户人家因儿子考上武汉某高校,也请了摄影师随行跟拍。

---

① Appadurai, A.'Archive and Inspiration', in J. Brouwer and A. Mulder (eds), Information is Alive. Rotterdam: V2/NAi, 2003. 转引自[英]尼古拉斯·盖恩、戴维·比尔:《新媒介:关键概念》,刘君、周竞男译,上海:复旦大学出版社,2015 年,第 76 页。

② 2016 年 9 月我从乐乡田野调查返回途中去到了阿宝刚开张不久的在侬镇的工作室,里面有一个小型的摄影棚正在装修。当天他外出拍摄所以没有见到他本人。2017 年 2 月在给阿香拍摄婚礼视频的时候见到他,做了访谈。

图 5‑3、图 5‑4 部分视频及其播放量的网络截图
资料来源:优酷视频,2017 年 12 月 31 日

视频主题/内容 1."打工思亲"如上述的《思乡》;2."爱情婚恋"如《哈尼新娘》系列拍了 11 对恋人的爱情故事;3."劳作",这里的劳作并不是外出打工地的工作,而是在乐乡的田间地头的劳作,如《打谷子》;4."仪式"主要是婚丧嫁娶如《彝族婚礼风俗之酒敬朋友》《红河风情(葬礼)》;5. 我将其命名为"广场舞",就是单纯的歌舞,这类视频数量最多,约占了 60%,内容主要是纯歌舞表演,可以自唱自跳也可以歌伴舞。他们在昆明各广场公园的"表演"属于此类。如前面章节提到的,每年春节大年初三在兴村篮球场举行在外打工的"昆明队""红河队",与本地"老年协会队"之间的歌舞比赛,也属于这一类。

音乐/配乐:1. 民族音乐包括用本民族语言演唱歌曲(包括山歌和乐器演奏);2. 其他民族的音乐如藏族、纳西族、蒙族、傣族等;3. 大众流行歌曲,如《nobody》《大王叫我来巡山》《小苹果》等。

上述分类并不严谨且相互交叉,音乐的选择在很多视频中带有极大的随意性,例如反映哈尼族人在梯田劳作,收割红米场景的《打谷子》,配的音乐却是傣族传统民乐《竹林深处》。我将很多无法说清的纯歌舞视频归为"广场舞",原因也在于无论是舞蹈动作还是音乐伴奏均是他们的即兴发挥,无规律可寻。例如由一群十来岁的小女孩穿哈尼族服饰以蒙族音乐伴奏跳现代舞的《敖包再相会》,竟然有高达 5.2 万的点击率。

> "结婚的拍摄,我会问他们喜欢什么音乐,有的自己说喜欢哪首,我就按要求配上去。他们说不知道的,我就自己按感觉配上去了。跳舞就是他们自己选了,舞蹈是跟着音乐的嘛。"①

按照阿宝的叙述,在大多数歌曲的选择上主要源自拍摄对象或拍摄者自己对歌曲本身的喜好,没有更多地考虑和视频内容的契合度。

但在反复观看后,我发现视频的共同特征,具有两个元素,一是哈尼族服饰,二是梯田。哈尼族的服饰表征"族群",梯田指向"地域";前者表达"我是谁",后者传达出"我从哪里来",直指地方性,"地方并不仅仅是地方的,(local in itself),更重要的是,它是为自身而地方的(local for itself)"。②

正如施恩所言"在流散环境中,身体的驱离和领土的迁离经常促使人们利用可以获得的文化技术,来重新建构原始形态的身份。重新建构的过程经常与家乡的制造相融合。根据记忆制造出来的家乡比那个留在身后的实际的地方更加永恒,更为重要。在汹涌的位移(displacement)之海中,制造出来的家乡如同锚一般……反过来,这也创造了共同体,不受移民想象(imaginings)和媒介内容

---

① ZTB,正式访谈 2017 年 2 月 21 日。
② [美]阿尔君·阿帕杜莱:《消散的现代性:全球化的文化维度》,刘冉译,上海:上海三联书店,2012 年,第 241 页。

的符号领域限制的共同体。"①

所有出镜的人物均穿戴传统哈尼族服饰,用之前"表演"时常阿姨的话说,"这样穿好看,别人才知道我们是民族(少数民族)"。②在他们的心里,穿民族服饰与拍摄影像之间具有同一性。我曾想用 DV 拍摄她们在昆明城市"碎片空间"的聚会场景,她们会告诉我,没有穿民族的服饰,让我等她们换上民族服饰时再拍。包括他们在朋友圈发的照片,几乎全是身着民族服饰的。极少是在影楼拍摄的穿婚纱或其他礼服的照片,几乎找不到一张穿汉族服装或打工工作服的照片。

如果说服饰是族群的象征符号,那么梯田则是具有地域特征的景观。"地方性是镌刻在身体上的复杂社会技术",③在村落空间的影像自不必说,很多乡村"广场舞"或"爱情"片的主要背景就是大片的梯田,即使很多在城市空间的拍摄,也会再插入一两个梯田的画面,营造一个并置的空间。服饰和梯田相互结合共同"生产出一种结构或感觉的地方性"。④

通过集体排练、拍摄、观看及手机分享歌舞视频,既是这一少数民族民工群体的业余生活,也是他们族群网络建构和族群身份认同的实践过程。视频从服饰到景观确立了他们民族身份的无形边界,凸显着他们的族群身份,这种无形的族群边界强化了内部联系,帮助他们形成一个有着强烈归属感的共同体。

在前媒介时代,要形成族群文化、族群身份的共同体想象,必须经历仪式、庆典等传统形式。而在传媒时代,特别是手机时代,

---

① [美]路易莎·施恩:《流散空间中苗族媒介的位置描绘》,载[美]费·金斯博格,里拉·阿布-卢赫德,布莱恩·拉金编:《媒体世界:人类学的新领域》,北京:商务印书馆,2015 年,第 316 页。
② CDM,非正式访谈,2016 年 7 月 2 日。
③ [美]阿尔君·阿帕杜莱:《消散的现代性:全球化的文化维度》,刘冉译,上海:上海三联书店,2012 年,第 239 页。
④ [美]阿尔君·阿帕杜莱:《消散的现代性:全球化的文化维度》刘冉译,上海:上海三联书店,2012 年,第 241 页。

群体中人却可以通过现代媒介赋予的技术福利实现对民族身份的想象与地方再造。微信的便捷性更是将这种民族认同与体验以更直接的方式进行彰显和强化。

第二节　仪式空间

仪式（Ritual）是被一个群体内的人们普遍接受的按照某种既定程序进行的身体活动与行为。① 从民族志角度来说仪式与象征是理解不同文化信仰与习俗的工具,是某种形式的文化速记。② 文化被视为一个符号、意义和价值体系,而仪式则是这个文化体系的象征。仪式在最深的层次上体现了人的价值,是理解人类社会基本构成的关键所在。③

乐乡最大的传统仪式当属虎山的砍牛祭祀,每年农历二月第一个属虎日举行。④ 虎山位于离龙村直线距离约2千米处,只有男性才可进入。村民当天在虎山上砍杀公黄牛,祭祀虎山山神。

有关虎山祭祀的传统,据阿爷⑤说,砍牛祭祀从祖先在这里安家落户种下"龙树"⑥时就开始了。当地彝族有一个叫罗色的首领,骁勇善战,生猛如虎,为保护族人守卫领地与外来入侵者交战,但实力悬殊,几场恶战后终败退至虎山腹地躲进了山洞,后变成了大黑虎。变黑虎之前在山洞里刻字留言族人:每年农历二月第一个

---

① 汪民安:《文化研究关键词》,南京:江苏人民出版社,2007年,第431页。
② ［美］大卫·费特曼:《民族志:步步深入》,龚建华译,重庆:重庆大学出版社,2013年,第31—32页。
③ 庄孔韶:《人类学通论》,太原:山西教育出版社,2005年,第403页。
④ 中国古代干支纪年,虎日即寅日,寅为十二地支之一,每隔12天出现一次。
⑤ CGQ:正式访谈,时间:2015年2月16日、17日、18日。
⑥ 哈尼族村寨的神树,哈尼族祖先去一个地方,要先种一棵树,树活了就可以种地盖房子,树不活就要换地方。哈尼族有古歌"自从有了哈尼的寨子,寨头的神树就望着寨子自从阿妈生下我们,神树就保护着寨人,哈尼族寨头的神树,是一天离不开的神树,哈尼寨头的神树,是一天离不得的神树"。云南哈尼族研究协会编:《哈尼古歌》,昆明:云南民族出版社,1992年,第27页。

寅虎日杀一头公黄牛到虎山拜祭，方可为族人消灾免难，保来年风调雨顺、五谷丰登，《清嘉庆〈临安府志〉卷十八"土司制"》记载：

"今之寨近猛屏山，山势险峻，每岁仲春，以建寅日祭祷，民始安。"①

我在有关彝族传统文化的文献上也看过和阿爷叙述类似或完全不同版本的有关虎山祭祀传说。②但不管哪个版本，最后拜祭虎山山神的目的都是为了祈祷风调雨顺、人畜安康。虽说是彝族传说，且为祭祀彝族山神，但在仪式的进行中不分彝族、哈尼族还是汉族，是乐乡5个村③一等一的大事，年年如期举行从未间断，即使"破四旧"时也未耽误，仍旧偷偷进行，一直延续至今。

农历二月虎日在春耕前，砍牛献祭，祈望粮丰畜旺、人丁安康，实则农事祈愿活动，尽管现在至少70%的人已经完全不再从事农事活动，不需要靠土、靠天吃饭，是否风调雨顺已经不是决定他们是否丰衣足食的主要因素。几个村寨轮流组织虎山祭祀活动并购买祭祀所需的公黄牛，买牛的钱由轮庄的村寨按户平均收取。但不管轮到哪个村，担当祭祀的主持，也就是为山神献祭者必须是旧时思陀土司的后裔——兴村一户李姓哈尼族，世袭。用阿爷的话说："只有他家的人献饭山神才认。"④

阿爷告诉我，祭祀虎山山神时，如果有汉族参加绝对不能说汉话，要说彝族话，否则是对山神的大不敬。在二月虎日祭献山神前不能插秧播种，这样得不到山神庇佑，会影响来年收成。祭祀当天，甚至祭祀完三天内，如果虎山山林涛声巨大，则表示山神不满，

---

① 《清嘉庆〈临安府志〉卷十八"土司制"》，转引自《哈尼族社会历史调查》，北京：民族出版社2009年，第9页。
② 龙倮贵：《红河彝族传统节日文化研究》，北京：中国社会科学出版社，2016年，第281—285页。
③ 乐乡的布村、龙村、兴村、然村、朗村。
④ CGQ：访谈时间：2015年2月18日。

祭祀的仪式要重新举行。这样的情形在他的记忆中出现过三次。

自2015年春节第一次去龙村,知道有砍牛祭祀虎山山神的仪式,我就充满好奇,特别想亲眼见证整个仪式。但身为女性,不能破坏女人不上虎山的传统,否则有亵渎当地神性文化之嫌。作为研究者亦有尊重当地文化习俗的伦理规范,即便内心极度期盼也只能作罢。

我访谈了包括阿爷在内的多位亲历过虎山祭祀的男性,他们从各自观察的角度来叙述,仪式的程序多有矛盾之处,均是零零散散的片段,我并不能就此拼凑出一个完成的祭祀图景。有村民告诉我,几年前兴村土司的后人请摄像师拍摄过砍牛祭祀的影像,并刻成了光碟,曾组织集体观看。但我多方托人几番努力也未如愿找到光碟,始终无缘得见砍牛祭祀仪式。这也成为我在村落田野调查部分最大的遗憾。

让我万万没想到的是,2017年3月16日,农历二月十九,也就是砍牛祭祀虎山山神的日子:壬寅日,农历二月第一个虎日,我居然就在我昆明的家里,猝不及防又毫不费力地通过手机微信群观看了整个砍牛祭祀仪式。我加的8个微信群都在发送和转发。应该不止是我,乐乡女性也同我一样,生平第一次亲眼"见"到了她们祖辈流传至今却未曾得见的传统祭祀仪式,而且是以手机微信这样一种前所未有的形式实现了"在场(Presence)"。

视频上一个身着迷彩服戴着牛仔帽的中年男性,双手紧握近一米长的大砍刀向已经捆绑了四条腿几乎不能站立的黄牛身上胡乱砍去,牛颈、四肢、腹部……牛在挣扎着站起、挣脱、倒地间,身上已经血痕累累,发出阵阵惨叫应和着围观男人们的口哨声、唏嘘声、吆喝声、七嘴八舌的议论声。在黄牛颈椎被彻底砍断,头颅落地的一刹那,终于不再动弹,汩汩流出的鲜血浸满一地。这让男人们更加兴奋,抑制不住的狂喜,欢呼雀跃纵身跳起,声浪一浪盖过一浪。山上插着一面约一米见方的黑色大旗,迎风猎猎招展。围观的男人们几乎人手一部手机从各自的角度拍摄并不断发到微信群里,视频长度从十秒到几分钟不等。有意思的是,手机拍摄到的不仅仅是砍牛祭祀的场景,还捕捉到了手机记录行为本身,即手机拍摄了正在用手机拍摄的人,每个在场的人既是拍摄者,也是别人拍摄的对象(图5-5),有多少人在场就有多少"机位",多少角度拍摄出来的视频,形成一个很奇特的、杂乱的影像与镜头的互看,影像与镜头之间的套层结构。而这一切的一切又透过寸许见方的手机屏,通过无线网络被无数身在异地空间的人们观看着。祭祀现场成为一个大舞台,祭祀活动与手机拍摄者们已经混为了一个整体。他们既是祭祀活动参与者、见证者、拍摄者亦是被手机屏幕前的我们观看着的"表演者"。让手机前的我们360度无死角地"参与"其中,身临其境也未必看得如此全面与真切。

图5-5 砍牛及手机拍砍牛的人
资料来源:"尼斯齐莫若"微信群视频截图,2017年3月16日

牛断气后被摘下牛头,取出内脏、肋骨、四肢、牛尾,加上一大块净肉摆放好后,一个戴黑帽、着黑衣的男子,即思陀土司后人,双手握公鸡高举过头三拜九叩,献上被视为"前现代"文化特征①的贡品:酒、糯米饭、五花肉,以及刚从牛身上取下来的祭品,祭献虎山山神。在他左右两边各有一人同他并排下跪,其中一个就是刚才

---

① 廖炳惠将作为供品的食品视为"前现代"文化的特征之一,指出"食物具有象征的特殊意蕴,用来和鬼神互通达到象征性的交换"。廖炳惠:《吃的后现代》,桂林:广西师范大学出版社,2005年,第5页。

持刀砍牛的穿迷彩服的男子。此时,多个微信群不停地重复同一个人的语音,用的是彝族语,翻译成汉语是:"你们在外面的赶紧磕头了,我们献饭了。"①紧接着,视频里唢呐声、鞭炮声、过山号震耳欲聋,在黑衣男子的带领下众人磕头跪拜。

  视频外,王阿姨身穿早已换上的民族盛装在我家阳台上,将手机摆在地上,对着家乡的大致方向虔诚叩拜,嘴里念念有词,神情严肃认真。那一刻,我深切地感受到一种时空并置交融、虚实结合的独特景观。手机彻底打破了影像与现实的区隔。"在这样的仪式中,我们看到的是'时间之内或时间之外的片刻',以及世俗社会结构之内或之外的存在。"②王阿姨说,这也是她第一次"见到"砍牛祭祀仪式。"有手机了嘛,以前我们女的不能上山,一样都看不到,只是听他们回来说说,今天才看到。"③

  有意思的是,在外出打工前,女人们不能上山,虽然与虎山近在咫尺却也并未对着虎山的方向行叩拜祈祷之礼,男人也如此。也就是说,按照当地哈尼族、彝族祭祀仪式传统,对虎山山神磕头祈愿仅仅是上了虎山且参与祭祀仪式的男人们的特权。只要不上山,不管男女老少是无需叩拜的。而现在,外出打工,远离家乡,远离作为神山的虎山,却对着所谓虎山的方向,听着手机里传出来的"指令"祈祷,行叩拜大礼。对我的不解与疑问,王阿姨轻描淡写:"以前我们看不见嘛,怎么磕,现在看见了就磕头。前几天老乡就说了,今天要砍牛磕头,我们在外面打工的,磕头好,平平安安。"④虎山山神祭祀,原本针对农事祈愿且只是部分男性才能参与的小范围仪式活动,在大量人员外流和手机的介入后,竟演变成了一种不管男女全体参与的活动,祈祷的意义也演变为强调"在外保平

---

  ① 据王阿姨说,发出语音的这个人即为主持祭祀仪式的思陀土司后人。
  ② [英]维克多·特纳:《仪式过程:结构与反结构》,黄剑波、柳博赟译,北京:中国人民大学出版社,2006年,第96页。
  ③ WYM,非正式访谈,2017年3月16日。
  ④ WYM,非正式访谈,2017年3月16日。

安"。手机这一超级媒介,不仅打破了传统祭祀仪式对参与者的性别限制,而且也打消了参与者必须在场的限制,导致了参与人数、参与方式和参与目的多重变化。手机的媒介特性使得时空并置交融、空间虚实结合成为可能。而彝族哈尼族打工人群对手机及微信的快速接受甚至拥抱,加之他们独特的使用方式,使得山神祭祀这种集体性仪式活动,经由手机的重组和赋能,成为呈现在整个族群面前的视觉盛宴,让远离村落的成员在追逐蕴含现代性生活的同时,维持着对族群与"根"的想像,不会因为在地理上或文化上的背井离乡而变得空虚彷徨。

虎山祭祀完的第二天,就在昆明光明小区车库他们的例行聚会中,我做了一个简单的就"砍牛与磕头"的焦点小组访谈。当天有 11 个人,9 女,2 男,只有 1 个男性表示微信群里让磕头的时候自己在公交车上"实在没办法磕"外,其余 10 人都磕头了。磕头的地点,有的在餐馆的后厨,有的干脆就在街边人行道上,他们无疑都认为自己对准了虎山的方向,并在磕头时许下自己的心愿。另外,我逐一询问了当时从事住家保姆的另外 8 个女性,无疑也都磕了头,地点同样是雇主家的阳台。我微信联系了在昆明家具厂打工学成后回红河县城开家具店的阿芬一家,她说自己也是第一次"见到"砍牛,并让当天因生病在家没有去上学的 7 岁儿子小飞同她及丈夫一起磕了头。

那么,常年身在龙村的人又如何?龙村小学黄校长,村支书马书记,手机店老板阿贵等人,因为当天"要上课""乡里开会""忙不过来"等原因没有上虎山,在相关微信群里看了砍牛。被问及有没有对着虎山磕头时,均表示没有。马书记直接笑了,"山都没上磕什么头?搞不懂这些打工的乱整什么,没在山上磕了也没用嘛"。①

祭牲的分配也发生了变化。很早之前,牛头、四肢献祭山神,五脏及取下的肋骨就地煮食,其余的层层分配到户,无论多少也要

---

① MGX,微信访谈,时间:2017 年 3 月 20 日。

确保户户有份，因为这代表着山神的庇护。而现在，牛心归祭祀的主持人，即思陀土司在兴村的后人；5个村中，然村、朗两村各分一半，兴村分1/4，龙村和布村分1/4；牛头和四肢归持刀砍牛者。砍牛者一般由轮庄组织祭祀的村庄雇佣本村成年男性行使这一职责，但也有自告奋勇免费担当的，比如认为自己及家人病痛缠身、生活不顺，便会主动请缨要求砍牛，企望这种极致而特别的祭祀行为能得到山神的认可与庇佑，让生活中的某种失衡得以平复。祭祀完，村民将牛肉带回村，煮熟后集体分享。为确保每户人家都享用到牛肉，在省内打工的，次日会收到专人连夜用车送到城里的牛肉。其余的会腌制成干巴等在外省打工的村民回来后食用。总之，原则就是确保每家每户分到牛肉，哪怕只是很小一块。

中华人民共和国成立以前，土司及下属的里长、石长、招坝①等参加祭祀不得骑马或乘坐轿辇，须得步行上山，②整个祭祀过程庄严、肃穆，宣示着思陀土司作为统治者的来自神的、牢不可破的威仪与统治正当性。祭祀完土司当场喝牛血、吃烧牛皮以示威猛有生气。而现在的参与者则是骑摩托车上山，整个祭祀过程中谈天说地、嬉笑、吼叫、肆意用手机拍摄，如同观看一场别开生面的仪式展演。在用手机连接的远在他乡打工的男女们也在微信群里交流、讨论、欢呼，还有如王阿姨般虔诚的众多跪拜者。应该说，即使在一年前的2016年"虎日"，③这样的仪式呈现形式都是不可想象不可能实现的。彼时，智能手机、微信并未普及到如此程度，短短一年，手机微信已如细胞式地嵌入乡村及外出务工人员的日常生活，于是，看似偶然的仪式"直播"自然而然地出现了。正所谓"于

---

① 土司司属里任职的不同职位。参见：国家民委主编，中国少数民族社会历史调查资料丛刊《哈尼族社会历史调查》，北京：民族出版社2009年，第70页、第26页。

② 阿爷参与的几次祭祀仪式均是步行上山，有一次是土司钦点其尾随其后，这是他认为的无尚荣光。

③ 2016年3月21日。中国古代干支纪年，虎日即寅日，寅为十二地支之一，每隔12天出现一次。

千万年之中,在时间的荒野,没有早一步,也没有晚一步刚巧赶上"。① 现代技术与传统祭祀文化实现了完美的嫁接与黏合,带来的是一种前所未有的全身心地投入感受和体验。

截至当天下午 4 点多所有山上仪式完成,就"尼斯齐莫若"一个微信群就发出了和祭祀仪式相关的 163 个长短不一的视频及 42 张照片。② 之后,还有下山、晚上聚餐的视频、照片若干。在整个仪式过程中,现场参与者在自觉与不自觉中,用自己的行为彰显了智能手机所具有的记录特质、见证特质、即时传播特质,他们也形成了仪式强有力的目击者、介入者、传播者力量。

这一仪式活动依托村落情景,又通过手机脱离村落空间,在观看手机直播听从村落虎山那头手机发来指令之时,远离村寨的外出务工者人为即兴添加、创造了对虎山方向磕头的仪式程序,以此种方式祈求在外平安。"具有主体性的行动者展开空间实践,并在进出阈限阶段或空间的转换中生成和创造行动的场所以及他们的主体性"而"主体性是行动者在实践中的创造,而非脱离实践的先验存在"③,因为践行"手机叩拜"仪式的人仅仅是离开村落外出打工的那一部分,非身处村落空间的村民。虎山上的群体和外出务工者共同完成一次经由手机嵌入的"临场发挥"的空间生产实践。他们通过手机根据此时(now)此地(here)的具体情境,通过具身化行动完成了对物理空间与社会空间的重构或生产。至此,在同一时间点,形成的是三个空间维度并构筑了三重景观:

第一,在虎山上,由思陀土司后人主持的对虎山山神的祭拜,

---

① 张爱玲散文《爱》。
② 就长期观察,这一群体对动态视频的钟爱远远超过静态的照片。不管是朋友圈还是微信群,视频的数量都远远超过照片。
③ 潘忠党、於红梅:《阈限性与城市空间的潜能—— 一个重新想象传播的维度》,《开放时代》2015 年第 3 期。

这是最传统意义上的虎山祭祀仪式构筑的"族群景观(ethnoscapes)"①并由此形成"仪式空间";

第二,由参与祭祀活动在场的男人们用手机拍摄、互拍行为,以及由此所形成的影像与镜头互看,影像与镜头的套层结构,这是手机媒介的影像记录、传播行为打造的"媒体景观(mediascapes)"②借此构筑了"媒介空间"。

第三,走出村落在外打工的人们"日常空间",即接收来自村落空间发出经由手机传达指令而自发地三拜九叩祈祷平安的仪式,这或可归为"意识景观(ideoscapes)"③范畴。外出的人们对乡土的眷恋、对族群的情感依托、利益关联并没有因为离土离乡而有所削弱。

在这三重景观或空间维度中,第二重即手机媒介的影像记录、传播起到了无可替代的承接作用。手机屏幕与网络的流动性重新界定了空间,构成了一个全新的空间与情境、虚拟与现实耦合的场景,包含了现实空间、虚拟场景以及两者融合下产生的交叠场景。④中心、边缘渗透,前、后台颠覆,空间交织叠加,"在场"与"缺席"边界重新界定。它所带来的是参与主体的多元性、仪式传播的广泛性、族群认同的微妙性。在没有手机介入的前手机时代,虎山祭祀仪式仅仅是也只能具备第一重意义。"只有通过运用移动媒体,才能实现这种物理、社会和想象空间之间的移动,并因此丰富自己的

---

① 美国人类学家阿帕杜莱就全球文化的流动提出了五个考察维度:族群景观,媒体景观,技术景观,金融景观,意识景观。本文借用了这一表达,下同。(美)阿尔君·阿帕杜莱:《消散的现代性:全球化的文化维度》,刘冉译,上海:上海三联书店,2012年,第43页。

② [美]阿尔君·阿帕杜莱:《消散的现代性:全球化的文化维度》,刘冉译,上海:上海三联书店,2012年,第43页。

③ [美]阿尔君·阿帕杜莱:《消散的现代性:全球化的文化维度》,刘冉译,上海:上海三联书店,2012年,第43页。

④ 喻国明、马慧:《互联网时代的新权力范式:"关系赋权"——"连接一切"场景下的社会关系的重组与权力格局的变迁》,《国际新闻界》2016年第10期。

体验以及社会的关联。"①手机在改变人们生活的同时被不断地驯化、展示、凝聚社会文化变迁,它与日常生活形成一种强烈的互构关系。

　　从另一角度来分析,在这个"线下"与"线上"共同构建的全新仪式中,除祭祀主持人还是土司后人这一点保留外——当然,在日常的村落生活,即使在虎山祭祀中他也没了当年的土司威仪,人们的等级、地位、年龄、性别等一切差异几乎消解,呈现集体欢腾的场景"从阈限前到阈限后阶段,跨越仪式边界,形成一种涂尔干所谓的'集体意识'"。②维克多·特纳认为仪式展现的是一种"结构—反结构—结构"过程,而"在某一时刻里,每个人的生命经历之中都有包含着对结构和交融状态及状况和转换的交替性体验"。③此刻,在这一文化规定时间点内,手机的介入正具备了这种反结构的特性,在场的每个人,其手持的手机镜头具有了某种"菲勒斯象征"④的意义,甚至有爬到高高的树上俯拍祭祀仪式的视频。尽管在祭祀活动中较之仪式主持者处于相对边缘地位,但当人们执掌手机以自身意愿任意选择角度拍摄的时候,便被赋予了表达与展示的权力,形成了对神性仪式及土司权威的戏谑式的解构与重构,"合法化的失礼,规定性的无礼"。⑤ 于是,无论是继承某种神性色彩的思陀土司后人还是普通村民,男人和女人,年长者和年幼者,在现场者与身处异乡者,由手机所搭建的"社区"中人们的地位、性别等人与人之间的差别得以暂时性消弭,"在社会结构中处于地位

---

①　潘忠党:《"玩转我的 iPhone,搞掂我的世界!"——探讨新传媒技术应用中的"中介化"和"驯化"》,《苏州大学学报(哲学社会科学版)》2014 年第 4 期。
②　赵旭东、张洁:《乡土社会秩序的巨变——文化转型背景下乡村社会生活秩序的再调适》,《中国农业大学学报(社会科学版)2017 年第 2 期。
③　[英]维克多·特纳:《仪式过程:结构与反结构》,黄剑波、柳博赟译,北京:中国人民大学出版社,2006 年,第 98 页。
④　"菲勒斯"是英语"phallus"的音译,意指男性的性器官,而器官只有通过被象征化才能进入象征界。"菲勒斯"在影视语言中作为象征概念表征权力、欲望和秩序。
⑤　[英]维克多·特纳:《仪式过程:结构与反结构》,黄剑波、柳博赟译,中国人民大学出版社,2006 年,第 77 页。

低下的人,可以对那些地位高于自己的人行使权威,进行仪式性的领导"。① 身在村落或身在城市,"在场(Presence)"或"缺席(Absence)",每一个人都参与、建构、行塑了全新的虎山祭祀仪式。"一个人即是一个移动着的空间场域,一个时空单元;她携带着情感、思想、偏好和意图,以及自己未必意识到的文化信念和实践,并创造了具备使然各种社会关系潜力的空间,赋予它意义和形态,并最终通过人们在日常运动中的规律,而构成场所(place)和景观(landscape)。"② 仪式本身又反过来成为理解自我身份与族群认同的媒介,成为族群共同体的"召唤"与标识,进一步唤醒、塑造族群认同,继而构筑民族村落共同体象征意义系统。这种对传统仪式的解构与重塑,不得不说是他们利用手机实践进行的生动的文化表达或文化实践内涵的颠覆性改变,"这其中蕴含着'涵养生息之功'和'坚韧维系之力'"。③

传统的少数民族村寨,承载着自然、历史、民族文化传统的积淀,也是人类多彩文明形式的构成之一,仅仅因为一二十年内人口外出流动而导致传承数百载的文化形式突然消失的可能性不大。不管是村落主体的主观努力还是临场应变性质的"即兴发挥"均赋予了传统文化以新的呈现形式,使得"传统"与"现实"实现某种和解。

第三节 舆论空间

在农村的青壮年,即乡村主体外出打工,舆论传播数量锐减的情况下,熟人社会里由舆论压力形成的道德、伦理规范是否会随之

---

① 张建军:《结构主义视阈下的仪式解读——读〈仪式过程:结构与反结构〉》,《社会科学论坛(学术评论卷)》2009 年第 6 期刊。
② 潘忠党、於红梅:《阈限性与城市空间的潜能—— 一个重新想象传播的维度》,《开放时代》2015 年第 3 期。
③ 沙垚:《我们外出读书,不是为了头也不回地离开家乡》,微信公号:土逗公社,2018 年 3 月 1 日推送。

消解？"千夫所指""万人唾弃"的谴责能否形成？手机能否建构一个跨越城市—乡村地理边界的舆论空间，继而使得社会结构和社会关系在空间上重组？

一、一个真实版的《手机》故事

改编自刘震云同名小说的冯小刚电影《手机》中有一段台词："手机里到底藏了多少不可告人的东西？早晚有一天，手机会变成手雷！"手机成为了一些人生命历程的转折点，电影里的男主角如此，我的彝族民农民工朋友——阿成也如此。

2017年10月15日大清早，几个微信群同时炸锅。因为一个300多人的大群里连续发出了5段不雅视频，尺度之大令人瞠目。视频"男主角"正是阿成。群里出现的是由他自己发出的他的自拍视频。

回看微信群，发视频的时间是15日凌晨2点15分。对他为什么会在群里发不雅自拍视频，我无法"同情的理解"。阿成为人高调，性格张扬，但在这样一个几百人的大群发如此大尺度的视频，说不震惊是不可能的。王阿姨直呼："疯了疯了，他疯掉了，简直丢我们红河人的脸。"群里其他人也在发表类似的观点"这种事情，我们关了灯才好意思，你们开灯，还拍下来，疯子"！①

在看了第一段2分多钟的视频后，我已无半点勇气再点开看余下的4段视频。坦白说，在观看过程中，我产生了强烈的不适。昏暗灯光下，脏乱出租屋内的毫无美感可言的动物式的媾合，让我几近呕吐。也许我的上述措辞已带了极大的偏见。我并非道德主义者，但这是我当时最真实的体验。我的理性告诉我，作为一个研究者应该价值无涉，悬置任何价值判断、客观中立地将余下视频看完，将其仅仅作为一个可供研究的文本看待，以便更好地理解和阐释阿成的这次过于独特而又大胆的手机实践。但我最终没能说服

---

① 尼斯齐莫若群，微信名"说不完的话"语音，时间：2017年10月15日。

自己。再者,我和阿成太熟悉了,他是仅次于王阿姨对我帮助最大的一个"局内人",我无法如同一个和他毫不相干的陌生人或者如这一群体其他人那样代入猎奇、鄙视、愤怒等不同情绪观看。我对我的偏见保持了警惕,并以"同情的分歧"(empathetic disagreement)的策略舒缓情绪,使我后面能克服心理障碍完成了两次对阿成的访谈。

再三思考之下,我鼓起勇气用很婉转的措辞给他发了微信。所幸,他初中的文化程度足以阅读我的微信文字,免于我用语音可能存在的尴尬。他在我发出微信三分钟后用语音回复。

  我:你手机被盗了吗?我在几个群里看到你比较隐私的视频。
  阿成:高老师,不好意思了,昨天我喝酒醉,不好意思了(苦笑)怎么搞的,不知道,什么都不知道。
  我:以为你手机被偷了,别人发的。
  阿成:高老师,都是我喝醉了,是我发的,我疯掉了,哎呀太不好意思了。
  我:没事,谁都有喝醉的时候。①

他回复的语音里早已没了往日的神气,而是苦涩、尴尬、后悔、自责各种情绪似乎都兼而有之。至于为什么要拍?我已不忍再追问,此刻似乎也不是访谈的好时机,我想等他平静几天或这件事情稍微平息之后再找他谈。

可是想要这件事情平息,似乎痴人说梦。这几个视频在群里疯狂地、接近于"滚动式"地转发,我所在的 8 个群均如此。还有将视频"精彩瞬间"截图后以图片形式在群里发送,其中 2 个群,转发视频和图片过于"猖獗",我实在不堪其扰,干脆退了群。在群里公开转发的无一例外都是男性。不仅在公开的群里传播,更是毫无

---

① LZC,2017 年 10 月 15 日微信访谈。

顾忌地私信转发,带着某种"生怕你没有看见,错过好戏"的"友好"心理。就一会儿工夫,王阿姨的手机收到 7 个老乡私信转发的视频,其中居然有从省外的福建、深圳发来的,配上语音评论:"太好看了,赶紧看""祖祖辈辈都要笑了""以后有孙子了,人家也会说你阿爷是疯子""简直太不要脸了"……私信的转发有女性参与。

下午我和王阿姨外出,遇到她的几个老乡,见面第一句便是:"稀奇了,你们给看到了,没有我发给你们。"这让我想起 2008 年初,某香港明星"艳照门"的全民非正常状态的狂欢及无法遏制的传播事态。王阿姨不禁感慨:"哎,一辈子都擦不干净了,这个微信只要一秒钟、一分钟,全世界都认得了,红河州的,广东的都认得了,村里面的老人要说死他们,他们娃娃也看得见,我们真的是从小到大没有见过这种。"

我唯一看过的一段视频里的女子没有拍到正脸,所以开始我并不知道她是谁。而事件的持续发酵,还在于视频"女主角"不是阿成的妻子,而是另一个在火锅店打工,来自另一个乡的彝族妇女——阿春,她丈夫已病亡多年。这也是群里反应激烈的另一炸点。

阿成和阿春的事在他们老乡中其实已算不上秘密,似乎只是阿成的妻子不知道(或者她是装作不知道),大家也都不说破。阿成妻子不在场的时候,大家会拿他们的关系打趣。但以如此极致的形式彻底公开两人关系,却也实在超出了大家接受的极限。阿成能歌善舞,下班后喜欢到森林公园跳广场舞,他们就是在跳广场舞的时候好上的。在较早之前我对阿春有过访谈,而且是阿成介绍我们认识的。在谈到她与阿成的关系时,她说:"我是喜欢他的,我又不图他的钱。我苦的钱我够用。我们在一起开心就可以了。"①

不雅视频流出十天后,我亲自去阿成打工的餐馆找到了他,因

---

① HLC,2016 年 10 月 20 日;地点:阿春打工的火锅店门口。

为发微信他已经不回复了。我一定要弄明白到底是什么原因促使他拍这下些视频。尽管我明白,是否拍摄,怎么拍摄,多大程度展示他们的身体,本是他们的自由,与他人无涉。但关于他为什么会拍"这种东西"的流言蜚语、无稽揣测已经在这一群体中蔓延,很多说法在我听来十分荒诞,比如:"他肯定是被人下了迷药""鬼上身了"……在他们看来,比将视频不小心发到群里更惊世骇俗、更加不可理解的是拍摄视频的行为本身。

我:你为什么想着要拍这个?

阿成:我就是觉得,手机上好多这种东西,人家也是演的,我们也可以拍嘛,我就拍了。我就想拍了我们自己看,没要发给老乡的。喝醉酒疯了,搞不懂就发了。

我:你在哪里找的这些东西看?

阿成:多得很嘛,好多专门发这种的群,我们老乡会拉我进去,有些要发红包买,买了我们就互相传了。也有不要钱的。

我:你不会也想拍了卖钱吧?

阿成:没有没有。我们这种人又不好看,人家也不要嘛。

我:微信以后不用了?

阿成:微信么,不玩了不玩了,玩不起了,现在有点怕了。他们都在说我,到处发,我认得。我媳妇也说要和我离婚。她是不高兴了,不过,我们有小娃娃,她不会离。就是觉得特别对不起阿春,害了她了。

我:以后有什么打算?

阿成:前几天想直接回老家算了,不过么地也租给老板了,回去没活计做,姑娘读书还要钱。还有,回去还不是一样嘛,那个东西还不是在他们手机里头。①

阿成善歌舞、爱表演,喜欢自己琢磨,把从电视上、网络上看到的歌舞和自己的民族舞蹈、声乐结合一起来,通过自己编排后又教给老乡,他是这一群体绝对的娱乐领袖。他全权负责编舞、排练、联系摄影师拍摄、转发歌舞视频链接等事宜。特别是在每年春节回乡要和在红河州其它地方打工的"红河队"以及没有外出打工留在本地的村民组成的"老年协会"比拼歌舞时,就更加凸显阿成在这一群体中文艺娱乐灵魂人物的地位。他行事作风张狂,自认最具"艺术"气息,且引以为傲的是他理成板寸的黑发中留下的一大缕齐腰长的棕黄色染发。他骑着电单车,风驰电掣,伴着极大的音响声,一缕黄发随风飘起,很是拉风。他曾经和我说过,等歌唱得再好点想去参加中央电视台的星光大道。也许在他心里,看到的都可以模仿,都可以"学习"并拍摄,色情视频也一样。

手机带给阿成的是源源不断的、新鲜的、带有感官刺激的各种图片、视频,自然包括取之不尽的色情片资源。没有移动网络之前可能要牒片加放映器材还有特殊播放空间才能实现的观看,现在因智能手机变得唾手可得。而手机拍摄的简易性、便捷性,打破了技术的垄断。任何"模仿"都变得轻而易举,成为人人可以参与的视觉卡拉OK,成为个人自我言说、自我抚慰、自我愉悦、自我满足、自我呈现方式的可能性所在,成就了自我探索的追求与表达的欲望。其实,阿成已经认识到,这样的视频只适宜"我们自己看",但在醉酒无法控制与预知的情境下,就这样被自己亲手传播出去了,而传播速度、范围及影响超乎想象。他这种自娱自乐的、自恋似的甚至自我发泄似的手机实践在满足了自我创作、自我表达、自我愉悦的同时,也将自己置于无比难堪甚至万劫不复的境地。

数码资源的无限复制性,只要持有者愿意,就可以永远保存并

---

① LZC,2017年10月26日;地点:阿成打工餐馆的门口。

随时传播。于阿成而言,"这些东西"是一种无法抹去的永恒存在,蚀骨之蛆,阴魂不散。回乡,留在昆明,亦或去往世界任何一个角落,结果都一样,正如他所说"那个东西还不是在他们手机里头"。阳光普照,岂容他片影藏身,阿成深知这一点。不再玩微信,闭目塞听,反而可暂时麻痹自己,享片刻安宁。我没有再告诉他,这种虽然主观不愿意"不知道怎么搞的"却由自己拍摄并传播出去的色情视频,已经触碰了法律的底线。①

在不雅视频事件后,阿春、阿成及他的妻子再也没有在群里说过话。他们三个都相继更改了微信名和头像,屏蔽(或删除)了朋友圈。阿成原本是山歌群的群主,最活跃的分子,却再没听到他嘹亮高亢的歌声。他把微信名由"彝家开心"改为了"不好意思",删除了自拍照的头像,朋友圈也从此变成了一条灰色的直线。之前发的所有东西:照片、小视频、独唱歌曲和分享的视频链接已无法观看。阿成妻子将"绣娘"改名为"对不起"。也许在传统而贤惠的她看来,自己和丈夫始终是一个整体,有错一起承担。可以说,他们用更改的全新微信名对这一群体做了表态。阿春将原来"开心荷花"更名为"中国梦",连带头像也由一束荷花改为"中国梦"字样的花园景观照。朋友圈同样无法查看。我很想知道阿春为什么会在这个时候改为这样一个官方话语色彩浓烈的名字,可阿春见到我已选择远远地避开,也不回复微信。不仅是对我,和她的老乡们也开始疏远。我理解她的尴尬与难处,也就不再打扰她。2017年11月9日晚,我发现她已经退出了所在的几个微信群,并将我删除。从此,我与她算是"失联"了。

阿成父母早亡,妻子家境也不好,夫妻二人靠着自身的努力走到今天,借着"美丽家园"的补助政策,2016年在老家兴村盖了3层楼的砖房。2017年春节我去的时候外观已经修葺得很漂亮,只差

---

① 根据中华人民共和国刑法第三百六十四条【传播淫秽物品罪】传播淫秽的书刊、影片、音像或者其他淫秽物品,情节严重,处两年以下有期徒刑、拘役或者管制。

内部装修了。他们育有一子一女,儿子 20 岁和他在同一家餐馆打工,做传菜工作。女儿 14 岁,在红河县城读初二,住校。老乡们都认为他们两口子很有本事。这件事情之后,阿成似乎犯了不可饶恕的过错,这个错误完全可以抹去他之前所有的光辉与美好。连和阿成稍微带点血缘关系的远方亲戚们都认为阿成丢了他们的脸:"不要说我们家了,红河州都不会再出他们这种人啦。"①从比,阿成和阿春在老乡们的口中多了个外号"本地黄色"。在微信群里,"本地黄色"成了对他俩的指称。

整个事件中,充斥着性、婚外情等极具话题性、足够吸引眼球的元素,如王阿姨般的传统妇女几乎是生平第一次观看这样大尺度的视频,说是一种"震惊的体验"也毫不为过。特别是事件涉及的几个人,还都是知根知底的熟人,形成惊涛骇浪般的舆论传播情形也就不足为奇了。

在阿成的老乡们还普遍使用山寨 2G 手机时,阿成早已能熟稔地使用智能手机和微信。他也成为这一群体中最早弃用微信的人。

2014 年一个秋冬的午后,我和他认识。第一次聊天,他便热情地用手机里自己拍的视频和照片给我介绍他的家乡兴村和他的一双儿女,还有他和妻子在县城补拍的婚纱照,并添加了我的微信。他是这一群体中最早加我微信的人。他曾经一再嘱咐我,我也承诺他,在我的"作文"②里一定会用他的照片,用他的真名,还追问我会不会写成一本书,直言不讳"我想出名嘛"。现在用真名和照片是不可能了,他大概更不会愿意。我翻看了和阿成认识当天,2014 年 12 月 19 日,我命名为《认识新朋友》的田野日记,摘录部分段落如下:

---

① BG,阿成表舅。非正式访谈,时间:2017 年 10 月 28 日。地点:光明小区车库。
② 在和阿成聊到我的研究和博士论文时,他将其理解为"写作文"。

这时走来一个中年男人,高大壮硕,约 180 cm,身材发福,有明显隆起的腹部。黝黑发亮的脸颊泛着高原红,大而圆的眼睛特别有神,干裂起皮的厚嘴唇有些发紫。整个人颇有点藏区康巴汉子的味道。他头戴"NBA"字样的黑灰条纹的毛线帽,深灰色高领厚毛衣的外面,穿一件金棕色大夹克,门襟、袖子脏兮兮的。他左手腕上戴了一块硕大而浮夸的金色大手表,有些掉色,戴在他黑而粗糙的大手上格外惹眼。他坐在常阿姨旁边的小凳子上,用他们家乡话说着什么。我一时又插不上话了。我想此刻我必须主动一些,他毕竟是我近距离接触的这一群体的第一个男性。于是我主动问他:"你也是她们老乡?也在石屏餐馆打工?"他倒是很热情,马上回答我:"我和她们四个,还有你王阿姨都是老乡。"显然她知道我和王阿姨的关系。他接着说:"我在金草墩餐厅,不在石屏餐馆。"这时,常阿姨突然抬头并指着"金手表"对我说:"这就是她老公,你刚才不是问这个音乐是谁整的吗,就是他啦。"于是,我对上号了,低头绣花女和"金手表"是夫妻。我马上投去赞许的目光并由衷夸赞他:"你太厉害了!这个音乐你也能做?"他非常自豪,哈哈大笑,接着又和我谦虚起来:"这个录得一般嘛,不算好啦,我还录了好多,没有带过来,好多在老家。"随后详细和我介绍了伴奏的四五种彝族乐器和他们引以为傲的乐作舞……见我那么感兴趣,他觉得奇怪。我趁机告诉他我现在正攻读博士学位,对他们的民族文化感兴趣。他听我这样说显得更兴奋了:"那好整嘛,你对我们歌舞感兴趣,过几天我让她们穿上我们民族服装,跳给你看,你录下来就是了。"他对"民族文化"的理解就是他们的服饰与歌舞。对他的热情爽朗,我简直如获至宝,有种受宠若惊的感觉,连声道谢!他还告诉我,他们老家到处都有歌舞,特别春节,那个才叫热闹,才叫好看。他邀请我春节去他们家乡过年,说要带我看个够,每个村的歌舞都可以带我去看。

  我强烈感觉到"金手表"将会成为我田野调查中的"关键人物"。他健谈,热心,汉语说得顺畅,表达能力强,简直是"完美"的访谈对象,我一定不能"放过"。我马上问他能不能留下他的电话号码,他毫不犹豫的答应了。我用他的手机(一个屏幕有些裂痕的华为手机)拨通了我的手机,并输入了我的名字帮他储存,告诉他随时可以和我联系。他问我有没有微信,加微信更方便。我求之不得,马上通过扫码加了微信。这时候我才想起来问他姓名,他说,他叫×××……

  翻看日记,仿佛就在昨天。短短三年不到的时间,当他的老乡们开始一个个把微信作为生活必需品,甚至身体的一部分,而不再是奢侈的时新玩意儿时,他却决绝地离开了。这和电影《手机》里如出一辙!手机给电影男主人公的生活带来愉悦、爱情的同时也因此遭遇婚姻、事业危机。并随着手机里不雅音频的曝光,男主人公事业、生活坍塌,从此一蹶不振,在至亲的奶奶去世后,于无限的恐惧中将手机扔进了火堆……阿成的境遇与电影主人公是何等惊人相似!我想,他当初有多爱玩手机,现在恐怕就有多怕手机!

  手机为"个人空间社会化与社会空间个人化"提供了同步的基础结构,①既是在私人空间里获得信息的条件,也对私人生活中的隐私构成潜在的社会性威胁。"性有着明确的边界,它是家庭之事……关于性的问题,沉默便是原则",②在人们所知的所有文化

---

  ① [荷]简·梵·迪克:《网络社会——新媒体的社会层面》,蔡静译,北京:清华大学出版社,2014年,第172页。
  ② Michel Foucault, *The History of Sexuality*, 1981, pp.3-4.转引自[英]安东尼·吉登斯:《现代性与自我认同:晚期现代中的自我与社会》,夏璐译,北京:中国人民大学出版社,2016年,第153页。

中,尚未发现任何一种性行为可以以一种完全公开的方式在众目睽睽之下进行。在现代意义上,"性"是当人类把性行为"转移至幕后"时所发明的词,是激情的私人化(privatisation of passion),是个体属性的。① "性"的问题是有边界的,私人的,是要在"幕后"而非"台前"的。经由手机和微信,本属"幕后"的隐私之事,立马呈现于"台前",这种位置一旦颠倒,必然违反既定的规则,受到谴责就在所难免。

任何科技都是双刃剑,摄影、微信等操作的简易性包容了他们文化水平的低下,"知沟"在一定程度上消弭,但手机对生活世界的入侵或许会在某个完全意想不到的情境下将自己置于万劫不复之地。阿成的手机实践大胆而激烈,成为自我愉悦、自我呈现、自我满足的方式。手机已经彻底打破了"线上"与"线下"的区隔,无论是打工输出地的乡村,还是输入地的城市,已经被纳入由手机及其微信所建构城乡互通的社会关系网络,人人在这一网中,无处可逃。

2018年春节后阿成并未返回昆明。3月6日我得到确切消息,阿成已精神失常,在兴村由妻子照顾。人言可畏,温情脉脉的乡土社会,有时却残忍至极!

二、跨越边界的"游街示众"

龙村彝族男青年小李,在昆明一家政公司打工,清洗高层建筑的室外玻璃时,由于家政公司安保故障,导致他从20层高楼摔下,当场身亡,家人从公司获赔80万元人民币。小李的妻子在餐馆打工,他们育有一子一女,留在老家读小学,由小李母亲照料。拿到80万赔偿款后,小李妻子携款回到老家后便没再返昆打工。原以为事件就此完结。两个月后的一个下午,小李70岁老母亲白天敲

---

① [英]安东尼·吉登斯:《现代性与自我认同:晚期现代中的自我与社会》,夏璐译,北京:中国人民大学出版社,2016年,第152—153页。

砸儿媳大门"捉奸"的图片、视频在多个群里同时"直播",一小时不到,三个群的消息均刷到上千条。图片、小视频一个接一个。群里有的说婆媳之间为 80 万元的分配早就大打出手多个回合,各有胜负;有说媳妇在家乡本就有"相好",丈夫一死更遂了她心意,又有巨额赔款"日子像神仙"……讨论、分析、图片、视频让几个微信群从下午两三点持续到次日凌晨,一刻未停歇。

龙村村委会旁"大水井"紧挨着的菜市场,是全村的公共空间和最热闹的地方,村民晚饭后有事没事就聚在那喝茶聊天,也是全村的"舆论场"。如此劲爆的事情,龙村自然也不消停,从"捉奸"现场一直延续到了菜市场。从视频上看,直到傍晚时分,挂着拐杖站在菜市场的婆婆怒气未减半分,一直痛诉儿媳的各种"恶行",要让村里人评理。乡村的实体舆论空间与网络舆论空间,通过微信实现了无缝对接。村民们既虚拟又实在地实现了"双重在场",实体空间活动与微信群虚拟空间聚合。

小李妻子在其中的两个群,群成员发的图片、视频及肆无忌惮的讨论、揣测、谩骂她均可见可闻。自己刚在现实场景中经历的一切,被邻居们用手机从不同的角度"完整"记录,听觉、视觉上"再次经历"。但她在群里始终不发一言,也未退群。这件事情最终以一个多月以后,小李妻子拿出了 20 万给公婆而宣告结束。在法律层面,小李妻子是否该拿赔偿款给公婆,拿多少,不在本文的讨论范围内。我关注点在于他们双方从未想过通过法律途径捍卫各自权利,而是经过私下"协商解决"。费孝通先生在《乡土中国》中关于"无讼"的论述或可解释部分原因:"乡下人认为打官司是可耻之事……善良之人,知道自己做了坏事绝不到衙门里来。"[1]不敢断言,这 20 万是全村"微信狂欢""舆论监督"的结果,但可以确定的是,这样的微信"直播"对小李妻子一边倒的指责、道德批判,无异于将其置于全村人悉数在场的类似"游街示众"的情形,她所承受

---

[1] 费孝通:《乡土中国生育制度》,北京:北京大学出版社,2010 年,第 56—58 页。

的舆论压力可以想见。

　　无独有偶,2018年2月25日,一个2分36秒的视频,同时在几个群里出现。视频上,约20来岁的一男一女,被面对面捆绑在村道边的一根电线杆上,两个男青年正在用长绳将他们一圈又一圈从上到下地捆绑、缠绕。正在被捆绑中的女子用还未被完全绑死,尚且能动弹的手使劲往上拽已被脱了一半的裤子。在他们被捆绑的过程中,有一个中年妇女面带怒色,用手指着两人谩骂。其余的几个人在用手机拍摄,一群人围观,其中还有七八岁样子的孩童。

　　视频拍摄者在用手机拍下上述画面的过程中,用不太熟练的云南方言边拍摄边解说:

　　　　"你们过来看看,我今天抓到一对偷情的人。我绑在这里给你们大家看看。希望你们不要像这样做,破坏人家家庭。因为他们就是偷情,就是聊微信见面,见面被我们抓到了。你们都来看,这对狗男女到底要咋个整?把他们抓去坐牢,还是打死?我今天就给你们说说,这个女的也不要脸,这个男的也不要脸。今天被我们抓到了,大家都再来看看,一对狗男女,是什么情况。我今天也不说多,绑在这里,把他两个裤子脱光光,找小棍棍来打,看看他们承不承认,还敢不敢破坏人家家庭。如果还敢的话,我直接把他打死。你们看看,你们是可怜他还是不可怜他?你们看一下,破坏人家家庭是好事还是坏事?我今天就给你们说说,看一下,如果你们说我做的是错的,那我也没话说。如果你们说,这样做是对的,希望你们转发到每一个群,给大家看一下,希望朋友们聊QQ,聊微信不要学,不要破坏人家家庭,就可以了。"①

---

① 2018年2月25日,"昆明开心队群"。

据微信群里的人说,这个视频发生于红河县井乡的一个村。视频拍摄者是被捆绑女子丈夫的哥哥。从他的叙述中,视频中的男女因为聊微信熟识后偷情被抓,他希望通过网络的力量在各个群转发以达到羞辱和警示目的。我加入的几个微信群里的人多来自乐乡,虽和井乡有一些距离,但此事的风波并没有比小李夫妻事情的影响小,各种"声讨""谴责"此起彼伏,男女双方的背景被挖了个底朝天。如视频拍摄者所愿,短短几分钟,乐乡的各个群已经转发开了。也许这样的事情,如果不是通过手机和微信,传播范围大概只会囿于本村,至多到井乡。现在不仅周边村落,连远在昆明甚至全国各地的相关村落的人也看得清清楚楚。这是一种赤裸裸的跨越了边界的"游街示众"。手机的简便拍摄、传输功能,某种程度上也成为他们行使自认为"正义"与道德审判的工具。

乡村舆论主体的外出,不代表舆论效果的失灵。即使裹挟于现代化、城市化、工业化进程之中"乡村社会的三个特质:村落共同体、熟悉关系、情感与道义联系"①始终存在并维系着。熟人社会里人们害怕"唾沫淹死人",人们守德、守信是害怕受到熟人的谴责、声讨而难以在居地立足,即一种耻感文化制约。然而"唾沫"可以从实体空间转移到虚拟空间,"线下"到"线上"。

在传统社会,关起家门或远离,也许可暂时规避、逃离"千夫所指"带来的困境。而在微信群里,即使你以默不作声的姿态存在,在其他人心中依然在场。孙玮将其称为"静默在场",是打破了"线上-线下、真实-虚拟、言说-视觉、缺席-现身的众多区隔,提供了融合两元的中介化的'永恒在场'"。② 这样的"在场"使得传统社会封闭不流动的地理空间所形成的道德、伦理等为人处世准则在微信所构建的网络空间里依然得以顺畅运行。也就是说,即使作为舆论主体的青壮年大量离开熟人社会的乡村,但因为手机对地理空

---

① 陆益龙:《后乡土中国》,北京:商务印书馆,2017年,第6页。
② 孙玮:《微信:中国人的"在世存有"》,《学术月刊》2015年第12期。

间的依赖相应减弱,并将其世俗化为没有精确地址和位置的另类空间,有了这一共同的另类空间族群共同体的关系网络也就不可能瓦解,舆论的形成与传播同样迅速而广泛,"坏事传千里"的舆论压力依然运转自如。在智能手机构筑的网络空间中形成的舆论压力,同时作用于城市-乡村两个实体空间及空间里的人,舆论的形成与传播依旧迅速有效,社会关系、社会结构在网络空间中得以重组。

第四节 "自我"与"他者":交往的边界

底层边缘群体和城市主流社会群体生活在同一时空情境下,有对少数民族农民工的研究认为,他们处于城市边缘、底层,先赋性的制度安排、社会身份、地域背景和后致性的教育水平以及结构性社会排斥导致,他们应对的策略就是"对排斥的排斥"建构抗拒性身份。[1] 这样的结论似乎忽视了一个问题:任何关系和格局的形成都是关系双方共同作用的结果,如同适应、融合是双方面共同调试一样,排斥也非单向和被动的。边缘群体同样存在通过自我认同、自我归属及主动排斥"陌生人"来维持族群边界的事实。群体的社会边界是随时间、地点、利益和价值变化的产物。[2] 这种边界,不完全决定于结构性的限制,也是主体性的自我认定与选择的结果。这种选择隐藏这样一种逻辑"我们"和"他们"属于不同的群体。

王阿姨的第一个手机购于2006年云南石屏打工期间。她及丈夫一起帮人种植及维护杨梅树林,包吃包住,600元/人/月。夫妻二人最大的开销是2个孩子每年1000多元的学费,手机费每人

---

[1] 张琪:《草根媒介:社会转型中的抗拒性身份建构——对贵州西部方言苗语影像的案例研究》,2012年中国社会科学院博士学位论文。
[2] 王明珂:《华夏边缘:历史记忆与族群认同》,杭州:浙江人民出版社,2013年,第307—319页。

每月 50 元左右。由于王阿姨父母相继大病住院，几乎掏空了他们夫妻的所有积蓄。当女儿阿香考上每年 8000 多元学费的昆明某中专，整个家庭顿时陷入两难的境地。

"我当时急的睡不着觉啊，一夜一夜地哭，学费怎么那么贵，实在拿不出来了，我劝阿香别读了，阿香哭，我也哭。那段日子太难了，你认不得那种感觉。"①

说着，她的眼泪又掉下来，思绪陷入了那些个她心中最黑暗的日子。"后来我就给亲戚、老乡一个个打手机，有电话号码的我都打，我挨个儿借。好多都没有啊，大家都不富，借不了多少钱，差得太多了。最后我给城里的表哥打电话了，他在昆明出生，又读出书来，在银行工作了，要是跟他也借不着，只有不读了。"我问她为什么不跟自己打工的杨梅园老板借钱，她一脸的疑惑，撇了一下嘴。我又说，跟老板预支工资也行，她回答"我们没想过跟老板借"。

最后，这笔学费的主要来源，是同在石屏打工的几个老乡、在老家的大伯（丈夫的哥哥）和在昆明某银行工作的表哥。"我表哥打了好多个电话，劝我要给娃娃读书，说钱大家凑，读书不能耽误；我大哥也不停打我老公手机，说阿香还小，不读书能干啥子，出来打工也要等几年。"

在这借钱读书的事件中，亲人、老乡等血缘、地缘族群关系网络是王阿姨首选，也是她唯一想过的可利用的资源。尽管自己的汉族老板近在咫尺，也很可能为她提供资金上的帮助，但"老板"在她的内心深处认为不属于同一圈层和群体，于是认定在"借钱"这样的大事上不会帮他们，甚至连尝试都没有，而是通过手机求助远在他乡的同族亲人。借贷关系是这一群体中判断亲疏远近人际关

---

① WYM，访谈时间 2015 年 1 月 2 日。

系格局的主要维度。而最后来自同族血亲的帮助确实也使困难得以解决。这样的经历加深了她对群体网络的认同与依赖，成为其能在外安心打工的物质、精神后盾。

这让我不禁想起之前雇佣过的三个汉族保姆和王阿姨在手机充话费这件小事上的差别。之前的保姆，会直接请我帮她们用电脑或手机充值，因为这样比较方便，话费从她们工资里扣除。然后王阿姨却从来没有，我多次提出帮她充值很方便，她都婉转拒绝了，而宁愿打电话给"老乡"代她充值，事后又跑去归还。她不想和我在除工资之外的金钱上有过多的牵扯。另外，每次在小区便民超市买菜，她都会留下小票并整齐叠放在柜子里买菜钱的旁边。帮我代收快递如果需要到付邮费需从里面拿钱，她也会把快递单子扯下和那堆小票放一起，以示她"账目清晰"。其实，我从来没要求过她留下小票，更不会去看，因为我对她是信任的，而她这些行为恰好反映了她对我的不信任，需要这些客观的"证据"以维持我们之间的信任。

在后来接触到的几乎所有访谈对象中，谈到借钱，生活遇上困难需要拆借，首选都是"老乡"和"亲人"，并没有人向自己的"老板"借钱，哪怕是预支工资。因为他们认定只有"老乡"才能无私地为自己雪中送炭，而且相互间知根知底，"跑得了和尚跑不了庙"，也不用担心借了不还。

虽然日常社会交往和情感互动是初级社会关系的基础，但是对他们来说安全和信任才是交往的核心原则与宗旨。除了血缘、地缘、族缘这些被他们认可的关系，在同一个打工点工作的"非老乡"同事，本是最有可能发展为朋友或亲密朋友关系的一个群体，在他们经历一些事情后，经验则会告诉他们，还是知根知底的"老乡"值得信任与深交。阿丽在讲述男朋友送的手机被同事——这一没有纳入自己核心圈的外地人"拿"走时，尽管是几年前的事，仍很激动。并且经历几件事后，阿丽对这样的"同事"便似乎存了"不可信赖"的刻板印象。

"我以前的手机是三星的S4,那个时候这个手机才刚出不久,是我男朋友送我的生日礼物。七月份送我的,八月份我们好几个同事去酒吧玩。有一个同事不喝酒,只喝柠檬水,我和另外几个同事在喝酒猜拳,然后她就拿我的手机玩,我去上厕所,回来一看她不见了,我的手机也不见了。我拿另外同事的手机打我的手机,已经关机了。我给她打电话,她说已经把手机还给我了。她以为我喝多了吗?我那个手机还贴了水钻的,就这样被同事拿走了,(我)特别伤心,就哭着跟我男朋友说了一晚上……"①

在借钱还钱的问题上,阿丽也认为"同事"不可靠,只有"老乡"是最可靠的。

"有一次我一个同事问我借钱,然后记得是问我借500块,当时我身上也没钱,她就很急地跟我说500块你都没有吗?然后就有点生气。我没办法就问我旁边的老乡借了钱然后给她,谁知道她到现在都没还我钱。以前去问就说没有,现在直接不回电话和短信。我再也不问她了,以后也不准备理她。最后我自己拿了500块还给我老乡。"②

在这件事情上,老乡仗义借钱,同事欠钱不还带来的双重作用对阿丽交友及可信任关系的判断标准产生了很深的影响。而在她最无助、最需要帮助的时候,给她雪中送炭并相互取暖的还是"老乡"。刚出来打工时,她和一个老乡合租了一间房,但因不懂得事

---

① HYL,正式访谈,2016年5月12日。
② HYL,正式访谈,2016年5月12日。

先抄录租住之前的电表,于是房东将之前房客的电量也算在了她们头上(阿丽是这么认为的)。在租住了一个月后,因无法付给房东电表上显示的电费加当月房租,共计 200 元,阿丽和老乡被房东扣了随身物品后赶了出来。

"他(房东)就把我们的东西放在门内,守着,不让我们进去拿了。一个关系好的老乡,在别家打工,我们一个电话,她就过来了。她上班一个月 300 块钱,当时她还有一个老式自行车,为了还房东,我们就当废品卖掉了,你猜卖了多少钱? 18 块钱!卖掉以后还是不够,那个老乡就厚着脸皮去跟她的同学借了 300 块钱给我们。我们把房租给了房东,拿回我们的东西,放在她住的地方,天都黑了。我们重新去找房子,但是没有找到。那天晚上,我们三个人就挤一起,挤在老乡 1 米 2 的小床上。"①

在阿丽的记忆深处,这还不是最"惨"及最让她感动的瞬间。饥饿以及饥饿后老乡给的"一顿饱饭"更让她终身难忘。

"记得有一次离发工资还有一个星期,身上就只剩 5 块钱,不知道怎么办。那个时候除了知道几老乡的电话也不知道别人电话,对昆明也不熟。一个老乡就给了我 5 块钱,凑起来买了一把挂面,吃了一个星期。家里②有盐、油、辣椒,拌一下。比如说早上煮了一碗,会在饭盒里带一些,中午在店里③用微波炉转一下。那个时候可能是还小,也没什么计划,有钱了就吃,没钱了就没得吃了。不

---

① HYL,正式访谈,2016 年 5 月 12 日。
② 出租屋,访谈对象在叙述中,会把自己租住的房屋称为"家"。
③ 她当时在昆明小西门的一家服装店打工。

过只要你能联系到老乡,她们就不会让你饿死。"①

几次吃同事亏的经历,多次"老乡"的雪中送炭,在她手机上的直接体现便是:48个联系人中,只有家人、朋友和工作中必须联系的老板及同事的电话,她说:

> "我只有关系比较好的会存在通讯录里,别的一般都不存,存了也会删掉。QQ、微信都是,不认识的人我根本不加。有的时候,不好推当时加了,过后我就拉黑了。微信里面经常联系的就几个,就是朋友和同学。和亲人一般是打电话了。"②

不管是王阿姨还是阿丽,在城市空间中均选择性地扩大、复制"激活"原有的社会关系网络。在一次又一次的日常生活实践中,一旦她们陷入生活窘境,不是想办法拓展自己的关系网络、搭建因工作等原因可能建立的弱关系网,反而折回头求助于传统的血缘、地缘、族缘关系。

手机在现实中没有起到扩大这一群体人际传播范围的功能。如在研究方法章节所叙述,我主动请求添加50个微信好友,只有14个通过验证,原因仅仅是看我不像他们老乡。

这是一个反复固化的过程,第一次"对外"交往受挫,则马上缩回自己圈子,加深对所属群体安全感、重要性的认同。每当得到"老乡"的帮助,又再次加强了对群体的信任感与依赖性。因陌生而造成的不安全感、城市边缘人的自卑感使他们从内而外地表现为对外界的封闭与排斥,排斥所有血缘、地缘、族缘之外的关系。他们只将手机作为加强内部关系、加深族群身份认同的工具:无论

---

① HYL,正式访谈,2016年5月12日。
② HYL,正式访谈,2016年5月12日。

是寻找新的工作,还是生活上窘境、社会交往和情感互动的生活需求,手机并没有改变他们交往的范围。与其说他们是筑起一个"安全"的壳来对城市生活的主动适应,毋宁说是画地为牢,被动地将自己隔离于城市之外。如开篇所说,他们不仅在一些外显活动上自带屏障将自己与外界隔离,更在内心筑起了一堵厚厚的高墙,拒绝与所有乡村熟人社会关系网之外的人交往。即使如我这般,通过他们圈子里的自己人——王阿姨引入,且属于想尽各种办法试图"钻"进他们圈子的人,也是着实钻的辛苦,从开始试图接触到最终他们基本对我接纳,从"他群"到"我群"的艰难转变经过了漫长的两年。我这样的"主动出击"尚且需要极大的耐心与等待,若要他们主动去结交或拓展新的关系,可以想见有多困难。尽管他们与城市当地人混杂在一起,但有形边界的消失,不代表着无形边界的消弭。共同生活在同一区域,因缺乏交往、交流带来的物质和精神上的互惠①而关系疏远,近在咫尺又远在天涯;通过手机却可以与亲人、老乡"天涯若比邻"。他们一方面希望到外面闯荡,获得新的社会资源,同时又害怕同外界接触。为了规避风险,他们只能选择固守由血缘、地缘、族缘天然形成的熟人关系网。于是,在流动人口大军中,在城市中,他们成为只和自己人往来的,漂泊于各个角落里的城市里的边缘人、陌生人。

第五节 埋葬手机:无奈的手机"实践"

2017年整个"十一"国庆期间,微信"对歌群"里的名为"平平"的洪阿姨彻夜唱山歌,边唱边哭,边哭边唱,有时哭得泣不成声,停几分钟又接着唱,一唱一夜,听得人心碎。山歌是当地婚丧嫁娶仪式、集体活动、节日风俗,日常聚会的主要活动内容,也是表达心情的主要方式。歌词有固定的,例如结婚的祝酒歌,老人去世的悼亡

---

① 苏力:《较真差序格局》,《北京大学学报(哲社版)》2017年第1期。

词等,平时聚会的山歌则是根据具体时空场景即兴创作。

"平平",50 岁,龙村彝族妇女,丈夫是龙村哈尼族。

在连续几天的山歌中,洪阿姨诉说了长子阿兴触电生亡,自己白发人送黑发人的不幸,孤独在世的悔恨、郁愤、伤怀和寂寥。

刚满 28 岁的阿兴与父亲、已成家的弟弟共同经营一辆 7 座微型车。车购于 2016 年,载客对象主要是在昆打工的老乡,往返于乐乡龙村与昆明之间。至 2017 年春节,龙村已有 8 辆微型车专门跑这条线,阿兴父子是其中之一。这批微型车生意主要集中在春节期间,从腊月开始到春节结束返城,每日往返。腊月二十五以后,甚至一天 24 小时内往返 2 次。原本荷载 7 人的车,低于 9 个人不发车,最多的时候一车载了 13 个人,130 元/人/次。① 2017 年春节,阿兴父子就净赚了近 3 万元。这笔钱也是后来阿兴家建新房的一笔主要资金来源。非春节的平常日子,凑足 7 人可发车,父子三人便看各自打工的时间安排轮流载客。

2017 年 9 月中旬,家里盖房子缺帮手,阿兴被父亲叫回了家。阿兴特地向老板请了一个星期的假,可是这一去再也没有回来。在搭建三层楼(图 5-6)的时候,建房的师傅告诉阿兴多放了一根钢筋,让他把钢筋抽出来。可万万没有想到,抽钢筋的时候,钢筋另一头碰到了高压线,在钢筋触线的瞬间阿兴触电身亡。连戴了手套本能去拉阿兴的修房师傅也被电击后从楼上摔下。

老年丧子何其悲痛。亲戚朋友们大多在外打工,帮忙办完丧事便也匆匆回到打工地。洪阿姨连个诉苦的人都没有,只能通过歌声在微信群宣泄。她一唱,群里便有人唱和,也都是宽慰她人死不能复生,让她想开一点之类的唱词。她唱一夜,就陆续有人陪她唱一夜。劝她尽快回昆明打工,转移注意,走出悲痛。此时的微信

---

① 2016 年 8—9 月,我在乐乡田野调查,住在龙村,因调查所需得多次往返于龙村和兴村,走山路单程我需爬行 3 小时。如果坐微型车从乐乡乡道经 T 乡可绕行到兴村,约 40 分钟。为省时省力我雇佣过好几个当时"赋闲在家"的微型车司机。关于微型车的载客人数、收费等"行规"均源于与和他们的交谈。

图 5-6 让阿兴丧命的三层新房和电线
图片来源:常武;拍摄时间 2017 年 11 月 25 日

群,是洪阿姨的取暖之地。

洪阿姨歌词里绝大部分是对情绪的发泄,悔恨自己不该把阿兴叫回家修房子。但其中一句歌词翻译成汉语大意是:把你生前的东西都给你带走,你的手机,你的债,全部放在你棺材里一起埋掉。

为什么要把手机放在棺材一起埋掉?什么债?

我当时的想法是,或许手机是阿兴生前心爱之物,洪阿姨夫妇不想睹物思人,便将手机随棺材埋葬。至于"债"大概只是一种抽象的说法。

亲自给阿兴清洗尸体、穿寿衣入棺木、全程参与葬礼的常武也证实了洪阿姨的唱词,手机的确做了随葬品。而且不止手机,还有阿兴的身份证、银行卡、驾照都一起放入棺材下葬。当地的老人、毕摩均认为将这些东西下葬不符合传统礼法。但洪阿姨丈夫坚持,必须用这些东西随葬。旁人也不好再说什么。常武给我讲述了阿兴亡故当天及下葬的情况:

"那天也是村子一个老人不在了,我回去帮忙,去篮球场吃早饭。十点来钟吧,路过他(阿兴)家修房子的时候还好好的。我一顿饭还没有吃完,就听的'砰'的一大声响,接的就有人跑来讲出事了!有人叫高压电打着了!喊我们赶紧过去看。我们几个放下筷子就跑过去,到那里,人已经躺在地上了。他们拿砂浆灰压的他肚子上、脚上,说是要帮电从身上引出来。我看鼻子、嘴巴、眼睛已经淌了好多血,人没有烧糊,手上的皮全部炸开裂了,骨头都露出来了。我过去摸了一下,我觉得是没气了,肯定是死了,又不敢讲。卫生所的医生来了,医生也说没气了。他家妈(洪阿姨)一直哭,抱着他的头不放,说还是热乎的呢,没有死,硬是说要拉到红河县城医。我们又打120,一直等红河县城的医生来。医生来了也说早就断气了。她一直抱着哭,不放手,拉都拉不开。我人性格直嘛,我就说,'你再不放,等硬掉,不好洗,不好穿衣服了'。她才放开手。

  阿兴也是可怜啦,年纪轻轻的,棺材、衣裳都没有。我们又帮他家到村子一个老人家把棺材,全套的衣裳一起借来,给他家(阿兴)洗了装(进棺材)了。我们老古董的说法,年轻人又没结婚,要赶紧埋掉,拖不得。还好我们这些回去帮忙的都在,晚上就给他洗了装了,第二天早上就抬上山了。

  但是当天晚上守夜,害怕了,手机在棺材里响!死人我是一点不怕,洗了装了,我都不怕,老人、年轻的、小娃娃我都整过。手机在棺材里响,第一次嘛,心头怕,一响就觉得冷飕飕的,响了好几次,我们几个男的都觉得怕。有点像那种演鬼的恐怖电视的感觉(笑)。他们说,来来来喝酒(壮胆)。第二天跟他家的人讲了,手机一直响,他家的装没听见。棺材下土的时候还响了一次。我这一小生人也就只见过他家这种了。"①

在阿兴去世的一个月后，洪阿姨从龙村回到了昆明，找到王阿姨，希望帮她介绍一份保姆工作，理由是原来打工的餐厅人太多，不想见人。

保姆在光明小区供不应求，之前他们群体中有八九个从事保姆工作，口碑很好。所以只要愿意，找保姆工作很容易。在王阿姨介绍下，洪阿姨很快就在周女士家顺利工作了。周女士对洪阿姨评价是：

"做事还勉强，就是不说话，有点呆呆的，只要你不问她，她一天不会主动和你说一句话。也不看电视。手机响我们说，你手机响了，她看看经常不接。就是觉得有点呆。"②

诚如洪阿姨要找保姆工作时所讲的，真的是"不见人"，除了扔垃圾，几乎是24小时待在周女士家里不出门。王阿姨想叫她出来散心，任凭微信怎么叫，都不出来。直到一天王阿姨匆匆来找我，带来了洪阿姨的手机，让我帮看短信写了什么。34个红色醒目的未接来电，除了一些公共短信外，有5条短信由2个号码发出，这两个号码均在未接来电中。看完短信，我震惊了，对之前的一些疑团似乎解开了一些。5条短信如下：

"我们有欠条，有你全家身份证，有你家地址，不要想跑。"(2017年10月14日12:40分)

"还15000元。"(2017年10月15日00:15分)

---

① CW访谈时间：2017年10月12日；地点：昆明W货运中心。
② 周女士，访谈时间：2017年11月2日；地点：光明小区。

"这个月欠 18000 元。"(2017 年 11 月 14 日 13:10 分)

"下个月 21000。"(2017 年 11 月 14 日 13:12 分)

"你家有车,还有个儿子儿媳妇。"(2017 年 11 月 14 日 13:34)

王阿姨告诉我,洪阿姨不想让老乡知道,她信任王阿姨,让三阿姨找识字的人看看短信写的什么,但不能告诉其他老乡。洪阿姨认为短信上的数字是儿子欠银行信用卡的钱。我当即否定了这种说辞,并要求见她,必须和她本人当面聊,①让王阿姨转告她事态的严重性。

半小时后,洪阿姨随王阿姨来到了我家。比一个月前见她时更加黑瘦、憔悴。我开门见山地告诉她,不出意外的话,阿兴欠的是高利贷,而不是银行信用卡,希望她把知道的情况,不要有任何隐瞒地告诉我。洪阿姨开始哭泣,似乎除在山歌群唱歌发泄之外,在这里又有了个释放情绪的出口。我没有打断她,让她继续哭。在一旁的王阿姨开始用彝族语劝慰她。我听懂王阿姨对她说,汉族人家忌讳别人在家里哭,让她不要再哭,赶紧说事情。过了一会儿,她情绪稍微平复,开始对我诉说:

"儿子死了,我真的是什么人都不想见,见到老乡我都难过。我家老公说趁这段时间没雨赶紧把房子盖好,就喊他(阿兴)回来。后悔了,太悔了,他没来几天就死了(哭)。才回来那天去拉水泥,路上他给我说'妈妈,我要让人家抓了关了,怕要一两年才回来了'。我说'你在给我说笑',他说'我欠人家钱啦,如果人家打手机找你们要

---

① 一方面,觉得洪阿姨非常可怜,不仅要承受丧子之痛,还欠高利贷,想了解清楚情况尽可能地帮助她;另一方面,她回昆明后去周女士家面试保姆前匆匆一见,我还没有机会和她当面细聊。所有与她和阿兴相关的事情都是听别人陈述,或在微信群的山歌中,我需要听她自己讲讲。

钱,不要管'。我以为他是怕我们找他拿钱盖房子,没当回事。我说房子是你们两兄弟的,出多出少你和你兄弟去说。

后来在家吃饭,也听他接手机给人家说什么'要还要还,回昆明就还'。我们问,他说是银行信用卡,一下又说财务公司。我老公说他是个败家子,当没生过。我问他(洪阿姨丈夫)什么事情,他也不说,一问就抱起烟筒,说你们婆娘不懂就不要问。没过两天,(阿兴)就着电打死了。

人死都死了,他手机还在响,我老公拿起接了,听几句就挂了。他说死了干净了,帮他这些脏东西一起埋掉就清清静静了。帮忙的找来棺材帮他装进去,我老公就帮他的手机丢在棺材里头了。请来看时间的(毕摩)说不能放,不放真手机,做个纸的坟山上烧给他倒是可以。我老公不听,把他的身份证、什么卡一起丢在棺材了。我老公脾气不好,人家也就不多说了。"①

从洪阿姨的叙述推断,她丈夫是知道阿兴欠债的事情的,后来也是他让洪阿姨不接手机并亲自删过洪阿姨手机上的多条短信。也就是说,我看到的 5 条短信只是"债主"发来的部分短信。之所以要把手机、身份证等一起埋掉,目的是躲债——所谓"埋掉就清清静静了"。

他们夫妻办好丧事回到昆明打工,洪阿姨改行做了保姆,因为她丈夫会开车,回到原来的餐馆当引车员。② 可是事情并非如洪阿姨丈夫想得那么简单。

---

① HJZ,正式访谈。时间 2017 年 11 月 14 日,地点:光明小区我家里。
② 引导来用餐的客人在餐馆所辖车位泊车。

"我家的那张车要罚钱,我老公说两本执照才够扣(驾照扣分),还要交 2000 来块。人倒霉,什么都不顺,连开张车也要罚钱。他说,这边交警队罚的多,跑的什么地方交可以少交 900 块,他就跟老板请假了。还好他出去了,人家(债主)找上门,来了两个人。我老公不在,人家就找餐厅老板去说。等我老公交罚款回来,老板娘就跟我老公说,会影响生意,让我老公走了,还差好些天也结了一个月工资。我老公走了,晓得给是回家去。让我不要接电话就没事。让我赶紧换个手机号。"①

洪阿姨丈夫走了,手机已无法接通。她在突然之间连续接到看不懂又数额渐"涨"的短信,六神无主之下找到了她信任且帮她介绍工作的王阿姨,最后走进了我家。

把阿兴手机,甚至身份证、银行卡等随棺材埋葬了,真的就可以将这个人彻底抹去吗?不接电话,甚至换个手机号码,这件事情就可以真的过去吗?阿兴生前借了多少钱?跟什么人借的?欠条在那里?目前还了多少?利息怎么算?所有的问题洪阿姨一无所知。我不知道她丈夫又知道多少?他回村或是远走他乡,就真的可以躲避吗?很多情况下其实是无处可逃。我不敢再告诉洪阿姨新闻媒体报道或听到的所谓"财务公司"追债有多"尽责"甚至凶残。

阿兴家所建的新房,就在高压线下,属于先有线、后建房。建房本就存在危险。乐乡供电所多次上门,告知房屋最多建造两层,

---

① HJZ,时间:2017 年 11 月 14 日,地点:光明小区我家里。

否则将缩小高压线与人体活动范围之间的安全距离,①增加危险性。阿兴一家执意建造三层,臆想父母和两兄弟一家住一层。供电所在和阿兴父亲交涉多次后,要求签下协议:因搭建造成的任何危险,供电部门概不负责。阿兴父亲连告知书上的字都没有认全就欣然签字按手印。因此,阿兴遇难未获得供电部门任何赔偿。我从在云南省电网公司从事宣传工作的同学处了解到,阿兴这种情况并非偶发,在农村和城中村多有发生,违章搭建且已被告知后造成的伤亡供电部门是不负责的。但如果当时没有签字,父母去供电局"耍耍赖"或可得到少量赔偿。而一旦签字,自然也就不可能拿到一分钱。这些年外出打工挣的钱,除了买了那辆载人的微型车外,其余的钱全部用于建房,包括微型车载客赚的钱。长子阿兴意外亡故,对这个家庭本就是毁灭性打击,还带来无从理清的"高利贷",这个风雨飘摇家庭彻底坍塌似乎只差一根稻草。

我鼓励洪阿姨最好是报警处理,或者试着接对方电话问清楚情况。如果阿兴欠的只是 18000 元,可以先和亲戚朋友凑钱先还清,否则利滚利会更多。电话中不要透露自己住址。万一对方找上门,马上拨打 110……我还嘱咐了很多。但让一个 50 来岁,连汉语都说不利索的彝族农村妇女去独自面对这一切,是否太残忍?她又能否真的去面对?我不知道!望着她从我家走出去的瘦削的背影,一种深深的无力感侵袭而来,顿感心痛!

城市最本真的一面,是人的欲望。如阿兴一般的乡村青年外出务工,在开眼界、见世面的同时,欲望也随之增强,却没有抵御诱

---

① 《云南省电力设施保护条例》第十六条就规定:架空电力线路保护区为边导线向外侧水平延伸并垂直投影到地面所形成的两平行线内的区域,各电压等级电力线路的边导线在居民区、非居民区、交通困难地区与地面、建筑物、树木的安全距离,应当符合国家电力线路设计规范和技术规程。其中,各级电压架空电力线路杆塔、拉线基础的保护区是:其外缘向周围延伸的如下距离:

电压等级	杆塔基础	拉线基础
35 千伏以下	5 米	2 米
110 千伏以上	10 米	3 米

惑,规避风险,判断金融渠道是否正规的能力。一旦出了问题,阿兴也好,他的父亲也罢,只会选择逃避,删短信、不接电话,甚至用"埋葬"手机这样掩耳盗铃的方式试图越过逆境。彻底把"手机"等同于人本身,似乎手机消失,或者换号了,意味人也就消失了。用天真幼稚来形容有失公允,但倘若能懂得高压线的常识,倘若供电所送来的安全责任书阿兴的父亲能认真阅读并理解,倘若不要盲目的攀比建房,或许悲剧不会发生。当然,世界上没有"倘若",没有后悔。

小　结

　　手机在改变人们生活的同时不断地被驯化,展示、凝聚社会文化变迁,它与日常生活形成一种强烈的互构关系。个人因带有自身的历史给定性和经验性,媒介实践过程也可能附着社会身份烙印和人生底色。面对和使用新媒体所展现出来的主体性也不尽相同。

　　来自云南乐乡的彝族哈尼族农民工群体,在宰制性、制度化、结构化的情境下利用手机进行主体性的空间实践。生产了以民族文化符号为标识的网络族群空间,重构了传统仪式空间,建构了跨越边界的舆论空间,也界定了"我群"与"他群"的无形边界。手机建构空间的同时,作用于城市和乡村两个实体空间及空间里的人,社会结构在网络空间中得以重组。

　　任何科技都是双刃剑,摄影、微信等操作的简易性包容了他们文化水平的低下,"知沟"在一定程度上消弭,但手机对生活世界的入侵或许会在某个完全意想不到的情境下将自己置于万劫不复之地,比如精神失常的阿成,比如故去的阿兴……

结论与反思:"生活诗学"抑或戴着"枷锁"舞蹈?

在现代化与社会转型的历史洪流中,农民工,少数民族农民工这一底层、边缘群体应当怎样被看见?怎样被书写?我没有宏大的理论抱负也不敢奢望能全景式的呈现。我讲述主要生活在我周围又和我存在异质性的一个群体,他们琐碎的、平凡的、边缘的,不会被纳入宏观视野的日常生活故事。当手机这种已经彻底改变城市和城市人生活方式的具身化媒介也同时嵌入他们的日常生活后,和他们之间有怎样的碰撞,有什么样独特的故事。

一、"生活的诗学"

"日常生活就是参与空间的社会生产,塑造不断演变的空间性并被其塑造。"①农民工输出地云南红河县乐乡的村落空间,打工输入地昆明的城市空间,以及手机建构的线上空间,三个空间经由手机建构的网络空间得以勾连,共同构成了他们的日常生活空间。

在村落空间,为了契合城乡流动的生活模式对传统礼俗空间

---

① [美]爱德华·W.索亚:《社会生活的空间性:迈向转向型性的理论的重构》,载德雷克·格里高利,约翰·厄里编:《社会关系与空间结构》,北京:北京师范大学出版社,2011年,第90页。

进行了重构,对"拼贴"的亚文化空间进行生产,生成了新的意义与传统。

在城市空间,他们具有全新的生活方式及建构支撑这种生活方式的社会空间的能力:城市不起眼的角落,演变为他们交流、休闲、娱乐的空间及才能展示的舞台以化解工作"无聊"。这种经由他们建构的城市"碎片空间"既是他们活动的场所,亦是嵌入城市生活的具体生活情境;利用广场、公园等公共空间以节庆和仪式性的"身体展演"完成一种打破日常生活秩序的"狂欢空间"建构。

在经由手机构筑的网络空间中,他们是大胆的实践者,网络空间的书写者和创新者:在视频网站建构了以民族文化符号为标识的网络族群空间。在前媒介时代,要形成族群文化、族群身份的共同体想象,必须经历仪式、庆典等传统形式,而在传媒时代,特别是手机时代,群体中的人却可以通过现代媒介赋予的技术福利实现对民族身份的想象与地方再造,而微信的便捷性则将这种民族认同与体验以更直接的方式进行彰显和强化。

他们利用具身媒介的手机对村落传统祭祀仪式进行解构与重塑。因手机重新界定了空间,构成了一个全新包含了现实空间、虚拟场景以及两者融合下产生的交叠场景。身在祭祀现场或身在城市,人人都参与、建构、行塑了全新的祭祀仪式,这是他们利用手机进行的生动的文化表达,也是对文化实践内涵的颠覆性改变和文化再生产。

他们建构了跨越边界的舆论空间。乡村舆论主体的外出,不代表舆论效果的失灵,熟人社会里人们害怕"唾沫淹死人",人们守德、守信是害怕受到熟人的谴责、声讨而难以在居地立足,即一种耻感文化制约。然而"唾沫"可以从实体空间转移到虚拟空间,"线下"到"线上"。在智能手机构筑的网络空间中形成的舆论压力,同时作用于城市和乡村两个实体空间及空间里面的人,舆论的形成与传播依旧迅速有效,社会关系、社会结构在网络空间中得以重组。

他们界定了"我群"与"他群"的无形边界。因陌生而造成的不安全感、城市边缘人的自卑感使他们从内而外的表现为对外界的封闭与排斥,排斥所有血缘、地缘、族缘之外的关系。他们只将手机作为加强内部关系、加深族群身份认同的工具。

这一哈尼族彝族农民工群体的日常生活实践是一种"临场发挥"性质的实践。群体成员根据生平情境与此时此地的具体情境,通过具身化行动来把握自身处境,完成对物理空间与社会空间的重构或生产。这种空间生产,由成员在具体的社会情境中就地完成,在给定的舞台空间即席书写与舞蹈,使用的手段或者说策略临时、短视、缺乏系统性,更多的是基于生存需要,既不是主观性的有意识、有系统、有计划地对宰制力的反抗,也非一味地规避和逆来顺受,而是以生存为目的,在自由与控制之间与情境因素的复杂多样相契合的,弹性化的即兴创造与权宜举措,是一种权宜性的、随机应变的日常生活实践。

他们的日常生活并没有被自上而下的制度性、结构性压力,宰制力挤压得索然无味,而是通过各种生活策略,在给定的空间进行临场发挥式的即席创作与书写。从村落空间,城市空间,再到手机建构的网络空间,他们的日常生活似乎正如德塞托认为的充满了生活的诗意,在日常生活实践中形成了可以耳闻目睹的日常生活的诗学。

二、戴着"枷锁"舞蹈?

卢梭说:人生而自由,却无往而不在枷锁之中!

德塞托也说,日常生活始终是"既处在其中又是'他者'的模棱两可的位置'逃避它却又离不开它'"[①]。似乎对社会上的任何人或群体都如此。处于底层边缘的他们又如何?

回不去的村落 回头看他们走出来的乡村,房子越盖越大,装

---

① [英]本·海默尔:《日常生活与文化理论》,周宪、许钧主编,王志宏译,北京:商务印书馆,2008年,第250页。

修越来越豪华,却几乎无人居住或无法回去居住。具有法律意义上的土地所有权,却具有一定风险,正如有学者所言"在城市里租房,决不允许拿租来的房子去银行抵押,现在用'流转'的土地经营权去贷款,抵押后经营出了问题就直接关系到农民集体土地所有权和农户承包权的问题,这可是'要命的事儿'。"① 况且,土地租金杯水车薪。无技术、无知识、无资金、无经验,回乡创业的可能性不大。虽然他们把"根"放在了村落,即使心在村落,归属和认同感也在村落,人却不得不离开村落依附于城市,在扰攘都市讨生活。

融不进的城市 生活在城市的边缘和底层。与城市当地居民近在咫尺,却互为晦涩难懂的他者,是不会导向同质化的交迭与混杂,甚至是不存在的"空气"。因陌生而造成的不安全感、城市边缘人的自卑感使他们从内而外地表现为对外界的封闭与排斥,排斥所有血缘、地缘、族缘之外的关系。真正的陌生便是群体间主观性的区隔与疏离。尽管对城市空间进行"挪用""创新"努力地营造属于自己的小小的"领地",但毕竟是别人的"地盘",诸如在车库跳舞,车一来,必须离开一样。他们在城里的"家园"——昆明市官渡区村改制社区的和村,离原昆明巫家坝国际机场仅一街之隔。巫家坝机场于 2012 年 6 月 27 日正式停运,6 月 28 日转场至长水国际机场。② 五年之后的 2017 年 9 月 5 日,官方公布了原巫家坝机场的全新用途——"建设一个约 5000 亩的城市中央公园"③。和村在规划范围之内。和村农贸市场,昆明人俗称的"关街",也是他们

---

① 陈锡文:《中国农村还有 5.7 亿人,判断乡村情况要靠科学统计而不是返乡故事》,载微信公号"瞭望智库"2018 年 3 月 16 日推送。
② 段晓瑞:《长水机场启用:再见!巫家坝 你好!长水》2012 - 06 - 28 来源:云南网 http://news.carnoc.com/list/226/226540.html
③ 2017 年 9 月 5 日,昆明市规划局对《昆明巫家坝片区控制性详细规划优化》进行公示,片区内将规划建设一个约 3 平方千米的城市中央公园,并将东白沙河原机场下游段与中央公园水系结合,形成山水交融的绿化景观中轴,本次规划编制范围:东至昌宏路-彩云北路,西至枧槽河西侧岸线,北至贵昆路,南至广福路。规划总用地面积 1091.11 公顷。载昆明日报《昆明巫家坝片区将建 5000 亩城市公园》2017 年 09 月 15 日 10:03:42 http://www.yn.xinhuanet.com/hot/2017 - 09/15/c_136611671.htm

之前最爱的消费场所,于 2017 年 9 月 30 日正式永久关闭取缔。①在和村这样的城市"飞地"画一个"拆"字,从昆明城市地图上彻底抹去,似乎只是时间问题,②且一定不会遥远。那么,那一天他们这样一个庞大的群体又将何去何从? 沙朗·佐京那个振聋发聩的"谁的城市,谁的文化?"直指城市空间背后所隐含的文化、权力、争斗,至今余音袅袅。

"茧化"的网络　　即使他们活跃于网络空间,具有主体性的创造能力与媒介实践能力,但他们使用的媒介大多不需要读写能力,虽然在操作的层面消弭了"知沟",但在深层次的知识技能,资讯的获取和对整体环境的把握上依然鲜少助力。利用手机媒介生产的内容,反而有固化社群边界的效果和趋势,让社会关系网络"茧化"。对手机的"不当"使用更恶化了成员的生存状态。

他们尽管进行着主体性的"临场发挥"性质的日常生活实践,具有一定的创造生命灵力的能力,处于底层边缘未必凄风苦雨,但也未必充满诗意,更像戴着"枷锁"的舞蹈。

李金铨在评价潘忠党"临场发挥"这一概念时如是说:

"我觉得,它们多半会被主流结构吸收、削弱,以至击败,因此夸大受众的主体性而忽视结构的控制恐怕只见树不见林;那些小胜利流于短暂、自恋和逃避,并不能改变、抵抗或颠覆深层的支配。"③

这也道出了我对这一哈尼族彝族农民工群体的隐忧。

---

①　云南网:《别了 关街 9 月 30 日起关街集贸市场将永久关闭取缔》2017 - 09 - 17 08:59:12 http://society.yunnan.cn/html/2017 - 09/17/content_4941085.htm

②　官方目前没有公布和村具体安排,但网上找到一份名为《昆明巫家坝城市副中心和村片区(金马段)征地拆迁项目选择招标代理机构》的招标发布。时间为:2017 年 04 月 01 日 http://www.qianlima.com/zb/detail/20170401_53542531.html

③　吴飞:《"空间实践"与诗意的抵抗——解读米歇尔·德塞图的日常生活实践理论》,《社会学研究》2009 年第 2 期。

附录一　访谈提纲[①]

一、个人迁徙情况

1. 你是哪一年出来打工的？当时几岁？能不能详细说说你出来打工之前在老家做什么？是什么原因让你想离开老家出来打工？在打工前，对打工的理解（或想象）是什么？出来打工的第一份工作是做什么？工作地点在哪里，能回忆得起来当时每一天具体工作的内容吗？这份工作和你当初想象的打工的情形有没有不同，和你想象的差别在哪里？第一份工作你是怎么找的？多长时间适应这份工作？这份工作持续做了多久？为什么后来不做了？在这份工作中，有没有学到什么？这对后来打工有没有什么帮助？

2. 从你第一次外出打工到现在为止，就一直在外打工了么？换了几份工作？聊聊你的第二份工作，工作中有没有经历过让自己特别难过、沮丧、饱受挫折的事情，讲一讲什么情况？这样的事情你是怎么应对的，对你后来的工作、生活有没有产生什么影响？

---

① 本提纲由本人在博士研究生导师指导下完成。正如研究方法章节所叙述，有 5 个硕士研究生曾参与了对 5 个研究对象的访谈。其中，缪梦在完成其硕士论文《从手机通讯录看建筑农民工的人际传播》时用了此提纲并作为其论文的一部分。该硕士论文（连同提纲）于 2016 年 6 月收入学位论文数据库，故此访谈提纲在 CNKI 数据库中重复。

（以此类推，接着聊第三份、第四份工作……直到目前的工作为止）

3. 我们来谈谈你现在的工作，每天从上班到晚上下班都负责些什么事情？现在的工作你做得开心吗？你自己觉得你的工作做得好不好？老板对你有评价吗？骂你或者奖励你吗？你喜不喜欢现在的工作？这份工作打算干多久？除了你以前和现在做过的工作，你觉得你还能干些其他什么工作吗？如果有机会，愿意去尝试这些新的工作吗？

4. 打工期间你经常回老家吗？一般什么时候回去？通常待多常时间？回家期间需要跟老板请假吗？怎么请？一般批准多长时间？你会遵守老板给你的时间吗？有没有违背过？如果违背了，会被老板骂或者扣钱吗？

5. 你现在比较喜欢待在城里还是老家？为什么？老家/城里哪些东西让你喜欢和不喜欢？

6. 你觉得一直做一份工作好还是尝试更多的工作好？为什么呢？

二、社会交往、业余生活及媒体使用

1. 你现在不上班的时候干些什么？你们同事/老乡经常聚会吗？怎么组织起来的？聚会干些什么？能讲讲你参加过的老乡聚会吗？

2. 能不能谈谈你的爱好（比如绣花、唱歌、跳舞等，在哪里唱、跳？有没有跳广场舞？在哪里跳？）

（注：以下对媒体使用情况的访谈，尽量在受访者居住地，根据观察到的实际情况展开访谈和询问）

3. 你平时看电视吗？喜欢看什么类型的节目？喜欢什么样的电视剧？喜欢哪些角色？为什么？看不看新闻？看哪个台的新闻？

4. 有时间会上网吗？在哪里上？在网上看什么？会把喜欢的东西下载下来吗？

5. 喜欢看报纸、杂志吗？看些什么类型的？看报刊有没有什么特别的目的？

四、城里居住情况（如果可以在居住地访谈，则很多问题不用再问）

1. 你现在住在哪里？为什么选住在这个地方？房子是租的还是买的？几间房，有些什么家用电器和家具，这些家具电器是自买还是租房内配的？在哪里买？还记得什么时间买的吗？大约花了多少钱？

2. 租房有没有和房东签订租房合同？（如果签有合同，在允许的情况下借来看看）租金多少？具体的支付方式是什么，一个月付一次还是半年或一年？有没有租房押金？多少？

3. 你认识你的邻居吗？和他们熟悉吗？他们是哪里人，做什么工作？你们经常往来嘛？聊聊他们的情况。（这个问题视具体情况可放在"社会交往"部分）

4. 有没有想过在这个地方住多久？为什么？

5. 你觉得住在这里和住在老家最大的不同是什么？你更喜欢住在哪里？为什么？

五、老家情况

（一）住房

1. 能聊一聊你在老家的房子吗？老家几幢房子，房子的来源，是继承祖屋还是婚后自建，哪一年继承或自建？如有兄弟姐妹，为什么是自己继承而不是别人？

2. 房子几层，什么材质，土坯房还是砖瓦房，室内有无装修，家具是自己做的还是购买，各花了多少钱，有些什么家电，从哪里购买，花了多少钱？

3. 自己出来打工，家里闲置房子如何处置，出租或是其他，如出租,租金多少?

（二）土　地

1. 现在老家有多少地？耕地、林地、草地、农田水利用地、养殖水面等各有多大面积？都种植些什么,一直种这一种作物,还是期间有改变,为什么改变,改变后收益较之前是增加还是减少？

2. 现在土地是自种还是出租,如果自种,自己出来打工,是怎么安排时间进行农事活动,自种能产生多少收益。如果出租,租给谁,租金多少,租金的收取方式是什么？实物还是现金,多长时间收一次。

（三）家　畜

1. 现在老家还饲养牲畜吗？养些什么？大概数量有多少？
2. 养这些牲畜的用途是什么？多少留用,多少出售,能产生多少收益？

（四）小生意

在老家除了种地还有没经营的项目,如小卖部、酿酒等？谁在经营,收益如何？

六、经济情况

（一）经济收入

1. 工资。你现在一个月工资多少？每个月工资都一样吗？工资和你刚来这儿的时候一样吗？如果涨了,涨了多少？老板有没有说下次什么时候给你涨工资。你们多长时间发一次工资？时间固定吗,大概在什么时间段？现金还是银行汇款或是其他方式？有奖金吗？在什么情况下老板会给你们发奖金？你觉得和同行比这个工资合适吗？你还同时做其他的工作吗？做的是什么？多少工钱,怎么结算？为什么同时做两份工作？

2. 特殊补助。有无领低保或少数民族地区的特殊津贴、补助,1个月(或1年)有多少元,家庭成员中,几人享有这样的待遇；

3. 还有无其他经济来源,具体谈一谈；

4. 你觉得现在在外打工比在家里时经济上有没有更宽裕了？你有没有估算过在外打工一年比之前在老家能增加大约多少？这种经济上的收益是不是促使你打工最主要的原因？

(二) 支 出

1. 你每个月挣的钱能花出去多少,存的了多少？觉得能存下来的是多还是少？这些存下来的钱会不会投资理财,如果会,通过哪些方式理财？

2. 你每个月必须支付的费用是哪些？(上下班交通费、手机费等)家庭基本开销(柴米油盐、吃穿用度)能花掉多少？

3. 每个月、每年花费最多的是什么？

4. 有没有给老家带钱,带多少,怎么带呢？

5. 如有孩子,孩子学费、书费、吃穿、文具、玩具每月花多少；

6. 如果是女性,每月护肤品、首饰、美容美发、衣服花费多少,在哪里购买,你会不会特意将城市女性的打扮作为参照？

7. 人情来往：一般每次花多少钱,最多送多少,最少送多少,数额多寡的标准是什么？如果是送礼物,一般送什么,大约多少钱；哪些月份人情来往钱最多,哪些月最少,为什么？请客者在老家,钱通过什么方式送给对方,如果自己亲自回去,来回交通费多少,因请假的造成的工资损失多少？什么情况(或者和对方什么关系)会选择自己亲自回去？人是否亲自回去是否会影响送钱的数额？

(三) 借 贷

1. 出来打工后你有没有跟别人借过钱？一般借多少？最多的一次借了多少？为什么借？跟谁借？有没有写借条？换了没有？

借了多长时间之后还的？算利息吗？

2. 一般跟什么关系的人借钱？之前在老家有借钱的情况吗？和打工时候相比，哪个时候借钱的情况要多一些？

3. 你有没有借过钱给别人？一般都借给谁？跟你借钱的这些人和你什么关系？他们跟你提借钱的时候你怎么想的？

4. 你们之间这种经济上的借贷对你们之间的关系有没有什么影响？

七、手机使用情况

1. 你用不用手机？现在这个手机是什么时候买的？以前用吗？第一个手机是什么时候买的？什么牌子的手机？你记得到目前为止换过几个手机吗？是些什么牌子？每个手机更换的原因是什么？

2. 我能听听你的手机铃声吗？（向对方询问电话号码并拨打）这个铃声是用手机自带的还是重新设置的？为什么选择这个铃声？会不会经常换铃声？怎么换？

3. 你的手机里有没有存储音乐？是什么音乐？能不能放几首给我听？你怎么存进去的？你会经常打开听吗？会不会唱？

（如果音乐是比较固定的一个或几个歌手或组合的歌，可以再详细聊聊，是否比较喜欢这样的音乐类型？为什么喜欢听他们的歌？）

4. 可以听听你的手机铃声吗？（顺便就要电话号码及听铃声的曲目）一般设置在什么位置（大、中、小）？会设成静音吗？什么情况会设置成静音？

5. 你平时发短信吗？是用拼音、笔画还是手写输入？你一般短信发给谁，什么事情你会选择发短信？谁经常给你发短信？你会不会受到一些公关短信，比如移动/联通发的？会不会理会这些短信？收到过陌生号码发的短信吗？能记得什么内容？有没有受到过说你"中奖"之类的短信？你是怎么看待的？

6. 通讯录里面有多少人？他们和你是什么关系？说说每个人的情况。这些人中你和哪些联系比较密切，说说你们之间的故事。

姓名	性别	年龄	民族	教育程度	职业	现工作地	现居住地	婚姻状况	怎么认识	和你的关系	联系频率	如何联系	备注

（以下问题针对智能手机使用者）

1. 你的手机可以拍摄照片？能不能看一看？说说每张照片的情况（时间、地点、对象等照片背后的故事）你会经常打开照片看？

2. 你会用手机拍视频吗？能不能看看？说说每个视频的"故事"？

3. 你拍摄的这些照片、视频会不会和别人分享？和谁分享？你们之间是不是经常互相传？

4. 除了自己拍摄的照片和视频，有没有下载的？喜欢下载哪些内容？在哪里下载？

5. 能不能看看你手机里面的程序？这些应用程序是手机自带的吗？经常使用的是哪几个？为什么经常使用这几个？会不会下载其他应用程序？一般下载什么？自己会下载吗？还是需要别人帮助？谁帮你？

6. 用不用QQ或者微信？现在用哪个比较多？什么开始使用的？每天花多少时间在上面？一般是在什么时段使用？有多少好友？他们和自己都是什么关系？通过什么方式加人？

7. 平时会不会在朋友圈里或者QQ空间发动态？发些什么内容？你的其他朋友会发什么内容？你们之间会不会进行互动？如何互动？点赞还是评论？

8. 有没有关注微信订阅号？是什么类型的订阅号？会经常看

它推送的内容吗?

9. 朋友圈分享的什么类型的链接你会转发?你会分享什么类型的链接?

10. 微信朋友圈有没有人卖东西?如果有,卖的什么东西?这个人跟你是什么关系?会不会买他们的东西?你对微商是什么看法?

八、家庭基本情况

称谓	姓名	年龄	性别	籍贯	民族	婚姻状况	宗教	教育程度	备注

注:此为半结构性的访谈提纲,在很大程度上由访谈实际情景决定,而非按照上述问题的顺序依次提问。

附录二　主要报告人基本情况

序号	编码	乡/村	工作地点	性别	民族	年龄	工作	手机(有Y,无N,智能手机Z)	文化程度
1	WYM	C	昆明	女	彝	1970	保姆	Z	文盲
2	LZC	D	昆明	男	彝	1969	导车员	Z	初中
3	HJM	A	昆明	女	哈尼	1996	餐馆迎宾	Z	初中
4	CLJ	L	昆明	女	哈尼	1994	保姆	Z	初中
5	HBB	N	个旧	女	彝	1993	餐厅	Z	小学
6	CQH	C	广西	男	哈尼	1993	参军	Z	高中
6	CHX	C	合肥	女	哈尼	1996	电子厂	Z	中专
7	CYF	C	永镇	女	哈尼	1988	家具私营	Z	初中
8	LGY	C	个旧	男	哈尼	1973	包工头	Z	初中
9	BBJ	R	峨山	男	彝	1985	茶厂	Z	小学
10	BNN	C	昆明	女	彝	1977	保姆	Z	文盲
11	BZ	D	依镇	女	彝	1962	刺绣	Z	文盲
12	LNM	L	蒙自	男	彝	1964	保安	Y	高中
13	LBW	A	昆明	女	彝	1968	餐厅	Z	小学

续 表

序号	编码	乡/村	工作地点	性别	民族	年龄	工作	手机（有Y，无N，智能手机Z）	文化程度
14	CWC	A	昆明	男	哈尼	1977	托运部	Z	高中
15	CB	C	永镇	女	哈尼	1970	工地煮饭	Z	文盲
16	CDJ	R	昆明	男	哈尼	1971	托运部	Z	小学
17	CWS	N	昆明	男	哈尼	1997	送货	Z	初中
18	BJH	C	昆明	男	哈尼	1994	快递员	Z	初中
20	CYM	C	昆明	女	哈尼	1988	保姆/工地煮饭	Z	初中
21	CSN	C	昆明	女	哈尼	1964	洗碗	Z	文盲
22	WSW	D	兴村	女	彝	1966	卖米线	Z	文盲
23	LZN	R	然村	女	彝	1968	种甘蔗	Z	文盲
24	CDM	A	昆明	女	哈尼	1969	洗碗	Z	小学
25	LAM	C	昆明	男	彝	1984	建筑工地	Z	初中
26	LLSM	D	兴村	女	彝	1965	种甘蔗	Z	文盲
27	LSG	C	龙村	男	彝	1982	手机店私营	Z	高中
28	GFM	A	永镇	女	汉	1970	赋闲	Z	小学
29	LYS	A	布村	男	彝	1983	养山羊	Z	高中
30	HAQZ	A	昆明	女	彝	1976	洗碗	Z	文盲
31	LNZ	C	昆明	女	彝	1979	洗碗	Z	文盲
32	HSN	A	昆明	女	彝	1960	洗碗	Z	文盲
33	HZN	R	昆明	女	彝	1983	配菜	Z	小学
34	BXB	D	兴村	女	彝	1962	刺绣	Z	文盲
35	HSQM	A	龙村	女	彝	1963	缝纫	Z	文盲
36	HLC	T	昆明	女	彝	1973	洗碗	Z	小学
37	WJY	D	昆明	女	彝	1969	洗碗	Z	文盲

续 表

序号	编码	乡/村	工作地点	性别	民族	年龄	工作	手机（有Y,无N,智能手机Z）	文化程度
38	LBN	N	昆明	女	哈尼	1972	洗碗	Z	文盲
39	LOWS	C	昆明	男	哈尼	1968	送货	Z	小学
40	LJS	C	昆明	男	哈尼	1978	微型车司机	Z	小学
41	HJZ	N	昆明	女	彝	1967	保姆	Z	文盲
42	LYW	C	昆明	男	彝	1982	厨师	Z	初中
43	WHN	A	昆明	女	彝	1977	洗碗	Y	文盲
44	LYY	C	昆明	女	哈尼	1994	上海私企	Z	本科
45	LCZ	L	昆明	女	哈尼	1977	洗碗	Z	文盲
46	LZW	C	永镇	男	彝	1964	水利局	Z	大专
47	LMN	C	昆明	女	哈尼	1975	洗碗	Z	文盲
48	BG	D	昆明	男	彝	1953	保安	Z	文盲
49	CGQ	C	龙村	男	哈尼	1930		Z	高中
50	MJF	A	龙村	女	哈尼	1973	返乡赋闲	Z	文盲
51	MJN	A	昆明	女	彝	1976	洗碗	Z	文盲
52	MYZ	A	惠州	女	彝	1995	化妆品厂	Z	高中
53	WGL	A	龙村	女	彝	1985	养猪	Z	初中
54	CKH	C	昆明	男	哈尼	1968	工地	Z	初中
55	WG	A	昆明	男	彝	1968	焊工	Z	初中
56	LSJ	C	昆明	男	哈尼	1996	长水机场	Z	中专
57	MYZ	L	永镇	女	哈尼	1966	法院煮饭	Z	初中
58	LYL	A	昆明	女	彝	1996	茶室	Z	初中
59	WDJ	C	昆明	男	彝	1965	厨师	Z	初中
60	LMW	A	布村	男	彝	1985	养猪	Z	中专
61	WLZ	C	龙村	女	彝	1965	卖早点	Z	小学

续 表

序号	编码	乡/村	工作地点	性别	民族	年龄	工作	手机（有Y，无N，智能手机Z）	文化程度
62	WHB	R	龙村	女	哈尼	1975	返乡赋闲	Z	小学
63	WSM	D	昆明	女	彝	1971	洗碗	Z	文盲
64	WSZ	N	昆明	女	彝	1975	洗碗	Z	文盲
65	WYZ	A	昆明	女	彝	1975	保姆	Z	小学
66	MZF	C	昆明	女	哈尼	1976	洗碗	Z	小学
67	MXF	R	昆明	女	彝	1995	私企文员	Z	本科
66	CGN	C	昆明	女	哈尼	1969	洗碗	Z	小学
67	HYL	A	昆明	女	彝	1992	美甲师	Z	初中
68	CYG	L	朗村	男	哈尼	1975	建筑师傅	Z	小学
69	LYM	C	永镇	女	彝	1973	缝纫师	Z	初中
70	HYB	N	昆明	女	彝	1976	洗碗	Z	文盲
71	ZTB	N	个旧	男	哈尼	1978	乡村摄影师	Z	初中
72	LBJ	D	兴村	男	哈尼	1975	建筑师傅	Z	初中
73	LNL	A	昆明	女	彝	1978	酒店保洁	Z	小学
74	CJT	C	昆明	女	哈尼	1981	房地产销售	Z	大专
75	MJN	D	昆明	女	哈尼	1968	工地煮饭	Z	文盲
76	LSL	D	昆明	女	彝	1952	洗碗	Z	文盲
77	LXZ	D	昆明	男	彝	1975	看车	Z	初中
78	HJB	A	昆明	男	彝	1993	餐馆	Z	初中
79	LMSE	D	兴村	男	彝	1962	毕摩	Z	小学
80	MGX	C	龙村	男	哈尼	1968	龙村支书	Z	高中
81	CWS	C	龙村	男	哈尼	1963	龙村村委会主任	Z	高中
82	LJY	C	龙村	男	彝	1970	龙村村委会副主任	Z	高中

续 表

序号	编码	乡/村	工作地点	性别	民族	年龄	工作	手机（有Y，无N，智能手机Z）	文化程度
83	HW	L	龙村	男	彝	1975	龙村小学校长	Z	中专
84	SYQ	A	龙村	女	汉	1985	龙村小学教师	Z	大专
85	LQM	N	龙村	男	彝	1982	C村小学教师	Z	大专
86	LAG	C	龙村	男	彝	2004	龙村小学五年级学生	Y	
87	LHQ	C	龙村	女	哈尼	2004	同上	Y	
88	CZW	A	龙村	男	哈尼	2005	同上	Y	
89	HAB	A	龙村	男	彝	2003	同上	N	
90	WGF	C	龙村	女	彝	2005	同上	Y	
91	HLF	R	龙村	男	彝	2006	同上	Z	

注：1."文盲"没有上过一天学，自己汉语名字尚不认识或只认识不能书写；"小学"指上过一年或几年，不代表毕业；"初中""高中"同；"中专""大专""本科"指毕业并获得相应文凭。

2. 工作：指访谈时间段所从事的工作。

附录三　优酷视频及点击率

视频名称	点击率	视频名称	点击率
《思乡》	9288	《一曲插秧之歌，唱遍哈尼梯田》	4.2万
《情歌》	1.2万	《红河乐作舞》	2.32万
《思念家乡》	2.72万	《红河风情》（葬礼）	8343
《小小新娘花》	2.8万	《哈尼族婚礼》	3.62万
《十八姑娘一朵花》	3.2万	《红河民族三步弦》	2.2万
《敖包相会》	5.2万	《红河高原蓝》	3.23万
《姑娘我爱你》	7320	《红河好运来》	2.1万
《欢乐的跳吧》	4.1万	《我的玫瑰卓玛拉》	8101
《纳西情歌》	2.3万	《山里红之鸟来山下一朵花》	1.0万
《山里红之梦见你的那一夜》	6071	《南沙恋歌》	2132
《打谷子》（哈尼梯田红米收割视频）	2.4万	《踩荞》	1333
《月亮升起来》	1.1万	《遇见了你》	6.0万
《耶利亚》	1893	《小小新娘花》	3359万
《走进西藏》	1003	《踩荞2》	4627

续 表

视频名称	点击率	视频名称	点击率
《美观不美观》	1.5万	《故乡与酒》	2959
《红河情》	4114	《泛水荷塘》	752
《七彩云南之竹林情深》	9187	《雪山姑娘》	8739
《阿普姑娘》	5330	《山里红》	7247
《孔雀公主》	423	《十八的姑娘一朵花》	934
《阿哥阿妹》	2.1万	《今生最美的遇见》	6772
《花恋》	1.6万	《笛》	1027
《我们好好爱》	4515	《我的快乐就是想你》	5180
《爱的世界只有你》	5835	《有了你》	913
《彝家姑娘跳起来》	3090	《丰收舞》	1997
《蓝色的蒙古高原》	6107	《美好情缘》	5198
《爱的天堂》	2926	《今生最美的遇见1》	9976
《红河叫魂》	1.2万	《哈尼族婚礼》	3.62万
《梦中的男生1》	7227	《想西藏》	1.7万
《对着月亮说声我爱你》	2882	《来吧姑娘》	1.1万
《大地飞歌》	913	《歌唱新生活》	1150
《彝山约会》	2922	《爱你一生》	3040
《今生爱上你》	2.4万	《踏浪》	4528
《天上西藏》	3080	新版《小苹果》	2882
《我爱广场舞》	2510	《春之舞》片尾曲	2886
《笑春》	1855	《草原绿了》	4941
《多想做你最爱的人》	7241	《毛主席的光辉》	1.1万
《一万个舍不得》	9369	《凤儿带走我的情》	6663
《送情郎》	1058	《云南红河哈尼人家 普生姐结婚片段》	1.47万
《彝山约会调》	1.2万	《乐作跳起来》	4806
《火火的姑娘》	1.1万	《草原绿了》	9902

续 表

视频名称	点击率	视频名称	点击率
《想着你亲爱的》	3129	《溜溜的姑娘》	4913
《映山红》	1634	《山里红》	1.7万
《等哥有了钱》	3176	《以爱相宜》	1558
《嘟嘟莱咽哩》	1628	《古城之恋》	2093
《尾声》	568	《插秧歌》	1.2万
《蝶恋花美》	1908	《韵动》	288
《踢踏舞》	934	《耶耶耶》	6024
《你牛什么牛》	1866	《好心情》	1570
《晴》	949	《花蝴蝶》	8344
《山里红2》	1505	《妹我好心酸》	1489
《甘心情愿》	1.2万	《阿妹阿哥跳起来》	4754
《等你我等了那么久》	9568	《樱桃花儿红了》	2695
《夏田青花》	3666	《新阿哥阿妹》	2.6万
《彝族婚礼风俗之认亲家》	1548	《彝族婚礼风俗之相册》	1709
《高原蓝2》	1557	《次真拉姆》	3071
《歌声中的婚礼》	1080	《瑟扎咔录扎咔》	620
《彝族婚礼风俗之酒敬灶神》	2002	《彝族婚礼风俗之酒敬朋友》	1441
《我们的神话》	1017	《哈尼琪玛然》	146
《红河哈尼族婚礼风俗之一》	2011	《甘心情愿》	603
《洗衣歌01》	5117	《哈尼竹竿舞》	1018
Apink Mr.Chu_01	538	《满山花儿开》	3347
《小鸡小鸡》	969	《十八姑娘一朵花》	5016
《索玛花开了》	3190	《彝家寨之恋》	1241
《春光明媚》	1112	《蓝色的蒙古高原》	956
《花儿妹妹》	1014	《花开花落为你守候》	3653
《彝族风俗之送嫁》	2583	《阿哥不来妹不去》	2533
《笑春光》	857	《序》	803

续 表

视频名称	点击率	视频名称	点击率
《甘心情愿》	2318	《我爱广场舞》	3728
《想西藏》	3018	《一丘大田四方方》	2573
《小小新娘花》	3193	《今生的唯一》	1169
《九九艳阳天》	1308	《想着你的好》	2598
《一直爱着你》	2315	《大王叫我来巡山》	134
《天竺少女》	820	《彝族婚礼风俗之阿黑出嫁》	1.1万
《这片草原》	598	《爱的传说》	339
《情在山水间》	1327	彝族婚礼风俗之《戏新人》	1189
木雨上学的地方(大学)	163	《一生有你》	406
《耶耶耶》	1723	《刚好遇见你》	1379
《女友嫁人新郎不是我》	761	《红河儿女》	2172
《快乐红河》	1536	《彝山来各索》	436
《快乐的小伙伴》	252	《火把节》	250
《天上的乐作》	1480	《长街宴》	1170
《哈尼米酒香》	447	《乐育文艺》	1108
《欢乐的纳西情歌》	373	《我要去红河》	879
哈尼版《捉泥鳅》	310	Nobody	653
《油菜花开》	838	《山里红》	288
《一年之计在于春》	350	《打靶归来》	134
《太阳姑娘》	675	《相约在樱花盛开的季节》	216
《相约撒马坝》	266	《过年》	219
《远走高飞》	1641	《为你等待》	1168
《远古的声音》	417	《快乐的下午》	892
《最美的姑娘》	163	《又见山里红》	706
《月亮女神》	1153	《溜溜的小阿妹》	945
《崩莫碧绿碧者者》	1410	《婚礼庆歌》	172
《风俗婚礼》	210	《我们的传奇》	280

续 表

视频名称	点击率	视频名称	点击率
《山水恋歌》	184	《相约在花开的季节》	331
《草原的月亮》	1247	《月亮代表我的心》	224

注:1. 记录的顺序按照我微信群或朋友圈收藏的先后顺序;

2."视频名称"一栏上所记录的为优酷网上视频所使用的标题,没有做任何删改。有重名的,但并非相同的视频内容;

3. 视频及点击率统计截止日期:2017年12月31日;

4. 除了上述192个视频外,另有《哈尼新娘》系列1—11形式名称相似,没有再单独列出统计。点击率在5000—50000不等。

附录四 视频使用频率较高的几首伴奏歌曲的歌词

《思乡》

(CHX 翻译)

天上的月亮出来了
我想起我家乡
孩子想起了阿妈
天上的月亮啊
请等一等
请往我的家的方向走
请告诉我阿妈
阿妈啊阿妈
请您要好好的
阿妈啊阿妈
请不要 担心我

天上的星星出来了
我想起我的小伙伴

天上的星星 请等一等
我想摘一束鲜花
请帮我 带去给我的小伙伴
小伙伴啊小伙伴
你们在哪里
还记得当时的某一天
我们相约在山间

阿妈啊阿妈
请您要好好的
我一天到晚的想您
阿妈啊阿妈
请不要 担心我

《想念父母》
（LYY 翻译）

我的心里总是想起你	我长大了你可以放心
我的妈妈现在做什么	喔阿妈
天黑了不知劳务回家没	开开心心的过
天亮了不知起得早不早	你儿子在外面
家里不富裕也没关系	一切都过得好
只要身体健康就好了	一年可见一次
你总为我苍老那么多	

《想家》

打工路上夜茫茫	打工路上夜茫茫
想起了家乡泪汪汪	想起了家乡泪汪汪
走遍天下不曾忘	走遍天下不曾忘
父母恩情记心上	父母恩情记心上
忆起当初离家乡	忆起当初离家乡
妈妈的手儿不曾放	妈妈的手儿不曾放
嘱咐儿要身体壮	嘱咐儿要身体壮
爸爸沉默不多讲	爸爸沉默不多讲
如今儿已能够展翅飞翔	如今儿已能够展翅飞翔
爸妈依旧守故乡	爸妈依旧守故乡
恩深情重浩浩荡荡	恩深情重浩浩荡荡
为咱操心挂肠	为咱操心挂肠
天冷了是谁为儿披衣裳	天冷了是谁为儿披衣裳
是妈妈慈祥目光	是妈妈慈祥目光
是谁为咱把风雨挡	是谁为咱把风雨挡
是爸爸操劳满头白霜	是爸爸操劳满头白霜

如今儿已能够展翅飞翔　　　天冷了是谁为儿披衣裳
爸妈依旧守故乡　　　　　是妈妈慈祥目光
恩深情重浩浩荡荡　　　　是谁为咱把风雨挡
为咱操心挂肠　　　　　　是爸爸操劳满头白霜

《红河情》

怎能忘怀 怎能忘怀　　　难舍红河的水
忘不了柔情依依 红河碧水　难舍红河的山
忘不了雄浑巍巍　　　　　难舍红河的情哟
哀牢青山　　　　　　　　难舍哟难舍
水一样的哈尼情怀　　　　难舍红河的爱
梦绕情牵　　　　　　　　怎能离开
火一样的彝家米酒　　　　怎能离开
燃烧心田　　　　　　　　离不开大地的史诗
啊 红河

《小小新娘花》

风儿吹来了　　　　　　　你为我采下那朵
童年的一幅画　　　　　　那朵美丽的新娘花
你陪着我在那过家家　　　童真故事把你我
竹林是我们的家　　　　　梦幻留下
竹叶是你送我的花　　　　小小的新娘花你
抬头见你笑得　　　　　　是否还记得它
那么的无暇　　　　　　　如今的我们早
风儿吹来了　　　　　　　已经长大
童年的一幅画　　　　　　你的身边是否
你陪着我在那过家家　　　已经有了她

你依然是我梦中的
神话
小小的新娘花你是
否还记得它
如今的我们早已经长大
你的身边是否
已经有了她
你依然是我
梦中的神话
风儿吹来了
童年的一幅画
你陪着我在那过家家
你为我采下那朵
那朵美丽的新娘花

童真故事把你
我梦幻留下
小小的新娘花你
是否还记得它
如今的我们早已经长大
你的身边是否已经有了她
你依然是我梦中的神话
小小的新娘花你
是否还记得它
如今的我们早已经长大
你的身边是否已经有了她
你依然是我
梦中的神话

《女人与背篓》

背篓是竹子编的
自从有了背篓
女人就从来不要闲着
从小就学会背弟弟
把他们背成少年
把他们背成哟大人

有了背篓女人就不会闲着
女人就从来不要闲着

天一亮就上山背柴火
天擦黑就下山背猪草
我们把秧苗背到田里
我们把谷子背到屋顶
自从有了背篓
女人就从来不要闲着
背篓是竹子编的
自从有了背篓
女人就从来不要闲着

《东山美人》

这位姑娘你为何长得这么漂亮
莫非你就是传说中东山的美人
他们说你有双温柔迷人的眼睛
还有一颗纯真善良的心咯
如果你骄傲的像只虚荣的孔雀
看不上我这个到处漂泊的人呐
或者你妈妈坚决不让你嫁给我
我只能变成骗子骗你跟我远走高飞
哦　来吧　我的姑娘
跟着我　一起唱歌
哦　来吧　我的姑娘
跟着我　一起跳舞
那天晚上的事情真羞死个人咯
那天晚上的事情真美死个人咯
那天晚上我居然梦见了你呀
梦见你成了我梦里盛开的花朵
如果你骄傲的像只虚荣的孔雀
看不上我这个到处漂泊的人呐
或者你妈妈坚决不让你嫁给我
我只能变成骗子骗你跟我远走高飞
哦　来吧　我的姑娘
跟着我　一起唱歌
哦　来吧　我的姑娘
跟着我　一起跳舞

《我爱你不是因为你爱我》

爱上你　没有任何的因果　　我爱你不是因为你爱我
你我本是花开两朵　　　　　为了你甘愿付出我所有
爱中有个你　也有个我　　　就算再多风雨也不退缩
山环水绕　爱随情流　　　　相濡以沫　你我一起走过
心若在　何必给一个承诺　　我爱你不是因为你爱我
你就是我今生依托　　　　　因为爱从来不需要理由
选择了无悔　一生牵手　　　就算不能拥抱天长地久
说出的爱　不改的执着　　　花开花落　永远为你守候

《阿哥阿妹》
LYY 翻译

对面山上的阿哥　　　你我携手前进
请你抬起头　　　　　十指连心
青山绿水白云间　　　阿哥爱阿妹
萦绕阿妹的笑脸　　　阿妹的心儿醉
阿哥嘹亮的歌声　　　田间太阳落
飘荡天地间　　　　　炊烟催你回
点点滴滴洒落　　　　头上的喜鹊飞
阿妹的心间　　　　　东去春又归
绵绵不断的春雨　　　青山绿水畔
代表我的情意　　　　又添人一对咯
今天和你相遇　　　　对面山上的阿哥
幸福洋溢着甜蜜　　　请你抬起头
阿妹不求富贵　　　　头上的喜鹊飞
只要哥哥的心　　　　东去春又归

《花恋》

鲜花开放引蝶来
蜂巢空心引蜂来
阿妹等待阿哥来
哥啊　阿哥阿哥啊
你采那朵银白花
我采这朵大红花
鲜花开放引蝶来
蜂巢空心引蜂来
阿妹有情阿哥来
妹啊　阿妹阿妹啊
你采那朵银白花
我采这朵大红花
蝴蝶和鲜花不离分
蜂儿和花蜜不离分
阿哥(妹)和阿妹(哥)不离分
妹(哥)啊　阿妹(哥)阿妹(哥)啊
红花绿叶不离分
相依相伴到永远
红花绿叶不离分
相依相伴到永远

参考文献

专著：

[1] [奥]阿尔弗雷德·许茨.社会实在的问题[M].霍桂恒,索昕,译.北京:华夏出版社,2001.

[2] [奥]阿尔弗雷德·舒茨.社会世界意义的构成[M].游淙祺,译.北京:商务印书馆,2012.

[3] [法]阿尔贝特·施韦泽.文化哲学[M].陈泽环,译.上海:上海人民出版社,2017.

[4] [美]阿尔君·阿帕杜莱.消散的现代性:全球化的文化维度[M].刘冉,译.上海:上海三联书店,2012.

[5] [美]阿尔君·阿帕杜莱.全球化[M].韩许高,王珺,程毅,高薪,译.南京:江苏人民出版社,2016.

[6] [匈]阿格妮丝·赫勒.日常生活[M].衣俊卿,译.哈尔滨:黑龙江大学出版社,2010.

[7] [美]阿瑟·伯格.理解媒介:媒介与文化研究的关键读本[M].秦杰,译.北京:清华大学出版社,2013.

[8] [美]爱德华·苏贾.后现代地理学:重申批判社会理论中的空间[M].李均,译.上海:上海教育出版社,2006.

[9] [德]埃德蒙德·胡塞尔.欧洲科学的危机与超越论的现象学[M].王炳文,译.北京:商务印书馆,2017.

[10] [美]埃弗里特·M.罗吉斯,[美]拉伯尔·J.伯德格.乡村社会变迁[M].王晓毅,译.杭州:浙江人民出版社,1988.

[11] [美]埃文·赛德曼.质性研究中的访谈:教育与社会科学者指南[M].周海涛,主译.重庆:重庆大学出版社,2009.

[12] [美]艾尔·巴比.社会研究方法[M].邱泽奇,译,北京:华夏出版社,2009.

[13] [美]艾丽斯·M.杨.正义与差异政治[M].李诚予,刘靖子,译.北京:中国政法大学出版社,2017.

[14] [瑞]艾曼努埃尔·埃洛阿.感性的抵抗——梅洛-庞蒂对透明性的批判[M].曲晓蕊,译.福州:福建教育出版社,2017.

[15] [英]艾伦·莱瑟姆,德里克·麦考马克,[澳]金·麦克纳马拉,唐纳德·麦克尼尔.城市地理学核心核心概念[M].邵文实,译.南京:江苏教育出版社,2013年.

[16] [美]艾略特·列堡.泰利的街角———一项街角黑人的研究[M].李文茂,邹小艳,译.重庆:重庆大学出版社,2010.

[17] [英]安东尼·吉登斯.现代性的后果[M].田禾,译.南京:译林出版社,2011.

[18] [英]安东尼·吉登斯.现代性与自我认同:晚期现代中的自我与社会[M].夏璐,译.北京:中国人民大学出版社,2016.

[19] [英]安·格雷.文化研究:民族志方法与生活文化[M].许梦云,译,重庆:重庆大学出版社,2009.

[20] [美]保罗·莱文森.手机[M].何道宽,译.北京:中国人民大学出版社,2004.

[21] 白兴发.彝族传统禁忌文化研究[M].昆明:云南民族大学出版社,2006.

[22] [英]本·海默尔.日常生活与文化理论[M].周宪、许钧主编,王志宏,译.北京:商务印书馆,2008.

[23]边燕杰,张顺.社会网络与劳动力市场[M].北京:社会科学文献出版社,2017.

[24][美]彼得·博格,托马斯·卢克曼.现实的社会建构[M].汪勇,译.北京:北京大学出版社,2009.

[25]陈心想.走出乡土,对话费孝通《乡土中国》[M].北京:生活·读书·新知三联书店,2017.

[26]陈昌兴.转型期中国农民工价值观研究[M].北京:知识产权出版社出版,2014.

[27][美]大卫·费特曼.民族志:步步深入[M].龚建华,译.重庆:重庆大学出版社,2013.

[28][加]道格·桑德斯.落脚城市[M].陈信宏,译.上海:上海译文出版社,2014.

[29][美]丹尼·L.乔金森.参与观察法:关于人类研究的一种方法[M].张小山,龙筱红,译.重庆:重庆大学出版社,2015.

[30][澳]德波拉·史蒂文森.城市与城市文化[M].李航,译.北京:北京大学出版社,2015年.

[31]丁未.流动的家园——"攸县的哥村"社区传播与身份共同体研究[M].北京:社会科学文献出版社,2014.

[32]丁瑜.她身之欲——珠三角流动人口社群特殊职业研究[M].北京:社会科学文献出版社,2016.

[33]杜平.男工、女工:当代中国农民工的性别、家庭与迁移[M].香港:香港中文大学出版社,2017.

[34][美]范芝芳.流动中国:迁移、国家和家庭[M].邱又云、黄河,译.北京:社会科学文献出版社,2013.

[35][德]斐迪南·滕尼斯.共同体与社会:纯粹社会学的基本概念[M].林荣远,译.北京:北京大学出版社,2010.

[36]费孝通.乡土中国生育制度[M].北京:北京大学出版社,2010.

[37]郭于华.倾听底层——我们如何讲述困难[M].桂林:广西

师范大学出版社,2011.

[38] 郭于华.受苦难人的讲述——骥村历史一种文明的逻辑[M].香港:香港中文大学出版社,2013.

[39] 郭星华.漂泊与寻根——流动人口的社会认同研究[M].北京:中国人民大学出版社,2011.

[40] 葛珺沂,葛长敏.云南少数民族地区农村贫困问题研究——以红河哈尼族彝族自治州为例[M].北京:知识产权出版社,2013.

[41]《红河哈尼族彝族自治州概况》编写组:红河哈尼族彝族自治州概况[M].北京:民族出版社出版社,2008.

[42] 国家卫生和计划生育委员会流动人口司.2015中国流动人口发展报告[M].北京:中国人口出版社,2016.

[43] 国务院农民工办课题组.中国农民工发展研究[M].中国劳动社会保障出版社,2013.

[44] [美]哈罗德·伊罗生.群氓之族——群体认同与政治变迁[M].邓伯宸,译.桂林:广西师范大学出版社,2015年.

[45] [法]亨利·勒菲弗.空间与政治[M].李春,译.上海:上海人民出版社,2008.

[46] 贺雪峰.新乡土中国[M].北京:北京大学出版社,2013.

[47] 胡春阳.寂静的喧嚣,永恒的联系——手机传播的人际互动[M].上海:上海三联书店,2012.

[48] 红河哈尼族彝族自治州旅游发展委会员.百年云锡矿业[M].昆明:云南人民出版社,2015.

[49] 红河县地方志编纂委员会.红河县志(1978—2005)昆明:云南人民出版,2015.

[50] 侯亚非,张展新.流动人口的城市融入:个人、家庭、社区透视和制度变迁研究[M].北京:中国经济出版社,2010.

[51] [荷]简·梵·迪克.网络社会——新媒体的社会层面[M].蔡静,译.北京:清华大学出版社,2014.

[52]金开诚.彝族[M].长春:吉林文化出版社,2010.

[53]靳小怡.农民工社会网络与观念行为变迁[M].北京:社会科学文献出版社,2014.

[54][日]鹫田清一.梅洛-庞蒂:可逆性[M].刘绩生,译.郑州:河北教育出版社,2001.

[55][法]居伊·德波.景观社会[M].王昭凤,译.南京:南京大学出版社,2007.

[56][美]康拉德·飞利浦·科塔克.文化人类学:欣赏文化差异[M].周云水,译.北京:中国人民大学出版社,2012.

[57]柯兰君,李汉林.都市里的村庄——中国大城市的流动人口[M].北京:中央编译出版社,2001.

[58][美]克利福德·格尔茨.地方知识[M].杨德睿,译.北京:商务印书馆,2016.

[59]匡文波.新媒体概论[M].北京:中国人民大学出版社,2015.

[60]蓝宇蕴.都市里的村庄:一个"新村社共同体"的实地研究[M].北京:生活·读书·新知三联出版,2005.

[61][英]雷蒙·威廉斯.关键词:文化与社会的词汇[M].刘建基,译.上海:生活·读书·新知三联书店,2005.

[62]李培林.村落的终结——羊城村的故事[M].北京:商务印书馆,2010.

[63]李红艳.观看与被看——改革开放以来媒介与农民工关系研究[M].北京:中国言实出版社,2016.

[64]李玫.民族地区女性农民工返乡创业问题研究[M].北京:中国社会科学出版社,2014.

[65]李吉和,马冬梅,常岚,哈尼克孜,卢时秀.流动、调适与融入:城市少数民族流动人口调查[M].武汉:华中科技大学出版社,2016.

[66]李叶妍.中国城市包容度、流动人口与城市发展研究[M].

北京:社会科学文献出版社,2017.

[67] 李莹.中国农民工政策变迁[M].北京:社会科学文献出版社,2013.

[68] 李怀玉.新生代农民工贫困代际传承问题研究[M].北京:中国社会科学出版社,2014.

[69] 李涛,李真.农民工:流动在边缘——记录与调查[M].北京:当代中国出版社,2006.

[70] 李实,邢春冰.农民工与城镇流动劳动人口经济状况分析[M].北京:中国工人出版社出版,2016.

[71] 李烈.民族想象与学术选择,彝族研究现代学术的建立[M].北京:人民出版社,2006.

[72] 梁辉.信息社会中农民工的人际交流与求职过程[M].武汉:湖北人民出版社,2014.

[73] 刘东旭.流动社区的秩序:转三角彝人的组织与群体行为研究[M].北京:中央民族大学出版社,2016.

[74] 刘林平.关系、社会资本与社会转型——深圳"平江村"研究[M].北京:中国社会科学出版社,2002.

[75] 刘绍华.我的凉山兄弟——毒品艾滋与流动青年[M].北京:中央编译出版社,2015.

[76] 刘滢.手机:个性化的大众媒介[M].北京:人民出版社,2012.

[77] 陆益龙.后乡土中国[M].北京:商务印书馆,2017.

[78] 罗遐.流动与定居——定居农民工城市适应研究[M].北京:社会科学文献出版社,2011.

[79] 龙倮贵.红河彝族传统节日文化研究[M].北京:中国社会科学出版社,2016.

[80] 林钧昌,赵民.西北地区城市化进程中人口流动对民族关系的影响[M].北京:民族出版社 2014.

[81] 廖炳惠.吃的后现代[M].桂林:广西师范大学出版

社,2005.

[82][美]罗伯特 V.库兹奈特.如何研究网络人群和社区:网络民族志方法实践指导[M].叶伟明,译.重庆:重庆大学出版社,2016.

[83][加]罗伯特·希尔兹.空间问题——文化拓扑学和社会空间化[M].谢文娟,张顺生,译.南京:江苏凤凰教育出版社,2017.

[84][加]罗伯特·洛根.理解媒介——延伸麦克卢汉[M].何道宽,译.上海:复旦大学出版社,2016.

[85][英]罗杰·希尔费斯通.电视与日常生活[M].陶庆梅,译.南京:江苏人民出版社,2004.

[86]马胜春.中国城市少数民族流动人口的生活适应性研究[M].北京:中国财政经济出版社,2012.

[87][加]马歇尔·麦克卢汉.理解媒介——论人的延伸[M].何道宽,译.南京:译林出版社,2011.

[88]马耀明.农村社会经济发展战略视点[M].北京:中国农业大学出版社,2004.

[89]孟慧英.彝族毕摩文化研究[M].北京:民族出版社,2002.

[90][法]米歇尔·福柯著.规训与惩罚[M],刘北成,杨远婴,译.上海:三联书店,2012.

[91][法]米歇尔·德·塞托.日常生活实践 1.实践的艺术[M].方琳琳,黄春柳,译.南京:南京大学出版社,2015.

[92][法]米歇尔·德·塞托,吕斯·嘉尔,皮埃尔·梅约尔.日常生活实践 2.居住与烹饪[M].方琳琳,黄春柳,译.南京:南京大学出版社,2015.

[93][法]梅洛-庞蒂.知觉现象学[M].蒋姜志辉,译.北京:商务印书馆,2001.

[94][美]迈克·戴维斯·布满贫民窟的星球[M].潘纯琳,译.北京:中信出版社,2017.

[95][美]迈克·林奇.科学实践与日常生活——常人方法论与对科学的社会研究[M].邢冬梅,译.南京:苏州大学出版社,2010.

[96][英]迈克·费瑟斯通.消解文化——全球化、后现代化与认同[M].杨渝东,译.北京:北京大学出版社,2009.

[97][英]麦克·克朗.文化地理学[M].杨淑华,宋慧敏,译.南京:南京大学出版社,2007.

[98][美]曼纽尔·卡斯特.网络社会的崛起[M].夏铸九,王志弘,译.北京:社会科学文献出版社,2001.

[99][美]曼纽尔·卡斯特.认同的力量[M].夏铸九、黄丽玲,译.北京:社会科学文献出版社,2001.

[100][美]曼纽尔·卡斯特尔,[西]米里亚·费尔南德斯-阿德沃尔,邱林川,阿尔巴·赛.移动通信与社会变迁:全球视角下的传播革命[M].傅玉辉,何睿,薛辉,译.北京:清华大学出版社,2014.

[101][英]尼古拉斯·盖恩,戴维·比尔.新媒介:关键概念[M].刘君,周竞男,译.上海:复旦大学出版社,2015.

[102]潘毅.中国女工——新兴打工者主体的形成[M].北京:九州出版社,2011.

[103]潘泽泉.社会、主体性与秩序:农民工研究的空间转向[M].北京:社会科学文献出版社,2007.

[104][法]皮埃尔·布迪厄.实践感[M].蒋梓骅,译.南京:译林出版社,2003.

[105][法]皮埃尔·布迪厄.世界的苦难——布迪厄的社会调查(上)[M].张祖新,译.北京:人民大学出版社,2017.

[106][法]皮埃尔·布迪厄.世界的苦难——布迪厄的社会调查(下)[M].张祖新,译.北京:人民大学出版社,2017.

[107]邱林川.信息时代的世界工厂——新工人阶级的网络社会[M].桂林:广西师范大学出版社,2013.

[108]秦艳华、路英勇.全媒体时代的手机媒介研究[M].北京:北京大学出版社,2013.

[109][法]让·鲍德里亚.消费社会[M].刘成富,全志刚,译.南京:南京大学出版社,2008.

[110] 任远.城市流动人口的居留模式与社会融入[M].上海:上海三联书店,2012.

[111] 石长慧.认同与定位——北京市农民工子女的社会融合研究[M].北京:中国社会科学出版社,2014.

[112] 孙秋云.电视传播与乡村村民日常生活方式的变革[M].北京:人民出版社,2014.

[113] 孙立新,王仕铭.边疆民族地区民生问题可持续发展专题研究——基于云南红河州的实证调查[M].北京:中国社会科学出版社,2017.

[114] 谭同学.双面人:转型乡村中的人生、欲望与社会心态[M].北京:社会科学文献出版社 2016.

[115] 田敏.少数民族农民工参与新农村建设的实践[M].北京:世界图书出版公司,2012.

[116] 陶斯文.西南民族地区城市进程中人口流动与民族关系发展互动研究[M].北京:民族出版社,2012.

[117] 王沪宁.当代中国村落家族文化——对中国社会现代化的一项探索.[M].上海:上海人民出版社,1991.

[118] 王琛.漂移的时空:当代中国少数民族的经济生活[M].北京:社会科学文献出版社,2012.

[119] [美]威廉·H·怀特.小城市空间的社会生活[M].叶齐茂,倪晓晖,译.上海:上海译文出版社,2016.

[120] [英]维克多·特纳.仪式过程:结构与反结构[M].黄剑波、柳博赟,译.北京:中国人民大学出版社,2006.

[121] 魏城.中国农民工调查[M].北京:法律出版社,2008.

[122] [德]乌尔里希·贝克,[英]安东尼·吉登斯,[英]斯科特·拉什.自反性现代化——现代社会秩序中的政治、传统与美学[M].赵文书,译.北京:商务印书馆,2014.

[123] 吴重庆.无主体熟人社会及社会重建[M].北京:社会科学文献出版社,2014.

[124] 吴宁.日常生活批判——列斐伏尔哲学思想研究[M].北京:人民出版社,2007.

[125] 吴晓,王慧.我国大城市流动人口就业空间解析——面向农民工的实证研究[M].南京:东南大学出版社,2015.

[126] 吴丽娟,刘大志,李晨光.西南大旱背景下我国典型民族地区水资源管理模式研究——以哈尼梯田为例[M].北京:民族出版社,2014.

[127] 汪民安.感官技术[M].北京:北京大学出版社,2011.

[128] 汪民安.文化研究关键词[M].南京:江苏人民出版社,2007.

[129] 王铭铭.走在乡土上[M].北京:人民大学出版社,2003.

[130] 王铭铭.人类学讲义稿[M].北京:世界图书出版公司,2011.

[131] 王晓东.日常交往与非日常交往[M].北京:人民出版社,2005.

[132] 王华.门槛之外——城市劳务市场中的底边人群[M].北京:知识产权出版,2016.

[133] 王开玉.不一样的童年[M].北京:社会科学文献出版社,2016.

[134] 王秀旺.彝族元文化典论[M].北京:民族出版社,2016.

[135] 项飚.跨越边界的社区——北京"浙江村"的生活史[M].北京:生活·读书·新知三联书店,2000.

[136] 熊秉纯.客厅即工厂[M].蔡一平,张玉萍,柳子剑,译.重庆:重庆大学出版社,2010.

[137] 熊凤水.流变的乡土性[M].北京:社会科学文献出版社,2016.

[138] 邢公畹.红河之月[M].昆明:云南人民出版社,2016.

[139] 严三九.新媒体概论[M].北京:化学工业出版社,2011.

[140] 袁靖华.边缘身份融入:符号与传播——基于新生代农民工的社会调查[M].杭州:浙江大学出版社,2015.

[141] 阎海军.崖边报告——乡土中国的裂变记录[M].北京:北京大学出版社,2015.

[142] 姚上海.民族地区农民工返乡创业行为理论及实证研究[M].北京:世界图书出版公司,2012.

[143] 杨国斌.连力线:中国网民在行动[M].桂林:广西师范大学出版社,2013.

[144] 杨威.中国传统日常生活与世界文化透视[M].北京:人民出版社,2005.

[145] 衣俊卿.现代化与日常生活批判[M].北京:人民出版社,2005.

[146] 衣俊卿.现代化与文化阻滞力[M].北京:人民出版社,2005.

[147] 俞孔坚.回到土地[M].北京:生活·读书·新知三联出版,2004.

[148] [美]约翰·弗斯克.关键概念:传播与文化研究辞典[M].李彬,译.北京:新华出版社,2004.

[149] [德]于尔根·哈贝马斯.现代性的哲学话语[M].曹卫东,译.南京:译林出版社,2011.

[150] [美]詹姆斯.E.凯茨,罗纳德·E.莱斯.互联网使用的社会影响[M].傅小兰,严正,译.北京:商务印书馆,2007.

[151] 张乐天,徐连明,陶建杰.进城农民工文化人格的嬗变[M].上海:华东理工大学出版社,2011.

[152] 张领.流动的共同体:农民工与一个村庄的变迁[M].北京:中国社会科学出版社,2015.

[153] 张领.流动的共同体:新生代农民工、村庄发展与变迁[M].北京:中国社会科学出版社,2016.

[154] [美]张鹂.城市里的陌生人——中国流动人口的空间、权力与社会网络的重构[M].袁长庚,译.南京:江苏人民出版社,2014.

[155] 张世勇.返乡农民工研究:一个生命历程的视角[M].北京:社会科学文献出版社,2014.

[156] [美]张彤禾.打工女孩:从乡村到城市的变动中国[M].张坤,吴怡瑶,译.上海:上海译文出版社,2013.

[157] 张展新,侯亚非.城市社区中的流动人口——北京等6城市调查[M].北京:社会科学文献出版社,2009.

[158] 周大鸣.现代都市人类学[M].广州:中山大学出版社,1997.

[159] 周大鸣.城市化进程中的民族问题研究[M].北京:民族出版社,2005.

[160] 周大鸣,周建新,刘志军."自由"的都市边缘人——中国东南沿海散工研究[M].广州:中山大学出版社,2007.

[161] 周大鸣.多元与共融——族群研究的理论与实践[M].北京:商务印书馆,2011.

[162] 周大鸣.中国乡村都市化再研究[M].北京:社会科学文献出版社,2015.

[163] 周海旺.城市女性流动人口社会融入问题研究[M].上海:上海社会科学院出版社,2013.

[164] 朱海松.超级媒体:第一媒体,手机媒体化的商业革命[M].广州:广东经济出版社,2017.

[165] 庄孔韶.人类学通论[M].太原:山西教育出版社,2005.

[166] De Certeau, M. *The Practice of Every day Life*[M]. Berkeley: University of California Press, 1984.

[167] Harold Garfinkel. *Studies in Ethnomethodology*[M]. Englewood Cliffs, NJ: Prentice-Hall, 1967.

[168] Lefebvre H. *Everyday Life in the Modern World*[M]. New Brunswick: Transaction Publishers, 1984.

[169] Lefebvre H. *Critique of Everyday Life (Vol. 2): Foundations for a Sociology of the Everyday*[M]. London &

New York: Verso, 2002.

[170] Lefebvre, H. *Critique of Every day Life (Vol. 3): From Modernity to Modernism (Towards a Meta Philosophy of Daily Life* [M]. Trans. by Gregory Elliott. London & New York: Verso, 2005.

[171] Merleau-Ponty M. *Phenomenology of Perception* [M]. London & New York: Routledge, 2002.

[172] Schutz, Alfred, and Luckmann, Thomas. *The Sturctures of the Life-word* [M]. Evanston, IL: Northwestern University Press, 1973.

[173] Wanning Sun. *Subaltern China: Rural Migrants, Media, and Cultural Practices* [M]. Lanham: Rowman & Littlefield, 2014.

论文集：

[1] 包亚明主编.现代性与空间的生产[C].上海：上海教育出版社,2003.

[2] [英]德雷克·格利高里,约翰·厄里.社会关系与空间结构[C].谢礼圣,吕增奎,译.北京：北京师范大学出版社,2011.

[3] 范元昌,何作庆主编.红河哈尼族文化研究[C].昆明：云南大学出版社,2008.

[4] [美]费·金斯博格,里拉·阿布-卢赫德,布莱恩·拉金.媒体世界：人类学的新领域[C].北京：商务印书馆,2015.

[5] [美]古塔·弗格森主编主编.人类学定位：田野科学的界限与基础[C].骆建建,袁同凯,郭立新,译.北京：华夏出版社,2005.

[6] 郭建斌编.文化适应与传播[C].昆明：云南大学出版社,2007.

[7] 李晓娟主编.走向中国的日常生活批判[C].北京：人民出版社,2005.

[8] 李德洙主编.都市化与民族现代化——中国都市人类学第一次全国学术讨论会[C].北京:中国物资出版社,1994.

[9] [澳]林恩·休谟,简·穆拉克主编.人类学家在田野[C].龙菲,徐大慰,译.上海:上海译文出版社,2010.

[10] 孙玮主编.中国传播学评论第七辑城市传播:地理媒介、时空重组与社会生活[C].上海:复旦大学出版社,2017.

[11] 唐绪军.中国新媒体发展报告(2017)[C].北京:社会科学文献出版社,2017.

[12] 余清楚.中国移动互联网发展报告(2017)[C].北京:社会科学文献出版社,2017.

[13] 南方都市报.呼吸——中国农民工30年迁徙史[C].广州:花城出版社,2013.

[14] [美]詹姆斯·克利福德,乔治·E.马库斯.写文化——民族志的诗学与政治学[C].北京:商务印书馆,2008.

期刊论文:

[15] 陈映芳."农民工":制度安排与身份认同[J].社会学研究,2005(3):119—132.

[16] 杜红艳.走向日常生活的人道化——论卢卡奇与赫勒的日常生活批判理论[J].学术交流,2011(3):15—19.

[17] 郭建斌,高莉莎."问"的差别——人类学的询问和新闻记者的提问[J].新闻记者,2016(11):23—34.

[18] 郭建斌,张薇:"民族志"与"网络民族志":变与不变[J].南京社会科学,2017(5):95—102.

[19] 赖立里,张慧.如何触碰生活的质感——日常生活研究方法论的四个面向[J].探索与争鸣,2017(1):104—110.

[20] 李实.中国经济发展中的一道灰色的风景线——评《中国转轨时期劳动力流动》[J].经济研究,2007(1):154—157.

[21] 李林凤.从"候鸟"到"留鸟"——论城市少数民族流动人

口的社会融合[J].贵州民族研究,2011(2):13—19.

[22] 李长亭.《太阳照常升起》中的"菲勒斯情结"[J].外国文学研究,2011(4):106—113.

[23] 李培林.流动民工的社会网络和社会地位[J].社会学研究,1996(4):42—52.

[24] 刘超祥.20世纪80年代以来我国城市民族研究综述[J].中南民族大学学报(人文社会科学版),2005(1):49—51.

[25] 刘世锦.驱离"低端人口"会导致城市竞争力下降[J].决策探究,2017(10):6.

[26] 梁波,王海英.城市融入:外来农民的城市化——对已有研究的综述[J].人口与发展,2010(4):73—85.

[27] 牟宏峰.论日常生活共同体及其界域划分[J].浙江社会科学,2010(6):66—70.

[28] 潘天舒,何煦.应用人类学在复旦大学的源流与发展——人类学学者访谈录之八十一[J].广西民族大学学报(哲学社会科学版),2017(7):37—42.

[29] 潘忠党."玩转我的iPhone,搞掂我的世界!"——探讨新传媒技术应用中的"中介化"和"驯化"[J].苏州大学学报(哲学社会科学版),2014(4):153—162.

[30] 潘忠党,於红梅.阈限性与城市空间的潜能——一个重新想象传播的维度[J].开放时代,2015(3):140—157.

[31] 潘忠党.新闻改革与新闻体制的改造——我国新闻改革实践的传播社会学之探讨[J].新闻与传播研究,1997(3):62—80.

[32] 潘忠党.大陆新闻改革过程中象征资源之替换形态[J]新闻学研究,1997(1):http://www.aisixiang.com/data/9047.html.

[33] 潘绥铭,姚星亮,黄盈盈.论定性调查的人数问题:是"代表性"还是"代表什么"的问题——"最大差异的信息饱和法"及其方法论意义[J].社会科学研究,2010(4):108—115.

[34] 孙藜.We Chat:电子书写式言谈与熟人圈的公共性重

构——从"微信"出发的一种互联网文化分析[J].国际新闻界,2014(5):6—20.

[35] 孙玮.微信:中国人的"在世存有"[J].学术月刊,2015(12):5—18.

[36] 孙玮.从新媒介通达新传播:基于技术哲学的传播研究思考[J].暨南学报(哲学社会科学版),2016(1):66—131.

[37] 孙信茹.媒介在场和少数民族村寨文化转型[J].现代传播,2016(11):16—20.

[38] 孙信茹.线上和线下:网络民族志的方法、叙述和实践[J].新闻与传播研究,2017(11):34—48.

[39] 田丰.逆成长:农民工社会经济地位的十年变化(2006—2015)[J].社会学研究,2017(3):121—143.

[40] 温权.日常生活的困境:哲学的乌托邦与脆弱的现代性——阿格妮丝·赫勒日常生活理论刍议[J].苏州大学学报(哲学社会科学版),2014(3):24—30.

[41] 文军,黄锐."空间"的思想谱系与理想图景:一种开放性实践空间的建构[J].社会学研究,2012(2):35—57.

[42] 吴飞."空间实践"与诗意的抵抗——解读米歇尔·德塞图的日常生活实践理论[J].社会学研究,2009(2):177—199.

[43] 喻国明,马慧.互联网时代的新权力范式:"关系赋权"——"连接一切"场景下的社会关系的重组与权力格局的变迁[J].国际新闻界,2016(10):6—27.

[44] 张建军.结构主义视阈下的仪式解读——读《仪式过程:结构与反结构》[J].社会科学论坛(学术评论卷),2009(6):151—160.

[45] 赵旭东,张洁.乡土社会秩序的巨变——文化转型背景下乡村社会生活秩序的再调适[J].中国农业大学学报(社会科学版),2017(4):56—68.

[46] 赵旭东.微信民族志时代即将来临——人类学家对于文

化转型的觉悟[J].探索与争鸣,2017(5):4—14.

[47] 张兆曙.事件性日常生活:概念、形态与社会分析[J].社会主义研究,2006(4):120—122.

[48] 张政文,杜桂萍.艺术:日常与非日常的对话——A.赫勒的日常生活艺术哲学[J].文艺研究,1997(6):112—116.

[49] 郑震.论梅洛-庞蒂的身体思想[J].哲学研究,2007(8):46—52.

[50] 郑震.列斐伏尔日常生活批判理论的社会学意义——迈向一种日常生活的社会学[J].社会学研究,2011(3):191—216.

[51] 郑震.论日常生活[J].社会学研究,2013(1):65—87.

[52] 郑震.日常生活的社会学[J].人文杂志,2016(5):106—115.

[53] 张放.微信春节红包在中国人家庭关系中的运作模式研究——基于媒介人类学的分析视角[J].南京社会科学,2016(11):103—109.

[54] 周宪.日常生活批判的两种路径[J].社会科学战线,2005(1):114—119.

网络资料:

[1] 官渡区人民政府网站[EB/OL].http://www.guandu.gov.cn/.

[2] 中新网.2016年年末中国大陆总人口13.8亿人,增809万人[N/OL].新浪新闻中心,2017-01-20.http://news.sina.com.cn/o/2017-01-20/doc-ifxzutkf2126211.shtml.

[3] 新华社.国务院关于解决农民工问题的若干意见[EB/OL].中华人民共和国中央人民政府网,2006-03-27.http://www.gov.cn/jrzg/2006-03/27/content_237644.htm.

[4] 第41次《中国互联网络发展状况统计报告》发布[EB/OL].中国互联网络信息中心,2018-01-31.http://www.cnnic.

net.cn/gywm/xwzx/rdxw/201801/t20180131_70188.htm.

［5］2016微信数据报告发布［EB/OL］.腾讯网,2016-12-28. http://tech.qq.com/a/20161228/018057.htm♯p＝3.

［6］斯瓦迪士核心词列表［DB/OL］.百度文库,2010-9-30. html.https://wenku.baidu.com/view/7aa4d7fe04a1b0717fd5dd4c.html.

［7］乐作舞中国非物质文化遗产网［EB/OL］.http://www.zgfy.org/.

［8］红河县人民政府网站:http://www.hhx.hh.gov.cn/hhgk/xqjj/201708/t20170807_47651.html.

［9］云南省红河县乐乡数字乡村新农村建设信息网［EB/OL］.云南数字乡村.http://www.ynszxc.gov.cn/S1/S664/S785/S792/C15863/DV/20080428/2307786.shtml.

［10］中共中央办公厅、国务院办公厅印发《关于引导农村土地经营权有序流转发展农业适度规模经营的意见》［EB/OL］.中央政府门户网站,2014-11-20.http://www.gov.cn/xinwen/2014-11/20/content_2781544.htm.

［11］昆明日报.昆明巫家坝片区将建5000亩城市公园［N/OL］.新华网,2017-09-15［2017-12-01］.http://www.yn.xinhuanet.com/hot/2017-09/15/c_136611671.htm.

图书在版编目(CIP)数据

日常生活与手机实践：云南红河哈尼族彝族农民工民族志研究 / 高莉莎著. —南京：南京大学出版社，2020.12
ISBN 978-7-305-24091-1

Ⅰ.①日… Ⅱ.①高… Ⅲ.①民工－生活状况－研究－红河哈尼族彝族自治州 Ⅳ.①D422.7

中国版本图书馆 CIP 数据核字(2020)第 268103 号

出版发行	南京大学出版社
社　　址	南京市汉口路 22 号　　邮　编 210093
出 版 人	金鑫荣
书　　名	日常生活与手机实践：云南红河哈尼族彝族农民工民族志研究
著　　者	高莉莎
责任编辑	张　静
照　　排	南京紫藤制版印务中心
印　　刷	江苏苏中印刷有限公司
开　　本	635×965　1/16　印张 16.25　字数 230 千
版　　次	2020 年 12 月第 1 版　2020 年 12 月第 1 次印刷
ISBN	978-7-305-24091-1
定　　价	48.00 元
网　　址	http://www.njupco.com
官方微博	http://weibo.com/njupco
官方微信	njupress
销售热线	025-83594756

* 版权所有，侵权必究
* 凡购买南大版图书，如有印装质量问题，请与所购图书销售部门联系调换